目 录 Contents

第一章　概　论　/ 1
　　第一节　语音及普通话语音　/ 1
　　第二节　播音发声概述　/ 12

第二章　声母的发音　/ 19
　　第一节　声母的定义与分类　/ 19
　　第二节　声母的发音　/ 22
　　第三节　声母发音训练　/ 27

第三章　韵母的发音　/ 41
　　第一节　韵母的定义与分类　/ 41
　　第二节　韵母的发音　/ 42
　　第三节　韵母发音训练　/ 52

第四章　声调的发音　/ 73
　　第一节　声调、调值、调类　/ 73
　　第二节　声调的发音　/ 75
　　第三节　声调发音训练　/ 76

第五章　语流音变　/ 82

  第一节　轻声　/ 83

  第二节　儿化　/ 85

  第三节　变调　/ 88

  第四节　"啊"的音变　/ 89

  第五节　词的轻重格式　/ 91

  第六节　语流音变训练　/ 93

第六章　吐字归音　/ 105

  第一节　播音对吐字的要求　/ 105

  第二节　口腔控制　/ 109

  第三节　吐字归音　/ 112

  第四节　吐字归音训练　/ 115

第七章　呼吸控制　/ 120

  第一节　呼吸器官的生理结构及呼吸原理　/ 121

  第二节　播音对呼吸控制的要求　/ 123

  第三节　胸腹联合式呼吸方法　/ 125

  第四节　换气　/ 129

  第五节　呼吸控制训练　/ 131

第八章　喉部控制　/ 146

  第一节　喉部的构造　/ 146

  第二节　喉的制声原理　/ 149

  第三节　喉部控制　/ 152

  第四节　喉部控制训练　/ 157

第九章　共鸣控制　/ 166

  第一节　共鸣原理　/ 167

  第二节　共鸣器官及调节　/ 168

  第三节　播音共鸣特点　/ 171

  第四节　共鸣控制训练　/ 172

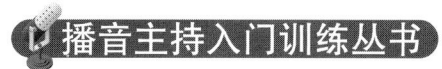

播音主持入门训练丛书

播音主持语音与发声艺术

BOYIN ZHUCHI YUYIN YU FASHENG YISHU

顾瑞雪／著

CUCP 中国传媒大学出版社
·北京·

图书在版编目(CIP)数据

播音主持语音与发声艺术 / 顾瑞雪著. -- 北京 : 中国传媒大学出版社,2021.9(2025.8重印)
(播音主持入门训练丛书)
ISBN 978-7-5657-2235-6

Ⅰ.①播… Ⅱ.①顾… Ⅲ.①播音员—发声法 ②主持人—发声法 Ⅳ.①G222.2

中国版本图书馆 CIP 数据核字(2018)第 156731 号

播音主持语音与发声艺术
BOYIN ZHUCHI YUYIN YU FASHENG YISHU

著　　者	顾瑞雪
责任编辑	张　静
封面制作	宇宙尺度
责任印制	秦　英
出版发行	中国传媒大學出版社
社　　址	北京市朝阳区定福庄东街 1 号 邮　编 100024
电　　话	86-10-65450528　65450532　　传　真　65779405
网　　址	http://cucp.cuc.edu.cn
经　　销	全国新华书店
印　　刷	三河市东方印刷有限公司
开　　本	787mm×1092mm　1/16
印　　张	15.75
字　　数	281 千字
版　　次	2021 年 9 月第 1 版
印　　次	2025 年 8 月第 2 次印刷
书　　号	ISBN 978-7-5657-2235-6　　定　价　58.00 元

本社法律顾问：北京嘉润律师事务所　郭建平

第十章 情声气相关综合概念 / 178

第一节 协调 / 178

第二节 技巧 / 179

第三节 声音弹性 / 180

第四节 声音色彩 / 181

第五节 情声气的关系 / 182

第六节 情声气综合训练 / 184

第十一章 综合训练材料 / 215

第一节 古诗文朗读训练材料 / 215

第二节 自由诗朗诵训练材料 / 228

第三节 白话短文播读训练材料 / 231

第四节 新闻稿件播读训练材料 / 238

第五节 节目稿件播读训练材料 / 241

第一章　概　论

第一节　语音及普通话语音

一、语音的概念

我们生活在一个充满声音的热闹喧嚣的世界,我们的周围充满了各种各样的声音,风声、雨声、鸟的鸣叫声、马路上汽车的马达声、人们的脚步声……这其中,人类说话的声音是对我们生存与生活至关重要的声音。人类语音是由发音器官发出的,而且这种能力是后天习得的,不像动物和鸟类的叫声是先天的本能。人类的发音器官虽然相同,但不同的民族却拥有不同的语音,不同语言的内容也不尽相同。语言是由语音、语法、词汇三部分组成的,我们把这三部分称为语言的三要素。词汇是语言中词语的总和,在语言中起着类似建筑材料的作用。语法是词形变化和遣词造句的规则。语言中任何词和语法形式都依靠语音这种物质材料存在。语音是语言的声音,语言是声音和意义的结合体,人类所要表达的思想感情要借助声音才能表达出来。所以说语音是语言的物质外壳,是语言的外部形式。语言凭借着语音才能成为被人们感知的交际工具。人类文明是踏着语言的阶梯不断发展的,而语言的物质基础是声音,没有声音,语言就失去了存在的物质依托,也可以说语音是语言的本质。我们把负载人类语言的声音称为语音,把人类发音器官发出的、具有一定意义的、能起社会交际作用的声音称为语音。不管口语表达还是书写记录,人类运用语言进行交流和表达思想情感的活动总是离不开语音的参与。语音中的词汇、概念均以语音形式储存在人类大脑中,人类大脑的语言区只负责语音信息的处理。

一个话题在说话人大脑中产生,到被说出,再到被听话人听到并理解,即一个完整的言语交际过程可分为三个主要环节,即言语的产生、言语的传输、言语的感知。人们在使用语言时,首先在大脑中思考要说的话并进行语言编码,然后通过神经脉冲指挥人的发音器官相互作用、发出语音,这是语言的发生。这一环节将说话的内容转化为语言形式,大脑指挥发音器官发音,是心理现象转换为生理现象的过程。第二个环节是说话人产生的言语声波经空气的传导传到对方的耳朵里,这时说话人同时也是自己言语的听话人。这种语音的传递过程是一种物理现象。第三个环节是语音声波经听觉器官和相关神经传送到听者大脑,进行解码,听者才能听懂对方的话,这是言语的感知,这一环节是由生理现象转换为心理现象的过程。完整的言语交流过程牵涉人的心理层面、生理层面、物理层面等各个方面,也涉及心理学、生理学、物理学以及语言学等多种学科。

1.语音的物理基础

物体处于静止状态时是不会发出声音的,发声是因为产生了振动。声源的振动引起空气的振动,产生振动波,这种振动波就是声波,声波传入我们的耳朵里,使鼓膜也产生同样的振动,于是我们就听到了声音。声音不仅在空气中传播,也在液体、固体中传播。声波是由物体振动引起的,语音也不例外。语音也是一种声音,语音具有一切声音所共有的物理属性,我们可以从声学的角度去分析。所有的声音都可以用声音的物理四要素——音高、音长、音强、音色——来进行分析。语音是由人的发音器官发出的带有一定意义的声音,发音器官发出声音后在空气中表现为物理声波,也可以用声音的四要素来进行分析。语音的物理四要素是从声学的角度分析出声音所共有的物理属性,语音实验仪器可对语音物理四要素进行观察和分析,语音仪等仪器可以把语音变成可见的图像。值得一提的是,人耳对声音四要素的感知有着一定的特殊性。

音高指声音的高低,决定于发音体振动的快慢。在一定时间内振动次数的多少,叫作频率。频率的单位为赫兹(Hz),即声波每秒振动的次数。一定时间内振动快、次数多,频率就高,声音就高;振动慢,频率低,声音就低。物体发音的高低是和物体的形状、大小、粗细、长短、松紧等状态分不开的。一般来说,大的、长的、松的、厚的物体振动慢,频率低,发出的声音就比较低;较小、较短、紧的、薄的发音体振动起来比较快,频率高,发出的声音就比较高。就人类言语发声来看,音高要由发音体声带的长短薄厚以及发音时控制的松紧来决定。一般来讲,成年男性的声带比较长、比较厚(平均长度为 15mm~22mm,宽度最宽可以达到 5mm,基频为 60Hz~200Hz),所以说话时发出的声音较低;老人的声带较长较松,发音时声带振动频率低,音高也比较低;成年女性声带薄且短(平均长度为 12mm~15mm,宽度为 2mm,基频为 150Hz—300Hz),发音时声带振动较快,频率较高,所以发出的声音较高。儿童的身体一般处在生长发育期,声带没有发育完全,声带小、紧、短(说话时基频在200Hz～350Hz),所以音高最高。并不是所有频率的声音人耳都可以感知到,声频范围也就是人耳可以听到的声音振动频率(可听声)范围,一般为20Hz～20000Hz,这种声波涉及自然声、人类语言、音乐、噪声等;还有人耳听不到的声音,一是频率高于可听声上限的,即频率超过20000Hz的"超声",二是频率低于可听声下限的,即频率低于20Hz的"次声",但从声波的特性和作用来看,所谓20Hz和20000Hz并不是明确的分界线。在声频频率范围内,人耳对中频段1千赫～3千赫的声音最为灵敏,对高、低频段的声音,特别是低频段的声音则反应比较迟钝。

音强指声音的强弱,取决于声波的振幅大小。一定频率的声波,振幅大声音就强,振幅小声音就弱。生活中男性的声音比女性的声音低,但声音却往往比女性的声音洪亮有力,反映了音高与音强的不同。计算音强的单位叫分贝(dB)。发音体振动幅度的大小又取决于发音时用力的大小。例如一根琴弦,长度不变,如果用力拉,声音就比较强,轻拉声音就比较弱。语音的音强是由发音时气流冲击声带力量的强弱来决定的,由肺部呼出的气流较强,声音就较强,呼出的气流弱,声音就较弱。语音中的轻重音是由于音强不同所致。音强与响度是不同的概念,它们有密切的关系,但又不尽相同。响度跟人的听觉有关,与人对声音的感知有关。音强是声音强度本身客观的物理特点,响度是人耳对音强的一种感受。人的听觉对音强的感受也有一定的范围,并不是对任何一点音强的变化人耳都能感受或有一定的反应,人耳只能感受一定范围内的音强变化。人耳的"响度感"即人耳对微小声音的感受,只要响度稍有增加人耳即可感觉到,但是当声音响度增加到某一值后,即使再有较大的增加,人耳的感觉也无明显的变化。

音长指声波振动持续时间的长短,即声音的长短或声音的时值,也称为"时长"。它取决于发音体振动时间的长短。发音体振动的持续时间越久,声音就越长,反之越短。计算音长通常以毫秒(ms)为单位。有的语言以音长来区别意义。普通话轻声音节的主要特征之一就是音长较短。人耳对声音的音长的感觉与人耳对音高、音强的感受相比起来较为迟钝,甚至不能分辨出音长短于10毫秒的声音的变化。一个声音如果时值少于百分之一秒,那么人耳只能大概听出其音高和音强,无法感知这个声音在音色、音高和音强上的变化。

音色也叫音质或音品,是指声音的特色和本质。音色的差别主要决定于物体振动所形成的音波波纹的曲折形式。人们除对响度、音高有明显的辨别力外,还能准确地判断声音的"色调"。不同的人用同样的音高说话,人们能够分辨出他们的声音,是由于音色的不同会造成听觉差异。音色决定于乐音的泛音（谐波）频谱，也可以说是乐音的波形所决定的。因为乐音的波形绝大多数都不是简单的正弦波，而是一种复杂的波。语音也并非只有一个频率的纯音，而是包含几个纯音的复音。语音音色不同主要是由于发音时声腔形状不同而造成的。音色决定于声波的含量。即所含的泛音的数目和它们的相对强度，即声谱。产生不同音色的条件有：第一，发音体的不同。不同乐器产生的音色之所以不同是由于振动体不同，不同的人说话发音声音不同，是由于不同的人的声带等发音体不同。第二，发音方法的不同。不同乐器，不同的发音方法，用弓拉和用指弹产生的音色就不同。第三，共鸣器形状的不同。共鸣器的形状、大小不同可产生不同的音色。口腔的不同形状帮助产生不同的元音，人体各个共鸣腔的参与使人的声音色彩产生不同的变化。

在人类的语言中，音色包含两方面的含义：一是区分不同的音素（音位），二是指不同的声音色彩的区分。人对音色的主观感受被称为"音色感"，是指人耳对音色所具有的一种特殊的听觉上的综合性感受。人类听觉器官对音色的分辨能力非常强大，而且主体对音色的评价带有较大的主观随意性，年龄差异、社会角色、文化素质等各种差异都会影响主体对音色的评价和喜好。人们对音色的感觉带有复杂的心理成分，因此会形成千差万别的"主观的评价"。

音质、音长、音强和音高是声音的四个要素。任何声音都包含这四种要素，缺少其中任何一种要素声音就不复存在，语音也不例外。人在说话的时候，发音器官是在不同部位用不同方式分别处理声音四要素的，人类的听觉也能够分别感知这四种要素。在各种语言中，语音四要素被利用的情况并不完全相同。音色在任何语言中都是用来区别意义的最重要的要素，在汉语中，音高在区别意义方面的作用也十分重要。

2.语音的生理基础

语音的发音过程是人类发音器官的一种生理活动，是发音器官协调且连续的一系列动作过程，我们可以通过发音器官的活动方式对语音进行分析。发音器官是指在言语活动中参与发音动作的人体器官，要加强发音动作的能力，提高发音效率，改善发音质量，就要了解发音器官的功能，分析发音器官发声活动的规律。根据发音器官在发音过程中的不同作用，可将发音器官分为动力系统、声源系统、成音系统和反馈系统。

（1）动力系统

动力系统指的是为人体发音提供动力的系统，主要由肺、气管、胸腔以及膈肌、腹肌等器官和相关肌肉组成。由肺部呼出的气流是语音的原动力。肺部类似活动的风箱，呼吸肌群的紧张和收缩带动胸廓容积变化使肺的容积被动变化，形成呼吸运动。

肺部呼出的气流经支气管、气管到达喉头,冲击声带,产生喉原音。

(2)声源系统

声源系统是指发出声音的人体器官,主要是喉头和声带。由肺部呼出的气流经过气管冲击声带,使处于喉部的声带在气流的作用下产生振动,从而发出声音,为发出语音提供了声音素材。喉的位置处于气管上端,喉由甲状软骨、环状软骨和杓状软骨等多块软骨和肌肉构成。声带是两片富有弹性的带状薄膜,喉部肌肉的运动使杓状软骨活动,可以放松或拉紧声门,使声带的长短、薄厚发生变化,发出不同音高、音色的声音。

(3)成音系统

声带振动发出的声音叫"喉原音"或"原始声波",这种声音像是微弱的蜂鸣,非常微弱,要经过人体共鸣器官的调节和共鸣才能得到扩大和美化,才能形成不同的语言音色,并具有较为丰富的声音色彩。原始声波要经过口腔等吐字系统对其进行加工才能形成有意义的语音。口腔、喉腔、咽腔、胸腔、鼻腔是人体主要的共鸣腔,在语音的形成过程中起着重要的作用。口腔是可变共鸣腔,口腔内部腔体形状的变化可产生不同的语音音色,胸腔等是不可变共鸣腔,可帮助丰富语音的声音色彩。

(4)反馈系统

发音过程中,发音器官的运动和发出的声音时时处在说话人自己的监督之下,这样才能保证发音的准确无误。反馈系统一般主要指听觉反馈。听觉的外周感受器官是耳,在耳的生理功能研究中主要解决的问题是声音怎样通过外耳、中耳等传音装置传到耳蜗,以及耳蜗的感音装置如何把耳蜗淋巴液和基底膜的振动转变成为神经脉冲传递到大脑相关语音处理区域。而且,声波振动的频率必须在一定的范围内,才能被耳蜗所感受,引起听觉。

3.语音的心理基础

语音的产生、发出以及被接收和理解的过程与人的心理活动直接相关,是心理活动的结果。人的心理是人脑的机能,是人脑对客观现实的反映。人类的语言活动主要和大脑左半球的某些部位相联系。控制语言活动的大脑左半球主管理性的抽象思维,右半球更多地参与情感信息的处理。在语言活动过程中,起主要作用的有三个神经中枢:布罗卡区——发声语言运动中枢,韦尼克区——听觉语言感觉中枢,还有视觉语言感觉中枢。人类有声语言的产生是从一个有声语言代码介入的意识活动开始的。这一活动是在说话人大脑言语中枢中进行的。但语言信息的意识活动被编为语言代码后传递到控制发音的大脑皮层的特定区域,这时说话的意识活动变为发音动作的指令,通过神经系统控制人体发音器官,经过调节,有配合的动作使空气的压力发生变化,产生出言语声波。

对语音的知觉和识别也是有声语言交际的重要过程。要完成言语发声的动作,人在言语发声的过程中还要及时检验发声的效果,对发出的声音进行反馈,并依次不断调节发音器官的运动。这种通过效果检验来调节机体活动的方式叫反馈作用。言语发声同时存在两种反馈系统:内部系统和外部系统。外部系统必须通过内部系统才能起作用。言语发声的内部反馈系统是说话人对自身发音的反馈。从说话人本身的角度看,言语发声系统属于闭合反馈系统。在发音过程中有两种自我反馈渠道,一是物理反馈,说话人发出的声波回到自己的听觉器官,从而自身对发音器官进行调节。这种物理反馈,通过骨肉也可以在人体内部传递声波。另一种反馈是通过神经系统的"生理反馈",说话人运动着的发音器官肌肉上的神经纤维把感觉信号传到大脑中枢,把动作的感觉反馈到大脑,进行控制。发音人通过自身的反馈系统不断自动调节发音动作,可以说没有"听"就没有说,听觉不灵,无法知道发出的声音是否合乎传情达意的要求,说话行为就不可能正常进行。这就是聋哑人因聋致哑的缘故。从语言的社会交际来看,说话是给人听的,话说出去了,是否达到预想的效果,如何达到预想的效果,要根据听者的反应这个反馈信号来调节,这就涉及言语发声的外部反馈系统。这种反馈信号也是通过两条渠道输入的:一是通过听觉接受对方的言语反应,另一条是通过视觉观察听者的表情反应。这种外部反馈系统对提高言语的效能起着相当重要的作用。

在言语的发声过程中,内部外部两种反馈系统同时起作用。

二、语音的相关基本概念

1.音素

从音色角度划分出来的最小的语音片段叫音素,也可以说是语音的最小单位。一个音节并不是最小的语音单位,如果按照音色的不同去进一步划分,就会得到一个个各有特色的单位,就是音素。播(bō)从音色的角度可划分出两个不同音素,音(yīn)从音色的角度可划分出三个音素。

音素可分为元音和辅音两大类。普通话中有32个音素,其中元音音素10个,辅音音素22个。辅音和元音的主要区别是:第一,发辅音时,气流在咽部或喉头会受到某个部位的阻碍;而发元音时,气流一般不受到阻碍。第二,发辅音时,发音器官成阻的部位会特别紧张;发元音时,发音器官各部位保持均衡紧张的状态。第三,发辅音时,气流较强;发元音时,气流较弱。第四,发辅音时,声带不一定振动,声音不一定响亮;发元音时,声带振动,声音比较响亮。

2.元音

元音是音素的一种。发音时气流在口腔中不受明显阻碍,呼出气流较弱,发音器官肌肉均衡紧张,声带颤动,声音响亮清晰,都是乐音。

单元音:单纯元音,指在发音过程中,音质始终不变的元音。它包括一般单纯元音(舌面元音)和特殊元音。

一般单纯元音:又叫舌面元音,发音过程中舌位的活动在舌面。一般单纯元音的发音条件,即决定一般单纯元音音色的条件,分别有舌位的高低(口腔开度的大小)、舌位的前后、唇形的圆展。其中舌位的高低与口腔的开度大小成反比。

特殊元音:普通话语音中所包括的汉语中特有的以舌尖运动或卷舌动作形成的元音音素。

舌尖元音:特殊元音的一种,靠舌尖的运动形成的元音音素。它包括舌尖前元音[ɿ]和舌尖后元音[ʅ]。

卷舌元音:特殊元音的一种,靠卷舌动作形成的元音音素。普通话中卷舌元音只有 er。

复合音:两个或三个元音音素组成的音组或单元音、复合元音后面附带鼻尾音组成的音组统称为复合音。

复合元音:由两个或三个元音音素组成的音组。

舌位动程:复合元音的发音过程是由几个元音音素的舌位连续移动形成的。舌位移动的过程叫舌位动程。

复合鼻尾音:单纯元音或复合元音的后面附带鼻辅音/n/或/ng/作尾音的复合音。

舌位:发元音时舌面隆起的最高点,即近腭点。

舌面元音舌位图:一种示意图,四个端点分别表示发音时舌头在口腔中上下前后的四个极端位置。用直线将四个端点连接起来形成一个四边形。四边形横面分为前、央、后,用以表示舌位的前后;竖面分为低、半低、半高、高,用以表示舌位的高低(口腔的开合)。竖线的左侧标记不圆唇音,右侧标记圆唇音。这种示意方式是世界通用的。

3.辅音

辅音是音素的一种。发辅音时气流在口腔中明显受到阻碍,呼出气流较强,发音器官对气流构成阻碍的部分肌肉紧张,大部分辅音发音时声带不颤动。

发音部位:发辅音时,口腔对呼出气流构成阻碍的部位。普通话中22个辅音音素

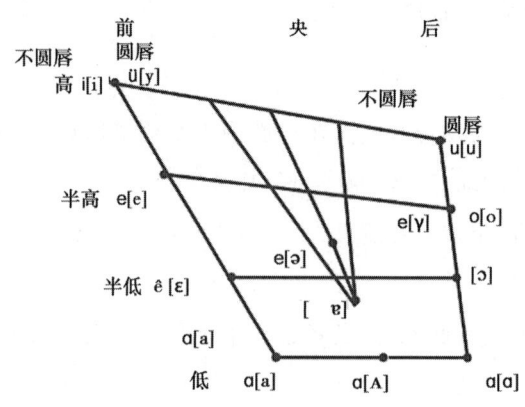

图 1-1　舌面元音舌位唇形图

的发音部位共有 7 处,即双唇阻、唇齿阻、舌尖前阻、舌尖中阻、舌尖后阻、舌面阻和舌根阻。

发音方法:发辅音时,呼出气流破除发音部位所构成阻碍的方法。普通话中 22 个辅音音素的发音方法可分为 5 种:塞音、擦音、塞擦音、鼻音和边音。

送气与否:配合发音方法对辅音发音条件进行的区分。在塞音和塞擦音中按呼出气流的强弱区分为送气音和不送气音两组辅音音素。

清浊区分:配合发音方法对辅音发音条件进行的区分。清音指发辅音时声带不颤动,浊音指发辅音时声带颤动。普通话 22 个辅音音素中,只有鼻音 m、n、ng,边音 l 和擦音 r 5 个辅音音素为浊音,其余 17 个均为清辅音。

辅音发音过程:发辅音时,从准备发音到发音结束的过程一般可分为成阻、持阻和除阻三个阶段。不同的发音方法,三个阶段的状态各有不同。成阻,即发辅音过程的开始阶段,发音过程中阻碍作用开始形成,发音器官从静止或其他状态转到发辅音时所必须构成阻碍状态的过程。持阻,即发辅音过程的中间阶段,指发音过程中阻碍作用的持续,是发音器官从开始成阻到最后除阻的一个中间过程。除阻,即发音成阻部位破除阻碍的阶段,破除阻碍的方法不同也会形成不同的辅音音色。

三、方言　民族共同语　普通话

1.方言

汉语是汉民族的语言,是我国主要使用的语言。汉语是世界上使用人数最多的语言,也是世界上最发达的语言之一。我国自古就存在方言分歧。我国历史悠久,人口众多,地域辽阔,在漫漫的历史长河中,由于山川阻隔、交通不便以及社会历史原因,封闭的小农经济使得各地人民之间很少交往,语言上也渐渐有了隔阂,形成了汉语中的种种方言,方言只是在一个地域内流行,是语言的地域性变体。

针对现代汉语方言的分区,学者们有不同的分法,一般分为七大方言区:北方方言区、吴方言区、湘方言区、赣方言区、客家方言区、粤方言区、闽方言区。北方方言区以黄河流域为中心,分布在东北、长江流域中部、西南;吴方言区以上海地区、江苏省东南部、浙江省大部分地区为主;湘方言区主要集中在湖南省;赣方言区主要集中在江西省;客家方言区主要集中在福建省、广东省、广西壮族自治区;闽北方言区主要集中在福建北部、台湾地区;闽南方言区主要集中在福建南部、广东、潮汕、海南岛;粤方言区主要集中在广东中部、广西中南部。各大方言区在语音系统、词汇系统上都会存在分歧和差异,有时差异很大,汉语方言的分歧突出地表现在语音方面。这些差异给各方言区人们之间的交流带来了一定困难。方言同古汉语在语音上有一定的对应关系,各方言的语音差异有一定的对应关系,各方言同普通话在语音上也有一定的对应关系。

2.民族共同语

民族共同语通常指一个氏族、部落、民族内部、全体成员共同用来进行交际的语言,民族共同语是民族内部通用的语言,是民族的重要特征,是一个独立民族的主要标志之一。民族共同语是语言的高级形式,它是在一种方言的基础上逐渐形成的,它吸收了方言中好的、有用的成分,舍弃了方言中不好的、没用的成分,它比任何方言都更为丰富、发达。汉民族共同语就是在北方方言的基础上形成的,汉民族共同语在不同的历史时期有不同的名称,在上古的夏商周和春秋时期叫"雅言",汉代叫"通语""凡语"等,元代叫"天下通语",明清时叫"官话",民国时期的汉民族共同语叫"国语",新中国成立后叫"普通话"。

3.普通话

普通话是我国规范的现代汉民族的共同语,是"以北京语音为标准音,以北方话为基础方言,以典范的现代白话文著作为语法规范的现代汉民族共同语"。以北京话的语音系统为标准,并不是把北京话的一切读法全部照搬,普通话并不等于北京话;词汇以广大北方话地区普遍通行的说法为准,同时也要从其他方言吸取需要的词语;普通话的语法标准包括四个方面意思:"典范"就是排除以不典范的现代白话文著作为语法规范;"白话文"就是排除文言文;"现代白话文"就是排除"五四"以前的早期白话文;"著作"就是指普通话的书面形式,它建立在口语基础上,但又不等于一般的口语,而是指经过加工、提炼的语言。

汉语是世界上最发达的语言之一,是世界上使用人数最多的语言,也是联合国的工作语言之一。普通话是规范化的汉民族共同语,是规范化的现代汉语。普通话的规范指的是现代汉语在语音、词汇、语法各个方面的规范,我们这里强调的是语音方面的规范。推广普通话也是关系到国家政治、经济的大事。语言文字工作是社会主义物质文明和精神文明建设的重要的内容,关系到国家的统一、民族的团结、社会的发展和科技的进步。

《中华人民共和国宪法》第19条规定:国家推广全国通用的普通话。这一国家根本大法中明确了普通话的通用语言地位,推广普通话成为应当大力推行的行为。《中华人民共和国国家通用语言文字法》第3条规定:国家推广普通话,推行规范汉字。第9条规定:国家机关以普通话和规范汉字为公务用语用字。第19条规定:凡以普通话作为工作语言的岗位,其工作人员应当具备说普通话的能力。《中华人民共和国广播电视管理条例》第36条规定:广播电台、电视台应当推广全国通用的普通话。国家语言文字工作委员会、国家教育委员会、广播电影电视部联合颁发的文件《关于开展普通话水平测试工作的决定》中有明确的规定:国家要求广播电台和电视台以普通话为播音用语,播音员和节目主持人的普通话水平要达到一级,其中国家和省级广播电台、电视台的播音员、节目主持人的普通话水平应达到一级甲等。广播电视除了把普通话作为播音用语外,还应当积极宣传推广普通话,支持和参与推广普通话的宣传活动。

社会主义市场经济的迅速发展和语言文字信息处理技术的不断革新,使推广普通话的紧迫性日益突出。改革开放和社会主义市场经济以及中文信息处理技术的迅速发展使得推广普通话成为日益紧迫的任务,对扩大普通话的普及范围和提高全民普通话应用水平提出了更高的要求。推广普通话要以大中城市为中心,以学校为基础,以党政机关为龙头,以广播电视等新闻媒体为榜样,以公共服务行业为窗口,带动全社会推广、普及普通话。

四、普通话基本知识

1.语音结构

声母,即音节开头的辅音。

韵头,又称介音,是介于声母、韵母之间的音,又叫头音,普通话中只有 i、u、ü 三个介音。

韵腹,是韵母中口腔开度最大的元音,也是音节中最响亮、最突出、听感最显著的部分。如果音节中只有一个元音,那么这个元音就是韵腹。

韵尾,是一个音节的收束部分,发音较短、较弱,又叫尾音。普通话中只有 i、u、o、n、ng 五个音素充当尾音。实际发音中,由于 o 在复韵母 ao 中的实际发音近似于 u,所以可以说只有 i、u、n、ng 四个音素充当尾音。

2.普通话语音的特点

第一,北京话语音音系比较简单,音节结构形式较少。

第二,音节中元音占优势,清声母多,听觉感受清脆、响亮。

第三,声调系统比较简单,但变化鲜明。四个声调的调值高音成分多,低音成分少,使语音显得清凉、高扬,且具有高低抑扬的音乐色彩。

第四,音节之间区分鲜明,使音节具有节奏感。

第五,词汇的双音节化,词的轻重格式的区分以及轻声、儿化的使用使语言表达更加准确、丰富。

3.音节

音节是用听觉可以区分语音结构的基本单位,也就是自然状态下感到的最小的语音片段。人们说话时不是一个音素一个音素地发出声音,而是一个音节一个音节地发出来的。语音是说话时的发音单位,也是听觉单位。音节是从听觉上最易被分辨的,也是最自然的语音单位。

在汉语中,音节很容易从语流中划分出来,汉语中一个汉字就是一个音节。音节由音素构成,一个音节可以是一个音素,也可以是几个音素。在汉语中,一般来说一个汉字的读音即为一个音节。普通话常用的基本无调音节为 400 个,有调音节为 1300 多个。按照汉语传统的分析方法,可以把一个音节分成声母、韵母和声调三部分。

4.声母

按汉语语音学的传统分析方法,把一个汉语音节起头的辅音叫作声母。普通话有 21 个声母。汉语音节中没有辅音声母的音节通常被大家称为"零声母"音节,例如"安"(ān),这个字音不是辅音开头,而是以元音 a 开头,这样的音节就是"零声母"音节。

声母和辅音是两个不同的概念。声母是从分析音节结构的角度就音素在音节中的位置划分出来的,而辅音是从分析音素性质的角度提出来的。声母是由辅音充当的,但辅音并不都是声母。如"光"(guāng)这个音节中的"ng"是辅音,但它处在音节里后面的部位,因此它不是声母。又如"难"(nán)这个音节,前后都有"n",它是辅音,处在音节开头的是声母,处在音节末尾的是韵母,并不是声母。

5.韵母

按汉语语音学的传统分析方法,汉语音节中声母后面的部分叫韵母。

韵母和元音不同,韵母是从分析音节结构的角度就音素在音节中的位置讲的,元音是就音素的性质而言。韵母有的由单元音或复元音构成,有的由元音带辅音构成。普通话中有 39 个韵母。按汉语语音学的传统分析方法,根据韵母起头元音的唇形特点将韵母分为开口呼、齐齿呼、合口呼、撮口呼四类。四呼即指开、齐、合、撮四类韵母。

6.声调

汉语音节所固有的,可以区别意义的声音的高低和升降。

7.调类

声调的种类。普通话有四个调类,即阴平、阳平、上声和去声。

8.调值

声调的实值,即声调的实际发音,也叫调形。指声音高低、升降、曲直、长短的形式。普通话有高平调、高升调、降升调、全降调四种调值形式,按五度标记法,调值分别为 55、35、214 和 51。

9.语流音变

在语流中,由于受到相邻音节的相邻音素的影响,一些音节中的声母、韵母、声调会发生语音的变化,我们称之为语流音变。

10.轻声

普通话中每个音节都有声调,可是在句子里有些音节常常失去了原有的声调而念成较轻、较短的调子,叫作轻声。

11.儿化

儿化又称儿化韵,是普通话和某些汉语方言中的一种语音现象,即词的后缀"儿"字不自成音节,而是同前面的音节合在一起,使前一音节的韵母成为卷舌韵母。

第二节　播音发声概述

播音,从广义上讲,是指电台、电视台等传媒系统所进行的一切有声语言和副语言传播信息的活动,播音活动涉及的面很广,涵盖的内容包罗万象,包括声音、音响、音乐、语言、文字、图像等各种内容。狭义的播音是指播音员、主持人运用有声语言和副语言,通过广播电视等传播媒介所进行的传播信息的创造性活动。播音创作活动是广播电视传播过程中非常关键的一个环节,是广电媒体面对大众的窗口。播音员、主持人的声音是他们重要的创作手段,播音员、主持人所塑造出的声音形象,是广播电视形象的重要组成部分。

播音员、主持人运用有声语言进行信息和情感的传递,他们的发声和其他艺术语言相比最接近口语的发声,但是大众媒介平台又不等同于日常人际交流,绝不等同于生活中口语的发声,可以说,播音主持的用声,既是源于生活中的口语的发声,又是口语发声的规范、提炼和升华。

一、制约播音发声的各种因素

1.职业性质

播音员、主持人是以有声语言为表达手段的广播新闻工作者,是新闻工作的一个组成部分。新闻的真实性、准确性对广播电视各个工作环节都提出了要求。播音员、主持人的语言风格(包括发音特点)有自身的不同于声乐等其他声音艺术的独特之处。播音员、主持人是党和国家的喉舌,是传媒机构的代言人,担当着规范民族语言、推广普通话的重任,发音规范清晰是最起码的要求。新闻工作者的身份,又决定了其用声要朴实大方,不能扭捏作态,要体现出中华民族泱泱大国的气度。真实性、准确性要求播音员一般在自然的音域内用声,中声区偏低的部分运用较多,音色要朴实大方、干净明朗,几乎不使用假声,对声音艺术夸张和装饰色彩的运用要谨慎。由于播音员、主持人工作性质的特殊性以及由此决定的特殊身份,广大受众对他们的形象、气质、声音等诸多方面都有较高的期待。语音准确规范、声音圆润悦耳、表达自如流畅,声音亲切、自然、优美并具有较强的感染力,这些都是播音员、主持人作为有声艺术语言创作者在声音运用方面应该具备的特点。

2.发音环境

播音员、主持人的声音依靠复杂的电子传播完成信息传递,广播电视声音的传播受到电子传输设备的制约。播音的用声环境是在播音间中面对话筒,话筒与口的距离一般来说保持在30厘米左右,录音增音与发射设备都有音量调节电位器和自动增益、限幅功能,这也是播音发声的一大优点和特点。播音员要充分认识到发音环境以及电子传播的特点对播音主体用声的影响。电子传播扩大了传播距离和范围,使听众拥有多种接收方式。电子传播减轻了音量在发声中的作用,灵敏的电子设备能将较小的声音扩大,发音的音量只作为播音员表达感情的一种手段,在传播中的重要性相对降低。因此,播音发声对音量的要求是强度不高,音高、音强对比适度,但发声要集中均匀,以使录制后的电声在较强的环境或电磁干扰下能有较强的穿透力。电子传播使反馈形式发生变化,由于在播音室创作主体面前无人,心中有人,这就加大了语言的信息负荷,播音主体发音对吐字的准确性、清晰度要求较高,同时也对播音发声提出了避免单调、力求变化的要求,以使表达更为生动。

3.表现内容

播音员、节目主持人依据稿件、提纲或腹稿传情达意进行再创作,播音的用声随着节目、稿件所蕴含思想感情的变化而不断变化。在不同节目类型中声音呈现出不同的特点,这就要求播音员的用声要有很强的适应性;在同一稿件中声音呈现出丰富的对比性、层次性,色彩变化细腻丰富。播音员、主持人在工作中由于受到这样多种表现形式与表达内容的限制,要求声音具有较强的适应性和自如的变化能力。这种声音的弹性、适应性以及表现能力需要创作主体拥有较高的用声技巧,而这是经过持之以恒的学习训练和长期的工作实践才可能具有的。

4.收听心理

有声语言的线性传播、汉语词语信息负载量大、受众范围广泛与层次的多样性诸多因素对播音创作的用声提出较高要求。所传递的信息能畅通、顺利并准确无误地被接收,这是受众能接收、收听有声语言传播活动的最起码的条件。播音中发音准确规范、清晰无误也就成为最起码的要求。播音主持用声活动源于生活,接近生活,但不等于完全服从生活语言用声的随意性,其应该高于生活,但不能失去语言交流的庄重质朴、亲和自然。规范、清晰的发音是顺利交流的前提,自然、朴实是平等交流的需要,而"珠圆玉润""字字珠玑"是汉民族长期以来对语声的审美诉求。

5.先天条件

声音运用者先天的嗓音条件在一定程度上制约着创作活动的质量,这就要求播音员、节目主持人应该客观地认识自己的先天条件,能正确评价自己的声音。创作个体的发声不仅要符合社会的共同要求,还要符合个体自身特殊的物质条件。声带状况、共鸣腔等不同的生理条件会形成声音的物理量的差别,最常见的如音高、音强、音色的差异。每个人要根据自己的声音条件进行训练并使用自己的发音器官,要发挥自己声音的优势,尽量避免自己声音的劣势的显现。这就要求创作主体对自己发声器官的特殊生理条件有一个的清醒认识,只有对自己的先天条件有一个客观、理性的认识,才能够不违背自己的客观生理条件,才能量体裁衣、扬长避短。当然这种理性的认识不是一朝一夕形成的,而是在长期的创作实践中逐渐认识到的。

二、播音发声对声音物理四要素的应用

言语发声很难用物理的手段精确说明与度量,我们对播音用声中对物理要素与特性的大致把握和描述只是为了便于自己掌握和应用。

1.对音高的把握

每个播音员、主持人的声音都有自己的特色与个性,能发出的音高范围各不相同。在音高上体现为每个人的音域范围不一样。一般人的音域范围大约在一个半到两个八度之间,这是自然音域。生活中口语的音域变化幅度仅有自然音域底部的不到一个八度的范围。在我们的自然音域中,除去最高和最低的几个发得不自然的音之外,中间的一段我们称之为自如声区。播音发声一般要求自如声区能达到一个半八度以上。在自如声区范围里偏低的部分运用最多,更要练扎实。如果自己的音域较窄,最好是在练扎实自己的自如声区偏低部分的基础上逐渐扩展。每个人的自然音域是由自己的发音器官的构造,特别是声带状况决定的,所以一定要根据自己的声音条件进行训练,不要人为地拔高或压低声音使喉部处于不自然状态。长期处于这种状态会有损发声器官的健康。

2.对音量的把握

播音是一种言语的活动,为了便于传播,播音发声要求运用比生活中稍大的音量,但音量上的强度不高,幅度不大,接近日常人际传播中口语的音量状态。播音发声对音量大小的要求没有绝对的标准,播音员、主持人要根据自身的先天条件、身体状况来调整发声训练中的音量。播音员、主持人在不同的节目、不同的用声场合当中音量的需求和调控是不同的,比如在大场地、大场合当中,要营造较为热闹、喜庆的场面时,由于受众人数较多,虽然有电声设备的支持,但主持人的音量也要适度加大,否则会影响现场的效果。还有些播音员、主持人的语言过于自然化、过于平淡,对比度缺乏感染力,音色苍白单一,就应该考察是否是音量变化幅度过小造成的。

3.对音长的把握

音长,是由发音体振动持续的时间决定的。发音体振动的持续时间长,声音就长;振动的时间短,声音就短。播音发声对音长的控制同样没有绝对的标准,但是每个音节的音高、音强、音色都需要在一定的音长中展现,即每个音节都要保证一定的时值。

对汉语音节来说,声调对音节时值有影响。普通话四个声调中上声时值最长,去声时值最短。在普通话中,音长的变化虽然没有区别词义的作用,但是在语流中对语句目的的强调程度以及情感表达的分寸都有重要的作用。在播音语流当中,音节音长延续的时间长短,要根据不同节目内容、稿件思想感情的具体要求来确定。音长是可以通过训练来改变的,播音员主持人的语流速度也由单个音节的发音长短决定。一般没有经过发声训练的人不容易掌握好自己的单个音节的声音长短。

4.对音色的把握

音色也叫音质,音质就是声音的个性或特色,它是一个声音区别于其他声音的基础。音色因人而异,造就了每个人不同的声音特点。同一节目由于不同播音员和主持人的参与,由于不同的音色和声音形象,会形成不同的节目风格。而同一播音员也可以调节自身的声门状态和共鸣,以形成丰富多彩、变化多样的声音色彩。

三、播音发声的特点

对于播音发声的要求,在播音创作实践与理论领域都有共识,我们这里归纳为以下几点:

1.准确规范、清晰集中

准确规范是指播音当中的发音要符合汉语普通话的语音规范,发音不受到其他方言的影响,不会显得不标准和不规范。具体表现在,发音时,声母成阻部位准确有力,持阻力度和时值适当,除阻叼住弹出、分寸得当;发韵母时舌位准确,舌高点鲜明,并且唇形合乎要求、圆展得当,撮唇有力巧妙,着力点集中;调形准确、调值到位。

发音清晰是指发音当中的自然语音单位容易分辨,即字与字之间既要连接分明,又要过渡自然,不含含糊糊,不拖泥带水,做到清晰分明,听辨容易。发音清晰主要指音节的发音清晰。发音清晰是建立在发音器官的相互配合的基础之上,建立在一系列行之有效的发音技巧之上,不是单纯依靠加大发声的力度、强度就能达到的。清晰可使听众的收听轻松、方便,不易产生语音信息的误听、误解,让其对语音信号传达的信息给予更多的注意力,更好理解、体会语言内容,达到较好的收听效果。集中是指发音声束集中、有力,有较强的穿透力,在嘈杂的环境下听众可以收听。发音集中除了发音人气息集中以外,还要求吐字动作集中,并配合一系列的发音技巧,才能使发出的声音达到集中有力的效果。

2.圆润动听、朴实大方

圆润指声音听感丰满润泽,使听者感到声音愉悦动听。先天嗓音条件及声腔构造较好的发音人音色会显得美好、清亮、润泽。发音技巧、用声习惯得当同样可以使发音具有听感圆润动听的特质。良好的呼吸状况、恰切的共鸣方式、正确的吐字方法等用声技巧都可以对音色起到调节与改善的作用。

播音用声接近日常中自然交谈、讲述的用声方式,用声风格本色自然,不追求过分的夸张和艺术渲染,不装腔作势,不矫揉造作。发音人感情真挚,由衷生发,由内而外,声由情发。色彩丰富指播音用声音色的丰富多彩。内容的丰富要求形式不单调,能运用明暗、刚柔、虚实等多种声音色彩表达丰富的内容。

3.虚实结合、刚柔相济

声带闭合程度较为松弛、气流流出较多的虚声,音色较暗、偏柔;实声声带闭合严密,音色明亮、声音显得刚毅有力。虚实结合的音色在发音中能够节省气力,对气流运用较为节约。从艺术表现的手段上看,虚实结合、刚柔相济的音色巧妙地运用了艺术的辩证法、运用了对比的手法,使音色显得不单调,在对比中呈现变化,使声音听起来婉转动听。

4.色彩丰富、变化自如

广播的内容通过播音员的声音送达到听众耳中,要使听众感到真实可信,播音员用声必须朴实自然。为了满足传情达意的需要,播音员的声音必须富有活力、色彩鲜明、变化自如。播音的大忌是:发出无意之声、无情之声、僵化不变之声。播音发声的美是有助于传情达意的美,但我们绝不能离开传情达意的要求去追求某种固定的美。

播音发声不仅要情感真挚丰富,而且要声音美好动听,并能运用恰当的声音形式表现特定的思想内容,达到形式与内容的高度统一、和谐。播音员应当具有让声音变化自如的能力,以适应不断变化的内容和丰富的思想情感。呼吸自如、共鸣自如调节、喉头调节等各种发音中的技巧都应做到自如运用,以形成更高层次的"自然"。

四、播音发声的综合感觉

播音发声的综合感觉是在播音发声的艺术创作活动的进程当中,播音创作主体在生理层面、心理层面上的综合感受。播音员、主持人发音吐字的综合感觉应该是:生理上感觉声音像一条"带子",下端从小腹拉出,垂直向上,至口咽腔,沿上颚中纵线前行,受口腔的节制,形成字音。字音好像被"吸着"挂在硬腭前部,由上门齿处弹出,流动向前。内心总体状态积极,思维灵动,情感饱满,带动声音灵活、自如地发生变化,声随情变、气随情走。简言之,要做到气息下沉,喉部放松,不僵不挤,声音贯通,字音轻弹,如珠如流,气随情动,声随情走。

为了获得这种发音的总体感觉,要掌握播音发声的技巧,要对呼吸控制、吐字归音、喉部共鸣控制等各种技巧有较为熟练和全面的把握,最后形成综合的播音用声技巧。

思考题

1. 什么是语音?
2. 语音的物理四要素是什么?
3. 语音的生理基础是什么?
4. 什么叫普通话?普通话语音有什么特点?
5. 制约播音发音的各种因素有哪些?
6. 播音发音的特点是什么?
7. 播音发音的综合感觉是什么?

第二章　声母的发音

第一节　声母的定义与分类

一、声母的定义

按汉语语音学的传统分析方法,可以把一个音节分为声母和韵母两部分。对于学习汉语和研究汉语语音来说这是符合汉语语音规律的。我们说话的语流当中是由许多音质不断变化的音段组成的,听觉所能分辨的最自然的音段叫音节。发音中口腔不断地由闭到开,再由开到闭,口腔封闭时气流就受到阻碍,口腔打开时气流就畅通流出。在汉语音节当中,我们把音节一开头、气流在口腔受阻时发出的那个辅音命名为声母,它是汉字字音结构的起始部分。普通话有22个声母,其中21个是辅音,1个是零声母。没有辅音声母的音节叫零声母音节,没有辅音的声母叫零声母。普通话音节中,有辅音声母的音节占绝大多数,只有少数音节只由元音组成。在普通话约400个无调音节中,声韵配合的占90%,而不到10%的音节由单音或复合音自己独立承当。零声母也是一种声母,实验语音学的研究证明,零声母的音节往往也有特定的、具有某些辅音性质的起始方式。

二、声母的分类

对声母的分类可以从不同的角度进行,通常是依据不同的发音部位、发音方法以及送气与否、清浊区分等不同的发音条件把普通话声母分成不同的类别,以便我们从发音的各个角度对声母进行认识和分析。

1.根据发音部位分类

发音部位指声母发音时参与节制气流的发音器官的部位,即发声母时在发音器官中形成阻碍的部位。阻碍的形成一般是发音器官两部分接触或接近(形成间隙)构成的。

(1)双唇

上唇与下唇闭合构成阻碍。下唇向上运动与上唇接触,双唇自然闭合形成阻碍。双唇阻的声母有:b、p、m。

(2)唇齿

下唇与上门齿靠拢形成阻碍。上唇稍抬微露上齿,下唇向上运动,下唇唇缘线与上门齿背成阻。齿阻声母有:f。

(3)舌尖前

舌尖与上门齿背成阻。舌尖平伸,与上门齿背接触或接近成阻。舌尖前阻声母有:z、c、s。

(4)舌尖中

舌尖与上门齿龈成阻。舌尖向前上方抬起与上门齿龈接触、抵住成阻。舌尖中阻声母有:d、t、n。

(5)舌尖后

舌尖与前硬腭成阻。舌体稍向后缩,舌尖向上方翘起,与硬腭前部接触或接近成阻。舌尖后声母有:zh、ch、sh、r。

(6)舌面阻

舌面前与硬腭前成阻。舌尖向下前抵住下齿背,舌面向上抬起,接触或接近硬腭前部成阻。舌面阻声母有:j、q、x。

(7)舌根阻/舌面后阻

舌体后缩,舌根隆起与软硬腭交界处接触成阻。舌根阻声母有:g、k、h。

2.根据发音方法分类

发音方法指构成阻碍和克服阻碍的方法。对辅音形成阻碍的发音过程可细分为三个阶段:成阻(阻碍的形成)、持阻(阻碍的持续)、除阻(阻碍的解除)。

(1)塞音

发音部位完全闭塞,使气流无法通过,气流积蓄在成阻部位之后;阻碍突然放开,气流骤然冲出,爆发成音。塞音声母有:b、p、d、t、g、k。

(2)擦音

发音部位之间接近,并不完全闭塞,形成适度间隙,让气流从窄缝中挤出去摩擦成音。擦音声母有:f、h、x、s、sh、r。

(3)塞擦音

成阻部位完全闭塞,气流无法通过;持阻阻碍略微放松,让气流挤出去产生摩擦,先塞后擦。塞擦音声母有:j、q、zh、ch、z、c。

(4)鼻音

口腔里形成阻碍,完全闭塞,软腭下垂,声带振动,气流在口腔受阻,从鼻腔透出成声。鼻音声母有:m、n、ng。

(5)边音

舌尖和上齿龈稍后的部位接触形成阻碍不让气流通过,气流从舌头两边流出。边音声母有:l。

3.根据气流的大小分类

(1)送气音

发音时呼出气流较强,如:p、t、k、q、ch、c。

(2)不送气音

发音时呼出气流较弱,如:b、d、g、j、zh、z。普通话声母中送气与不送气只在塞音与塞擦音中进行。

4.根据声带是否颤动分类

(1)清音

发音时声带不颤动。清音发音时呼出气流较强。

普通话清音声母有17个:b、p、f、d、t、g、k、h、j、q、x、zh、ch、sh、z、c、s。

(2)浊音

发音时声带颤动。浊音发音时呼出气流较弱。

普通话浊音声母有 m、n、l、r 以及只作韵尾的浊鼻音 ng。

第二节 声母的发音

一、声母发音方法

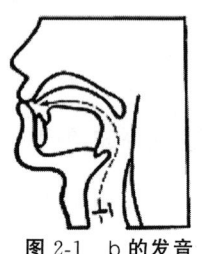

图2-1 b的发音示意图

b——双唇　不送气　清塞音

成阻时双唇闭合,不要太紧,同时软腭上升,关闭鼻腔通路,舌头自然静止;持阻气流到达双唇后蓄气;除阻凭借积蓄在口腔中的气流突然打开双唇成音,爆发而出,气流较少。

发音例词:八宝　把柄　百般　败笔　半百
　　　　　褒贬　报表　本部　步兵　包办

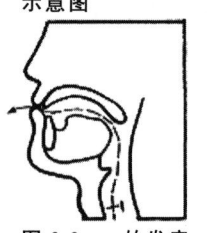

图2-2 p的发音示意图

p——双唇　送气　清塞音

成阻、持阻过程与发b音相同;除阻时有较强的气流冲开双唇。

发音例词:排炮　评判　乒乓　品评　偏旁
　　　　　批判　琵琶　匹配　偏僻　批评

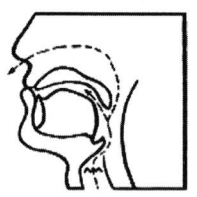

图2-3 m的发音示意图

m——双唇　浊鼻音

双唇闭合,舌自然放平,软腭下垂,使鼻腔通畅,声带颤动,气流同时到达鼻腔和口腔,在双唇后受阻,气流从鼻腔透出成音。

发音例词:麻木　埋没　骂名　麦苗　眉目
　　　　　美名　漫骂　美貌　弥漫　米面

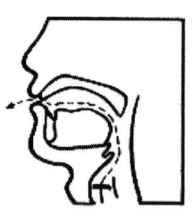

图2-4 f的发音示意图

f——唇齿　清塞音

下唇向上齿靠拢,接触但形成缝隙;舌位自然平放,软腭上升,关闭鼻腔通道;气流从齿唇窄缝的间隙中挤出,摩擦成声。

发音例词:发放　发疯　非法　反复　方法
　　　　　奋发　福分　夫妇　防风　犯法

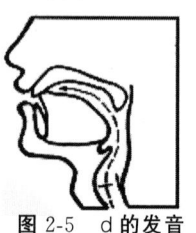

图2-5 d的发音示意图

d——舌尖中　不送气　清塞音

舌尖抵上齿龈形成阻碍;软腭上升,关闭鼻腔通道;气流在口腔蓄气后冲破舌尖障碍,爆发成音,气流较少。

发音例词：达到　答对　大地　大胆　打赌
　　　　　　打动　单独　担待　担当　当代

t——舌尖中　送气　清塞音

发音状况与发 d 音相似。成阻、持阻阶段基本相同,除阻有较强的气流。

发音例词：塌台　抬头　贪图　天天　谈天
　　　　　　探讨　探听　逃脱　淘汰　疼痛

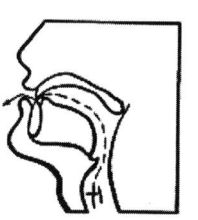

图 2-6　t 的发音示意图

n——舌尖中　浊鼻音（声带颤动）

舌尖抵住上齿龈,要顶满;软腭下降,打开鼻腔通路;声带振动,气流同时到达鼻腔和口腔;气流在口腔受到阻碍,但从鼻腔通过成音,声音较为柔和。

发音例词：奶牛　男女　恼怒　能耐　泥泞
　　　　　　农奴　牛奶　奶奶　年年　南宁

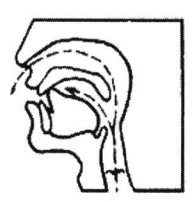

图 2-7　n 的发音示意图

l——舌尖中　浊边音

舌尖抵住上齿龈的后部,不顶满;软腭上升,关闭鼻腔通路;声带振动,气流到达口腔后从舌两边流出成音。

发音例词：拉力　来历　来路　劳累　劳力
　　　　　　利落　历来　理疗　流露　榴梿

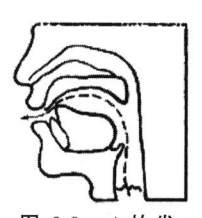

图 2-8　l 的发音示意图

g——舌根阻　不送气　清塞音

舌头后缩,舌根隆起抵住软硬腭交界处;软腭上升,关闭鼻腔通路;气流在形成阻碍的部位后积蓄,突然冲破舌根阻碍,爆发成音,气流较少。

发音例词：改革　尴尬　杠杆　改过　干果
　　　　　　感官　更改　光顾　广告　规格

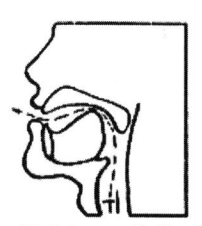

图 2-9　g 的发音示意图

k——舌根阻　送气　清塞

成阻、持阻阶段与发 g 音基本相同,两唇开度比发 g 时稍窄,除阻气流较强。

发音例词：开课　开口　开阔　坎坷　苛刻
　　　　　　夸口　空旷　困苦　亏空　可口

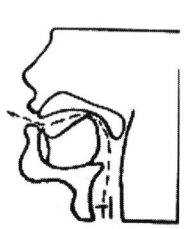

图 2-10　k 的发音示意图

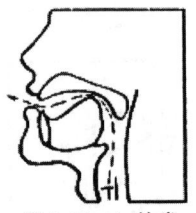

图 2-11　h 的发音示意图

h——舌根阻　清擦音

舌根隆起,舌高点对着软腭,接近软硬腭的交界处,有缝隙;软腭上升,关闭鼻腔通道;气流从缝隙中挤出,摩擦成音。口腔开度较 g、k 大些。

发音例词:海涵　憨厚　含混　含糊　喊话
　　　　　航海　行话　豪华　好话　和缓

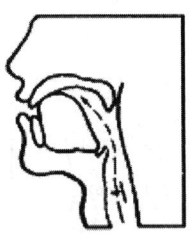

图 2-12　j 的发音示意图

j——舌面阻　不送气　清塞擦音

舌尖轻抵下门齿背;舌面前抵住硬腭前部;软腭上升,关闭鼻腔通道;在成阻部位后积蓄气流,解除阻塞时,在原成阻部位保持适当间隙,气流从窄缝中挤出,摩擦成音,气流较弱。

发音例词:激进　积极　基建　机警　家境
　　　　　讲解　健将　将军　交接　救济

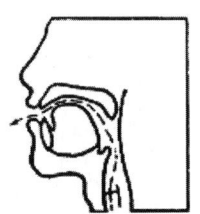

图 2-13　q 的发音示意图

q——舌面阻　送气　清塞擦音

发音时状况与发 j 音相似,成阻、持阻基本相同,只是除阻时擦音的气流增强。

发音例词:亲切　漆器　七窍　凄切　齐全
　　　　　乞求　气球　恰巧　千秋　前驱

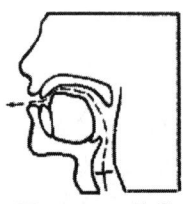

图 2-14　x 的发音示意图

x——舌面阻　清擦音

舌尖轻抵下门齿背;舌面前接近硬腭前部,成阻部位出现缝隙;软腭上升,堵住鼻腔通道;气流从缝隙中挤出,摩擦成音。

发音例词:嬉笑　习性　喜讯　细心　狭小
　　　　　下乡　鲜血　纤细　闲心　小学

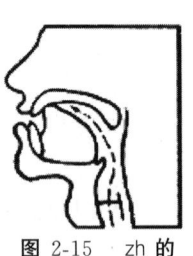

图 2-15　zh 的发音示意图

zh——舌尖后阻　不送气　清塞擦音

舌尖翘起顶住上齿龈后部、硬腭前部,软腭上升堵住鼻腔通道;在阻碍的部位后积蓄气流,除阻时舌尖缓慢离开上齿龈后部,气流轻微从呈现的间隙中流出。

发音例词:扎针　债主　站住　战争　长者
　　　　　招展　折中　真挚　指正　支柱

ch——舌尖后阻　送气　清塞擦音

与发 zh 音相同,有明显的气流从口腔中流出。

发音例词：查抄　折穿　铲除　长处　超出

　　　　　长城　踌躇　出场　戳穿　橱窗

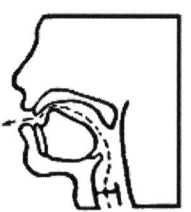

图 2-16　ch 的发音示意图

sh——舌尖后阻　清擦音

舌尖翘起顶住上齿龈,与硬腭前部相对,有空隙,软腭上升,鼻腔不通气;除阻气流从间隙中擦出。

发音例词：杀伤　山水　膳食　赏识　上升

　　　　　少数　烧伤　舍身　声势　水手

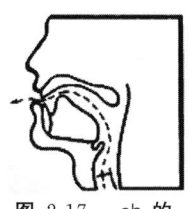

图 2-17　sh 的发音示意图

r——舌尖后阻　浊擦音

发音状况与发 sh 音相同,只是声带振动。

发音例词：嚷嚷　忍让　忍辱　人人　仍然

　　　　　如若　软弱　容忍　闰日　荣辱

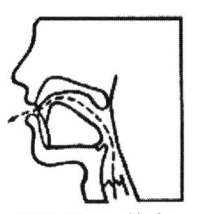

图 2-18　r 的发音示意图

z——舌尖前阻　不送气　清塞擦音

舌尖抵住上齿背,口不出气,软腭上升。除阻舌尖离开上齿背,气流从间隙中流出。

发音例词：咂嘴　栽赃　再造　在座　藏族

　　　　　遭罪　造作　自在　自尊　宗族

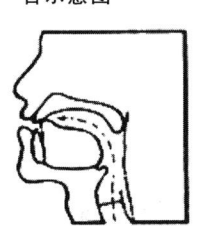

图 2-19　z 的发音示意图

c——舌尖前阻　送气　清塞擦音

发音状态与发 z 音相似,只是有较多气流。

发音例词：猜测　残存　仓促　苍翠　草丛

　　　　　残次　层次　草草　催促　措辞

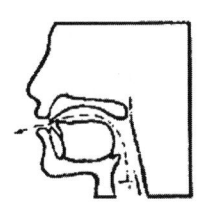

图 2-20　c 的发音示意图

s——舌尖前阻　清擦音

成阻舌尖和上齿背相阻,有空隙,软腭上升,鼻不通气;除阻气流从间隙中挤出。

发音例词：洒扫　缫丝　嫂嫂　色素　僧俗

　　　　　思索　四散　松散　送死　搜索

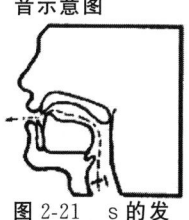

图 2-21　s 的发音示意图

没有辅音声母的音节我们称之为零声母音节。汉语普通话音节绝大多数是由声母、韵母、声调三部分组成的。但是还有一种特殊的音节没有辅音声母,而是由韵母独自成为音节,这种不以辅音起头而是以元音起头的音节我们称之为零声母。零声母的"零"在实际发音中不等于"没有",零声母音节不等于没有声母,零声母的书写在方言研究中一般用/ʔ/来表示。

实验语音学的研究证明,零声母音节往往也有特定的、具有某些辅音性质的起始方式。零声母音节以元音作为音节的起头音素,这时元音的发音特点,如舌位的高低有一些改变,在实际发音中带有摩擦和阻塞的成分,也可以叫"半元音"。普通话零声母音节可以分为两类,一类是开口呼零声母音节,一类是非开口呼零声母。开口呼零声母音节在汉语拼音方案中,没有规定用拼音字母表示,一般人们也不会感觉以 a o e 起头的零声母音节还会有辅音形式的存在,因为这些音节开头的辅音形式没有辨义作用。

非开口呼零声母音节的起始方式为:齐齿呼声母音节在汉语拼音方案中规定,在音节前以隔音字母 y 开头,由于没有辅音声母,实际发音带有轻微摩擦,是半元音/j/,实际上属于辅音性质。合口呼零声母音节,用汉语拼音表示是以隔音字母 w 起头,实际发音带有轻微摩擦,是半元音/w/。合口呼零声母音节不要发成/v/,普通话中没有这个声母。汉语拼音方案中规定,字母表中的声母 v 只用来拼写外来语、少数民族语言和方言。撮口呼零声母音节,用汉语拼音表示是以隔音字母 y(yu)起头,实际发音带有轻微摩擦,是半元音/ɥ/。

由此可见,汉语拼音方案中 y 和 w 这两个隔音字母的设计是有语音学依据的,它不只是在音节之间起隔音作用的符号,而且表示一定的实际读音。为防止零声母音节与前一音节韵尾拼合,出现混淆音节之间界限的语音现象,我们有必要强调零声母音节起始时的实际读音。

发音例词:

开口呼零声母:恩爱　偶尔　阿姨　安逸　熬夜　恶意　扼要　而已　安慰
齐齿呼零声母:延安　要隘　阴暗　银耳　婴儿　幼儿　友谊　扬言　野营
合口呼零声母:外耳　玩偶　晚安　莞尔　外衣　乌鸦　蜿蜒　丸药　外文
撮口呼零声母:余额　鱼饵　悦耳　拥有　语言　预言　云游　愿意　园艺

第三节 声母发音训练

一、声母发音

1.双唇音——b、p、m

容易出现的问题：

（1）成阻部位没有在唇的内缘，如出现抿唇、包唇的现象，发音动作迟缓，听感笨拙；（2）发音无力，阻碍松散，双唇爆发力减弱，清晰度降低；（3）满唇用力，力量分散，影响语句流畅；（4）p 发音时气流太强，产生噪音。

练习提示：

（1）成阻部位准确，在双唇内缘；（2）双唇肌肉紧张，接触有力，点状成阻；（3）气流集中，冲击双唇。注意声韵配合发音。

练习材料：

b——

标兵	辨别	版本	爸爸	不必
不便	八百	阜部	北边	白班
包办	补报	被迫	宝贝	北部
冰雹	颁布	包庇	报表	弊病

p——

批评	批判	偏偏	偏僻	婆婆
澎湃	匹配	泡泡	波皮	飘飘
排炮	评判	乒乓	胚盘	噼啪
蓬蓬	偏旁	翩翩	偏颇	瓢泼

m——

妈妈	买卖	妹妹	秘密	明明
美满	卖萌	面貌	弥漫	盲目
面目	默默	满面	眉毛	每每
美妙	命名	麻木	埋没	茫茫

2.唇齿阻——f

容易出现的问题：

（1）上齿接触下唇外缘，有咬嘴唇的倾向；（2）唇齿成阻时接触面过大，力量分散；（3）有发成塞音的趋势，听感笨拙，有杂音。

练习材料：

方法	反复	仿佛	丰富	发疯
犯法	分发	愤愤	纷纷	非法
夫妇	奋发	吩咐	防腐	发凡

练习提示：

(1)动作不要太长,控制好气息；(2)除阻后紧接元音,发音就清楚。

3.舌尖中音——d、t、n、l

容易出现的问题：

(1)舌尖抵上齿龈成阻后,气流没有形成一定的压力,冲击成阻部位气流较弱,舌尖肌肉又紧张不起来,因而除阻也就没有力度,舌尖无力、无弹性,字音松散,失去准确性；(2)主体的生理缺陷,如舌尖伸不出来、没有舌尖、两个舌尖,导致力量集中不到舌尖上,爆发成音就困难,还影响音准；(3)浊鼻音 n 与浊边音 l 相混,它们的发音部位相同,发音方法不同。

练习提示：

(1)发音准确,舌尖抵上齿龈成阻。(2)舌尖力度,舌尖被突然冲开,不拖泥带水。练习含舌尖音的词组、句子,注意力放在舌尖上。(3)气息配合,气流饱满,冲击成阻部位。(4)分清 n 与 l。n 是鼻音,发音时气流应从鼻腔流出；l 是边音,发音时气流应从舌的两边流出。把鼻子堵住发 n 产生困难。发 n 时软腭下降,气流从鼻腔流出。练习 l 时可适当把嘴拉开,帮助气流从舌的两边流出。

翻覆 返防 泛泛 发付 发福
繁复 防范 芳菲 放风 非凡

练习材料：

d——
达到 到底 得到 等待 懂得
大胆 地段 大地 到达 道德
断定 打倒 大豆 大多 带动
单调 单独 当地 大典 打赌

t——
天天 太太 统统 团体 疼痛
抬头 谈天 探讨 淘汰 天堂
偷偷 贪图 谈吐 天体 体贴
梯田 探听 坍台 通统 坍塌

n——
奶奶 男女 恼怒 南宁 年年
能耐 内难 拿捏 奶娘 奶牛
囡囡 泥泞 呢喃 泥淖 袅袅
袅娜 牛腩 妞妞 怩怩 农奴

l——
力量 理论 联络 来历 来临
流露 劳力 历来 玲珑 浏览
流浪 流利 轮流 磊落 冷落
伶俐 留恋 流量 隆隆 伦理

4.舌根音——g k h

容易出现的问题：

（1）舌位太靠后，音色发暗，吐字不清；（2）声音发空；（3）气流摩擦声大。

练习提示：

（1）舌位有意识地前移；（2）成阻时有意识地抵住软腭，声音外送；（3）打开口腔，舌位降低，控制好气流。

练习材料：

g——

各个	哥哥	刚刚	公共	改革
各国	规格	灌溉	巩固	古怪
广告	高贵	公告	姑姑	骨干
骨骼	感光	杠杆	搞鬼	更改

k——

可靠	宽阔	刻苦	开垦	开口
开阔	慷慨	困苦	可口	可可
开矿	开课	侃侃	刊刻	坎坷
克扣	苛刻	空口	空阔	空廓

h——

合乎	辉煌	后悔	缓和	欢呼
汉化	黄海	荷花	呼唤	煌煌
黄河	黄昏	绘画	混合	含糊
航海	好汉	好好	化合	豪华

5.舌面音——j q x

容易出现的问题：

（1）尖团不分，容易发成类似 z c s 的音，不庄重；（2）气流摩擦声大，噪音重。

练习提示：

舌面前部隆起，接近硬腭前部构成阻碍。让舌尖深深垂到下门齿背后，一定不要让舌尖或舌叶在发音中起作用。发音过程中注意控制气流。气流摩擦声大，噪音重。

练习材料：

j——

经济	仅仅	解决	积极	坚决
季节	将军	接近	阶级	姐姐
究竟	拒绝	家具	见解	渐渐
讲究	焦急	结局	基建	紧急

q——

亲切	请求	亲戚	确切	情趣
崎岖	恰巧	悄悄	气球	恰恰
齐全	前期	轻巧	全球	蜷曲
气枪	乞求	凄清	奇巧	群情

x——

星星	休息	细心	想象	谢谢
信心	鲜血	新兴	形象	乡下
血型	喜讯	先行	习性	细小
虚心	详细	小心	小学	新鲜

6. 舌尖音——z、c、s

容易出现的问题：

(1) 舌尖前音 z、c、s 与舌尖后音 zh、ch、sh 相混淆；舌尖翘起太高，类似卷舌；(2) 舌尖成阻成面状，而非点状成阻，气流有阻塞感；(3) 下巴紧，舌面太高，口腔狭小，声音受挤压，发不出。

练习提示：

舌体收缩，舌尖向前平伸，顶住上牙门齿背，阻住气流，舌尖不要伸在上下齿之间；下巴放松，除阻时舌尖稍微放松，让气流从窄缝中挤出来，注意控制气流。

练习材料：

z——

咂嘴	栽赃	再造	在座	藏族
遭罪	造作	自在	自尊	宗族
总则	走卒	走嘴	祖宗	罪责
做作	孜孜	姊姊	嘴子	最早

c——

猜测	残存	仓促	苍翠	草丛
残次	参差	从此	催促	措辞
粗糙	葱翠	草草	灿灿	此次
刺死	催促	曹操	猜测	曹灿

s——

洒扫	缫丝	嫂嫂	色素	僧俗
思索	四散	松散	送死	搜索
诉讼	速算	琐碎	飒飒	赛事
丝丝	四色	四十	四艘	撒手

7. 舌尖后音——zh、ch、sh、r

容易出现的问题：

(1) 舌叶前部与上齿背接触面积大，有阻塞感；(2) 舌尖没有在上齿背成阻，而是在两齿中间，带有齿音色彩；(3) 成阻时舌尖与上齿背接触太

练习材料：

zh——

政治	战争	真正	主张	挣扎
之中	种种	指正	住宅	着重
整整	蜘蛛	专著	专职	执照

紧,气流冲破阻碍困难,发出"呲呲"声。

练习提示:

(1)部位准确问题。舌尖与上齿背成阻,而不是舌面前整个贴在上齿背上,否则舌中部无力。注意成阻面要小,力量集中。(2)成阻部位应是舌尖轻抵上齿背。(3)口腔要开,舌尖肌肉放松,两齿之间有一定距离,防止声音偏前。(4)练习发 r 时,摩擦不要过重,舌尖要轻巧,舌肌不要过分紧张。

中指　正中　注重　专政　专制
ch——
常常　处处　长城　长处　出差
出产　超出　车床　橱窗　重重
惆怅　长春　超产　踌躇　除尘
戳穿　铲除　臭虫　查抄　茶炊
sh——
事实　少数　实施　叔叔　闪烁
手术　瞬时　上述　收拾　神圣
时时　逝世　舒适　省事　世上
失神　尸首　适时　山水　身手
r——
仍然　软弱　人人　柔软　容忍
嚷嚷　冉冉　扰攘　荏苒　忍让
荣辱　融融　柔韧　闰日　如若
濡染　溽热　攘攘　熔融　日日

8.零声母的词语训练

(1)开口呼零声母

i、u、ü 以外的由元音起头的音节。这类音节有 a、o、e、ai、ei、ao、ou、an、en、ang、eng。标音时不加符号,仍用 a、o、e 起头。

起头元音在发音时喉部要先关闭一下再打开,气流冲出,喉部有摩擦感,发的是喉音,与咳嗽前喉部的状态相似。

练习材料:

哀乐　爱乐　哀怨　安稳　安逸　熬夜
鳄鱼　暗语　暗影　昂扬　遨游　额外
扼要　恶意　恩怨　厄运　暗暗　暗喻
傲岸　阿姨　奥运　嗷嗷　而已　安慰
按摩　讹误　偶尔　扼腕　愕然　恩爱

(2)齐齿呼零声母

i 自成音节或以 i 起头的音节。这类音节有 i、ia、ie、iao、iou、ian、

练习材料:

压抑　牙龈　烟叶　沿用　演绎　盐业
扬言　仰泳　以后　药业　艳阳　摇椅

31

in、iang、ing、iong。

发音时舌面前部（舌叶）与前硬腭很接近，只剩下一条窄窄的缝隙，气流通过时产生轻微的摩擦。

(3) 合口呼零声母

以 u 起头的音节，这类音节有 u、ua、uo、uai、uei、uan、uen、uang、ueng。汉语拼音中这类音素自成音节时书写一律用 w 起头。

发音时口腔的缝隙较窄，气流通过时会产生轻微的摩擦。

(4) 撮口呼零声母

ü 自成音节或以 ü 起头的音节，这类音节有 ü、üe、üan、ün。

发音时舌面前部与前硬腭很接近，只剩下一条很细的缝隙，气流通过时除了舌腭之间有摩擦外，双唇也会出现摩擦。

谣言　夜游　夜莺　液压　一样　医药
已有　医用　音译　意义　引诱　营业
优雅　悠扬　友谊　游艺　应邀　已经

练习材料：

万科　外物　文化　忘我　物流　慰问
文武　王维　威武　无味　委婉　晚安
晚宴　外溢　未有　委员　误用　往往
玩味　万物　问我　娃娃　呜呜　玩玩
微微　外网　往外　外文　无误　吾爱

练习材料：

余韵　愉悦　预约　逾越　鱼跃　元月
越狱　月晕　月圆　押韵　圆月　孕育
演员　扬言　养鱼　遥远　业余　医院
音乐　隐约　抑郁　姻缘　游园　幽怨
语音　雨夜　营运　愿意　鸳鸯　雨衣

二、声母发音辨读

由于受某些方言的影响，某些声母在发音部位、发音方法上会相互影响，从而造成发音不准确。

1. 送气音与不送气音的辨读

受海南、广西、湖南、闽南部分地区方言影响的人，发送气音可能会有困难。

送气音气流强而持久，从肺部呼出较强的气流发音。

练习材料：

八——趴　白——排　被——配
办——判　奔——喷　棒——胖
德——特　单——贪　当——汤
带——太　蹦——碰　导——讨

不送气音气流较为微弱，只凭借成阻时在口腔积蓄的气流。

用一小纸条夹在两指间，放在双唇前，发送气音时纸条有明显振动，不送气则无明显振动。

再如，训练送气音 p 的发音时，可以模仿吹蜡烛的吐气方法；训练送气音 c 的发音，可模仿车胎漏气的声音；也可以借助带有送气音的象声词来体会，如噼啪（pp）、扑通（pt）、突突（tt）。

嘎——卡　哥——科　改——凯
够——扣　干——看　根——肯
这——彻　扎——叉　占——馋
字——次　在——菜　早——草
揍——凑　脏——仓　杂——擦

b—p
补票　编排　包赔　爆破　背叛　奔跑
p—b
旁边　排版　配备　皮包　跑步　赔本
d—t
冬天　大体　带头　代替　动态　短途
t—d
台灯　态度　土地　推动　特点　停顿
g—k
顾客　概括　观看　赶快　广阔　高空
k—g
开关　宽广　考古　客观　苦功　口供
j—q
机器　尽情　急切　技巧　精确　健全
q—j
期间　奇迹　全局　抢救　请假　前进
zh—ch
展出　支持　忠诚　正常　职称　争吵
ch—zh
成长　处置　城镇　超重　车站　纯正
z—c
早操　紫菜　自从　座次　佐餐　宗祠
c—z
存在　村子　操作　错字　词组　辞藻

2.塞音与擦音的辨读

福建、广东、湖南、湖北的某些地区没有 f 这个音,因此,发 f 音时上唇放松,不要参与发音,整个唇形自然、平展。

在某些汉语方言中 f 音与 h 音不分,在 h 音中混入 f 音。f 音与 h 音发音方法相同,都是擦音,但发音部位不同,一个是下唇与上齿接触成阻,另一个是舌面后同软腭硬腭的交接处接触成阻。

汉语大多数方言都有 h 这个音,发这个音并不困难。但是要防止发音过于靠后,憋闷在喉部,声音发空、发糠,黯淡无力。发音时舌的隆起面不要太靠后,练习时可多练与发音偏前的元音相拼的单、双音节,如 he 和 hai。

练习材料:

f——h 的辨读

服——湖　发——花　佛——活　非——挥
范——换　方——谎　风——轰

f—h

发挥　符号　繁华　返回　复合　发黑　废话
分化　腐化　饭盒　防护　妨害　放火　飞蝗
愤恨　凤凰　复活　附会　附和　分红　烽火
反悔　分号　缝合　汾河　发汗　发狠　发话
发慌　返航　发火　番号　反话　防洪　绯红

h—f

恢复　后方　划分　合法　花费　耗费　花粉
化肥　焕发　混纺　韩非　合肥　何妨　海防
寒风　杭纺　浩繁　豪放　毫发　豪富　河防
和风　和服　横幅　洪峰　洪福　后福　胡匪
护法　虎伏　花房　画舫　回复　画幅　汇费

3.前后鼻音 n—l 的辨读

武汉、成都、长沙等地的方言中 n 与 l 可以自由变读。受这些方言影响的人往往 n 与 l 不分,或者在发 n 音时带有 l 音色彩,这是因为在发 n 的时候口腔没有完全封闭,有气流从舌头一侧或两侧流出。

练习材料:

拿——拉　奈——赖　内——类
脑——老　南——兰　囊——郎
能——棱　你——李　捏——列
鸟——辽　牛——流　年——连
您——林　娘——良　宁——零
奴——卢　诺——落　暖——卵
农——龙　女——旅　虐——略

n 是鼻音,发音时舌尖抵住上齿龈,要顶满,舌的两侧与上颚两侧形成封闭的弧形,气流应从鼻腔流出,声带振动。

l 是边音,发音时舌尖抵住上齿龈,但舌的前半部下凹,舌的两侧和上颚两侧保持适度的距离;软腭上升封闭鼻腔通道,声带振动,气流从舌的两侧和内颊形成的间隙通过。

n—l

纳凉	能力	努力	年龄	奶酪	能量	内陆
奴隶	拿来	脑力	女郎	暖流	内力	耐劳
脑颅	南岭	农林	农历	尼龙	年历	内涝
内乱	年轮	年利	能来	那里	你俩	奶牛

l—n

留念	来年	老年	老农	历年	列宁	辽宁
烂泥	老娘	老衲	累年	冷凝	冷暖	利尿
连年	两难	林农	羚牛	凌虐	流年	龙年
遛鸟	落难	岭南	龙脑			

无赖 lài—无奈 nài　　水牛 niú—水流 liú
男 nán 裤—蓝 lán 裤　　旅 lǚ 客—女 nǚ 客
脑 nǎo 子—老 lǎo 子　　连 lián 夜—年 nián 夜
留念 niàn—留恋 liàn　　浓 nóng 重—隆 lóng 重
南 nán 部—蓝 lán 布　　烂泥 ní—烂梨 lí
牛 niú 黄—硫 liú 黄　　大娘 niáng—大梁 liáng

流脑 liúnǎo　　岭南 lǐngnán　　恼怒 nǎonù
扭捏 niǔniē　　能耐 néngnài　　呢喃 nínán
男女 nánnǚ　　履历 lǚlì　　　　理论 lǐlùn
联络 liánluò　　流露 liúlù　　　老练 lǎoliàn
拉力 lālì

4. j、q、x——z、c、s 的辨读

某些方言区的人容易把 j、q、x 读成 z、c、s。

练习发音时,舌面前部隆起,接触硬腭前端构成阻碍,舌叶自然放松,舌尖下垂到下门齿

练习材料:

j q x——z c s

集资	麂子	祭祀	席子	戏子
旗子	妻子	棋子	戏词	下策
缉私	其次	袖子	线索	潇洒
器材	相思	心思	寻死	徇私
谴责	起诉	起草	亲自	秋色

的背后,发音过程中舌叶与舌面一定不要参与发音。

z、c、s ——j、q、x

自己　资金　自尽　字迹　字句
自家　自觉　瓷器　刺激　磁极
赐教　思想　思乡　思绪　私交
死角　私心　死心　司机　四季
死寂　肃清　撒气　三千　三秋

5.z、c、s 与 zh、ch、sh 的发音辨读

汉语中少数方言没有 z、c、s,有的方言中读 z、c、s 时带有 zh、ch、sh 的发音色彩。发音时发音部位容易靠后,舌尖与上齿龈构成阻碍,听起来就会有翘舌音色彩。练习时要找准发音部位,舌尖抵住上齿背或下齿背,控制舌尖不要抬起。在许多方言中,没有舌尖后音 zh、ch、sh。发音部位容易靠前,发音时舌尖对着上齿龈,注意练习时舌头后缩,舌前部上举,舌尖接近或接触硬腭的前部。普通话读 zh、ch、sh 的字在方言中大多读 z、c、s,学习发音技巧时,要下功夫记普通话中 zh、ch、sh 的声母字。从舌尖前音和舌尖后音的比例上来看,舌尖后音占两者的 70%,舌尖前音占 30%。

练习材料

zh——z
张嘴　振作　赈灾　正在　正宗
知足　职责　指责　治罪　制作
z——zh
杂志　栽种　在职　增长　资助
总之　组织　罪状　坐镇　作战
ch——c
差错　场次　车次　陈醋　成材
出操　除草　储藏　纯粹　揣测
c——ch
财产　采茶　残喘　操场　草创
餐车　彩绸　磁场　促成　辞呈
sh——s
上司　上溯　哨所　深思　深邃
深色　绳索　生死　胜似　誓死
s——sh
散失　丧失　扫射　扫视　私事
死守　松手　随身　算术　琐事

三、声母绕口令练习

b—p：

八百标兵奔北坡,炮兵并排北边跑,炮兵怕把标兵碰,标兵怕碰炮兵炮。

b—p—m：

炮兵攻打八面坡,炮兵排排炮弹齐发射。步兵逼近八面坡,歼敌八千八百八十多。

b—p：

一平盆面,烙一平盆饼,饼碰盆,盆碰饼。

b：

巴老爷有八十八棵芭蕉树,来了八十八个把式要在巴老爷八十八棵芭蕉树下住。
巴老爷拔了八十八棵芭蕉树,不让八十八个把式在八十八棵芭蕉树下住,
八十八个把式烧了八十八棵芭蕉树,
巴老爷在八十八棵树边哭。

b—p—t：

吃葡萄不吐葡萄皮儿,不吃葡萄倒吐葡萄皮儿。

b—t：

白石塔,白石搭,白石搭石塔,白塔白石搭。搭好白石塔,白塔白又大。

b—d：

板凳宽,扁担长,板凳比扁担宽,扁担比板凳长,
扁担要绑在板凳上,板凳不让扁担绑在板凳上,扁担偏要板凳让扁担绑在板凳上。

m：

妈妈种麻,我去放马,马吃了麻,妈妈骂马。

猫猫有一身灰毛,毛毛要猫猫的灰毛,猫猫要毛毛的红帽,
毛毛把红帽交给猫猫,猫猫给毛毛几根灰毛。

b—m：

白庙外蹲着一只白猫,白庙里有一顶白帽,白庙外的白猫看见了白帽,叼着白庙里的白帽跑出了白庙。

山上有座白庙,地上有只白猫,白发老公公掉了一顶白帽,白猫叼着白帽跑进了白庙。

f：
粉红墙上画凤凰,凤凰画在粉红墙。黄凤凰,红凤凰,粉红凤凰花凤凰。

南京商场卖混纺,红混纺、黄混纺、粉黄混纺、粉红混纺、红黄混纺、黄红混纺,样样混纺销路广。

d—t：
调到敌岛打特盗,特盗太刁投短刀,挡推顶打短刀掉,踏盗得刀盗打倒。

大兔子,大肚子,大肚子的大兔子,要咬大兔子的大肚子。

d：
会炖我的炖冻豆腐,来炖我的炖冻豆腐,不会炖我的炖冻豆腐,就别炖我的炖冻豆腐。要是混充会炖我的炖冻豆腐,炖坏了我的炖冻豆腐,就吃不成我的炖冻豆腐。

n—l：
老龙恼怒闹老农,老农恼怒闹老龙,农怒龙恼农更怒,龙恼农怒龙怕农。

门口有四辆四轮大马车,你爱拉哪两辆来拉哪两辆。

刘郎年年念牛娘；牛娘连连恋刘郎。

六十六岁刘老六,修了六十六座走马楼,

楼上摆了六十六瓶苏合油,门前栽了六十六棵垂杨柳,

柳上拴了六十六个大马猴。忽然一阵狂风起,

吹倒了六十六座走马楼,打翻了六十六瓶苏合油,

压倒了六十六棵垂杨柳,吓跑了六十六个大马猴,气死了六十六岁刘老六。

g—k：
哥挎瓜筐过宽沟,赶快过沟看怪狗。光看怪狗瓜筐扣,瓜滚筐空哥怪狗。

h：
华华有两朵黄花,红红有两朵红花。华华要红花,红红要黄花。

华华送给红红一朵黄花,红红送给华华一朵红花。

h—f：

一堆粪,一堆灰,灰混粪,粪混灰。

j—q—x：

七巷一个漆匠,西巷一个锡匠,

七巷漆匠偷了西巷锡匠的锡,西巷锡匠偷了七巷漆匠的漆。

七加一,七减一,加完减完等于几?

七加一,七减一,加完减完还是七。

z、c、s—j、x：

司机买雌鸡,仔细看雌鸡,

四只小雌鸡,叽叽好欢喜,司机笑嘻嘻。

s—sh：

四是四,十是十,十四是十四,四十是四十,

不要把十四说成是"实事",也不要把四十说成是"细席"。

zh、ch、sh—z、c、s：

四和十,十和四,十四和四十,四十和十四。

说好四和十,得靠舌头和牙齿,

谁说四十是"细席",他的舌头没用力;谁说十四是"适时",他的舌头没伸直。

认真学,常练习,十四、四十、四十四。隔着窗户撕字纸,先撕横字纸,后撕竖字纸,撕了四十四张湿字纸。

z、c：

早晨早早起,早起做早操,人人做早操,做操身体好。

sh—zh：

知道就是知道,不知道就不知道;不要知道说不知道,也不要不知道装知道;

一定要做到老老实实、实事求是、不折不扣的真知道。

史老师讲时事,常学时事长知识。时事学习看报纸,报纸登的是时事。

常看报纸要多思,心里装着天下事。

z—zh：

隔着窗户撕字纸,一次撕下横字纸,一次撕下竖字纸,是字纸撕字纸,不是字纸,不

要胡乱撕一地纸。

ch—c：

这是蚕,那是蝉。蚕常在叶里藏,蝉常在树里唱。

s—sh：

三山撑四水,四水绕三山,三山四水春常在,四水三山四时春。

司小四和史小世,四月十四日十四时四十上集市,司小四买了四十四斤四两西红柿,史小世买了十四斤四两细蚕丝。司小四要拿四十四斤四两西红柿换史小世十四斤四两细蚕丝。史小世十四斤四两细蚕丝不换司小四四十四斤四两西红柿。

山前有个催粗腿,山后有个催腿粗,催粗腿和催腿粗,二人山前来比腿,也不知是催粗腿比催腿粗腿粗,还是催腿粗比催粗腿粗腿。

zh—ch—sh：

大车拉小车,小车拉小石头,石头掉下来,砸了小脚指头。

r：

任命是任命,人名是人名,任命人名不能错,错了人名错任命。

思考题

1.什么是声母?如何分类?

2.什么是零声母?发音时应注意什么?

第三章　韵母的发音

第一节　韵母的定义与分类

一、韵母的定义

按照汉语语音学传统的分析方法,汉语音节中声母后面的部分叫韵母。韵母由单元音或复合音充当,普通话一共有39个韵母。其中10个为单元音韵母,13个为复元音韵母,16个为鼻韵母。

韵母主要由元音构成,但元音不等于韵母。韵母最少有一个元音,也可以由两个或三个元音组成。韵母中也可以有辅音,韵母中的辅音总是处在韵尾,韵母中只有两个鼻辅音/n/和/ng/可以作韵尾。韵母当中的23个由元音(单元音或复合元音)构成,16个由元音附带鼻辅音韵尾构成。

韵母按内部结构可分为韵头、韵腹、韵尾三个部分。韵母中声音最响亮的部分是韵腹,它的前面是韵头,后面是韵尾。单韵母只有韵腹,没有韵头和韵尾。普通话的韵头只有 i、u、ü,韵尾只有四个,其中两个元音韵尾和两个辅音韵尾。韵腹是不可缺少的。

二、韵母的分类

普通话的韵母按内部结构可分为三大类:

单韵母——单元音韵母,由单元音充当。普通话有10个单韵母。

复韵母——复合元音韵母,由复合元音充当。普通话有13个复韵母。

鼻韵母——复合鼻尾音韵母,由元音带上鼻辅音韵尾构成。普通话有16个鼻韵母。

汉语传统语音学为了表述声韵的拼合关系,根据韵母开头的实际发音分为四呼,也是韵母的一种分类方法。

开口呼——没有韵头,韵腹又不是 i、u、ü 的韵母。普通话有 15 个韵母属于开口呼。

齐齿呼——指韵头或韵腹是 i 的韵母。普通话有 9 个韵母属于齐齿呼。

合口呼——指韵头或韵腹是 u 的韵母。普通话有 10 个韵母属于合口呼。

撮口呼——指韵头或韵腹是 ü 的韵母。普通话有 5 个韵母属于撮口呼。

第二节　韵母的发音

一、单韵母的发音

单韵母由单纯元音构成。有的韵母只有韵腹,这种韵母在发音时,发音部位不变,始终如一,称为单韵母。普通话 10 个单韵母中有 7 个是由舌面元音充当,它们是:a、o、e、ê、i、u、ü。按元音唇形和舌位进行分类的话,从舌位的前后看,其中前元音 3 个,为 i、u、ü;央元音 1 个,为 a;后元音 3 个,为 e、o、u。从舌

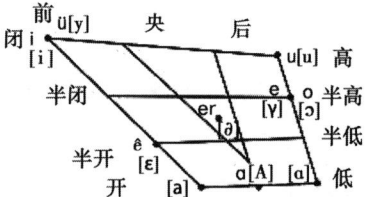

图 3-1　普通话舌面元音舌位图
([ ]号内是国际音标)

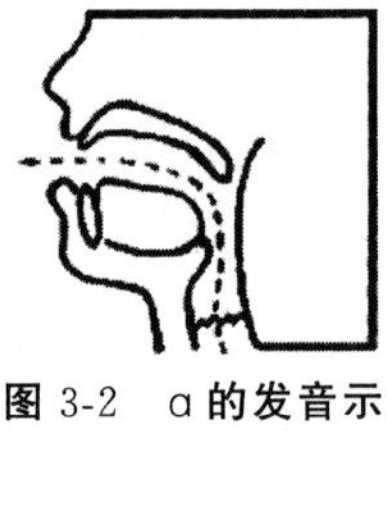

位的高低看,高元音 3 个,为 i、u、ü;半高元音一个,为 e;中元音两个,为 ê、o。从唇形的圆展看,圆唇元音有 3 个,即 ü、u、o;不圆唇元音有 4 个,即 i、e、ê、a。

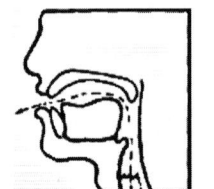

图 3-2　a 的发音示意图

a——央低不圆唇元音

口腔大开,舌尖轻抵下齿背,舌面中部偏后的地方微微隆起,和硬腭后部相对。发音时声带振动,软腭上升,关闭鼻腔通道。

发音例词:发达　打靶　耷拉　打发　马达
　　　　　　大厦　打岔　哪怕　大妈　沙发

o——后中圆唇元音

上下唇自然拢圆,舌身后缩,舌面后部隆起,和软腭相对,舌位介于半高半低之间。发音时,声带振动,软腭上升,关闭鼻腔通路。

发音例词:哦　噢　喔

图 3-3　o 的发音示意图

e——后半高不圆唇元音

口半闭,嘴角向两边微展,舌身后缩,舌尖离下齿背较远,舌面后部稍隆起,和软腭相对,比发元音o略高而偏前。发音时,声带振动,软腭上升,关闭鼻腔通路。

发音例词: 客车　合格　车辙　各个　隔热
　　　　　各色　呵呵　合辙　苛刻　色泽

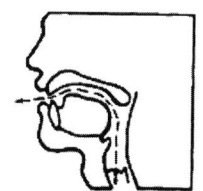

图 3-4　e 的发音示意图

ê——前中不圆唇元音

口腔自然打开,舌尖微抵下齿背,舌面前部隆起,和硬腭前部相对。发音时,声带振动,软腭上升,关闭鼻腔通路。

发音例词: 欸

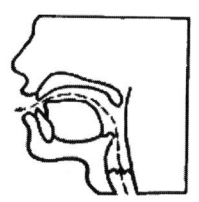

图 3-5　ê 的发音示意图

i——前高不圆唇元音

口微开,两唇呈扁平型,嘴角向两边展开,上下齿相对(齐齿),舌尖接触下齿背,舌面前部隆起和硬腭前部相对。发音时,声带振动,软腭上升,关闭鼻腔通路。

发音例词: 笔记　比例　机器　礼仪　谜底
　　　　　戏迷　仪器　一起　意义　以及

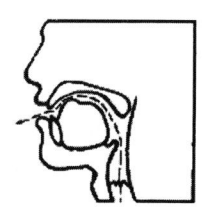

图 3-6　i 的发音示意图

u——后高圆唇元音

两唇收缩成圆形,向前突出,中间留一个小孔;舌后缩,舌面后部隆起,和软腭相对。发音时,声带振动,软腭上升,关闭鼻腔通路。

发音例词: 补助　部署　不顾　初步　出路
　　　　　读物　互助　出入　粗鲁　催促

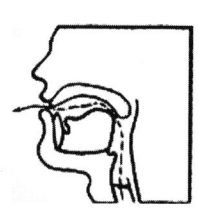

图 3-7　u 的发音示意图

ü——前高圆唇元音

两唇拢圆,略向前突出,中间留一个扁圆小孔,舌尖抵住下齿背,舌面前部隆起,和硬腭前部相对。发音时,声带振动,软腭上升,关闭鼻腔通路。

发音例词: 区域　聚居　踽踽　徐徐　序曲
　　　　　语句　豫剧　语序　寓居　曲剧

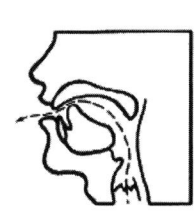

图 3-8　ü 的发音示意图

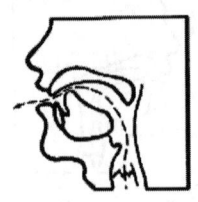

图 3-9　er 的发音示意图

er——卷舌元音

口腔自然打开,舌位不高不低、不前不后,舌前部上抬,舌尖向后卷,和硬腭前部相对。发音时,声带振动,软腭上升,关闭鼻腔通路。

发音例词: 而且　儿歌　儿化　儿女　耳朵

　　　　　二胡　而今　耳根　耳光　儿童

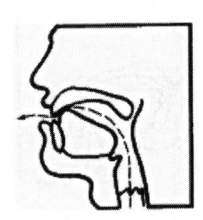

图 3-10　-i(前)的发音示意图

-i(前)——舌尖前不圆唇元音

口略开,嘴角向两旁展开,舌尖和上齿背相对,保持适当距离。发音时,声带振动,软腭上升,关闭鼻腔通路。这个韵母在普通话发音时只出现在 z、c、s 的后面。

发音例词: 字词　自私　自此　丝丝　次次

　　　　　孜孜　私自　四次　刺字　孳孳

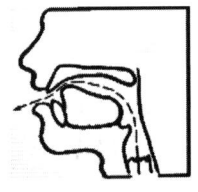

图 3-11　-i(后)的发音示意图

-i(后)——舌尖后不圆唇元音

口略开,嘴角向两旁展开,舌尖前端抬起和硬腭相对。发音时声带振动,软腭上升,关闭鼻腔通路。这个韵母在普通话里只出现在 zh、ch、sh、r 的后面。

发音例词: 事实　实施　适时　实质　失职

　　　　　食指　吃食　日志　知识　指示

二、复韵母的发音

由两个或三个元音结合而成的韵母叫复韵母。普通话共有 13 个复韵母:ai、ei、ao、ou、ia、ie、ua、uo、üe、iao、iou、uai、uei。根据主要元音所处的位置,复韵母可分为前响复韵母、中响复韵母和后响复韵母。双韵母是复韵母的特殊形式。

有的韵母只有韵头和韵腹,发音时发音部位会发生转换,因为发这类韵母时,较响亮的音在后,因此叫作后响复韵母。对于有韵尾的韵母来说,有的没有韵头,发这类韵母时,较响亮的音在前,因此叫作前响复韵母。有的韵母有韵头,也就是韵头、韵腹、韵尾三部分兼备,发这类韵母时,较响亮的音在中间,因此叫作中响复韵母。

1.二合元音

ai ——前元音的音素复合,动程较宽。起点元音是前低不圆唇元音 a,我们称之为"前 a"。发 a 音时舌尖轻抵下齿背,舌面中部呈拱形,舌面前部隆起与硬腭相对。

从前 a 开始，舌位向-i 的方向滑动升高，终点不太确定。在刚接近高元音-i 时就停止发音。-i 收尾的音比单元音 i 要含混。-i 发音过程中，舌头的状态同单元音 i 相近，但舌面隆起的部位比较靠后，舌面离上颚比较远。实际读音比单元音舌位稍低。

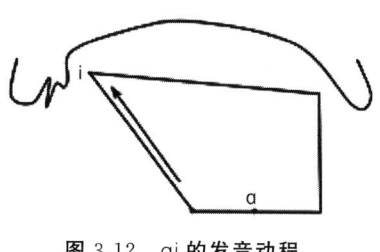

图 3-12　ai 的发音动程

发音例词：爱戴　白菜　采摘　彩带　彩排
　　　　　　　拆台　海带　海菜　晒台　灾害

ei——起点元音是前半高不圆唇 e，实际发音时舌位要靠后靠下，接近央元音。发音过程中，舌尖接触下齿背，舌面前部隆起，对着硬腭中部。之后舌位升高，向发 i 的方向往高往前滑动，终点不太确定。收尾的-i 音同发 ai 中的-i 相近，因受 e 的影响舌位略高，但比单元音 i 的舌位偏后，舌头肌肉放松，舌位也不太稳定。是普通话中动程较短的复合元音。

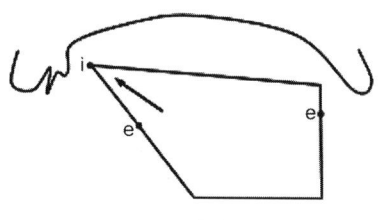

图 3-13　ei 的发音动程

发音例词：配备　肥美　非得　妹妹　蓓蕾　贝类　飞贼　累累　黑煤　每每

ao——后元音音素的复合。起点元音比单元音 a 和复合元音 ai 中的 a 舌位都靠后，是后低不圆唇元音，我们称之为"后 a"。发音时舌尖后缩，舌尖离开下齿背，舌面后部隆起。从后 a 开始，舌位向发 u 音的方向滑动，终点不太确定。收尾的音-u 舌位状态接近单元音 u，但舌位略低。

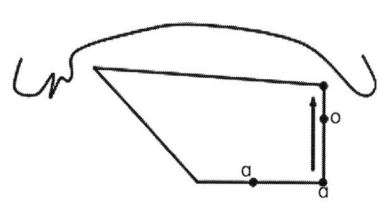

图 3-14　ao 的发音动程

发音例词：懊恼　包抄　报道　报告　操劳
　　　　　　　草包　草帽　唠叨　号召　高傲

ou——起点元音比发单元音 o 的舌位略高、略前，接近央元音 e，唇形略圆。发音时，从这个略带圆唇的央 e 开始，舌位向发 u 音的方向滑动，终点不太确定。收尾时比单元音的舌位略低，唇形不太圆。

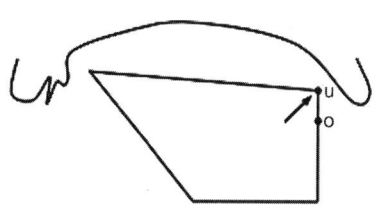

图 3-15　ou 的发音动程

发音例词：绸缪　丑陋　兜售　抖擞　手头
　　　　　　　口头　扣头　漏斗　喉头　后头

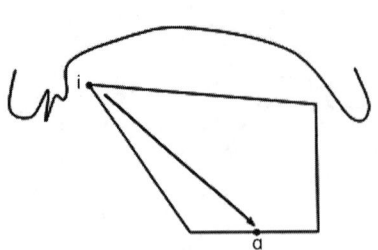

图 3-16 ia 的发音动程

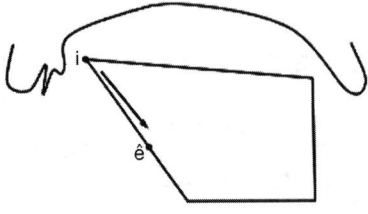

图 3-17 ie 的发音动程

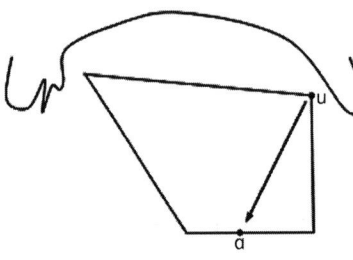

图 3-18 ua 的发音动程

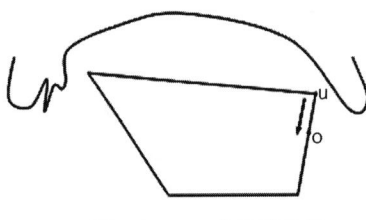

图 3-19 uo 的发音动程

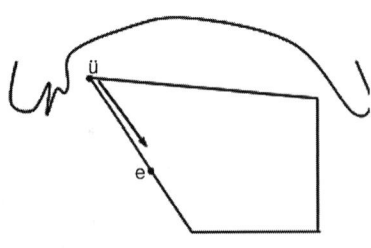

图 3-20 üe 的发音动程

ia——起点元音是前高元音 i，由它开始，舌位滑向央低元音 a。i 的发音紧而短，a 的发音响而长，止点 a 元音位置确定。

发音例词：家家　假牙　加价　恰恰　下牙
　　　　　压价　下家　下嫁　下压

ie——起点元音是前高元音 i，由它开始，舌位滑向前中元音 ê。i 的发音紧而短，ê 的发音响而长，止点 ê 元音位置确定。发音过程中舌尖始终不离开下齿背

发音例词：结业　姐姐　歇业　贴切　爷爷
　　　　　谢谢　趔趄　结节

ua——起点元音是后高圆唇元音 u，由它开始，舌位滑向央低元音 a。唇形由最圆逐步展开到不圆，u 紧而短，a 响而长。

发音例词：呱呱　挂花　耍滑　娃娃　哇哇
　　　　　花袜　花花

uo——由圆唇后元音复合而成，起点元音是后高元音 u，由它开始，舌位向下滑到后中元音 o。u 紧而短，o 响而长。发音过程中唇形始终是圆唇，开头最圆，结尾唇形开度加大，比较自然，不太圆。

发音例词：落寞　萝卜　没落　默默　伯伯
　　　　　阔绰　火锅　啰唆　摩托　国货

üe——由前元音复合而成，起点元音是圆唇前高元音 ü，由它开始，舌位滑向中元音 ê。唇形由圆展开到不圆，ü 紧而短，ê 响而长。

发音例词：雀跃　约略　确切　决裂　决绝
　　　　　血液　学业　月夜　虐待

2.三合元音

iao——在前响复合元音 ao 的前面加上一段由高元音 i 开始的过渡动程。由前高元音 i 开始,舌位降至后低元音 a。接着再由低向后高圆唇元音的方向滑升。发音过程中舌位先降后升,由前到后,曲折幅度大。唇形从中间的折点元音 a 开始由不圆唇变为圆唇。

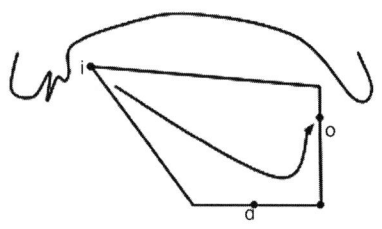

图 3-21　iao 的发音动程

发音例词：吊桥　吊销　脚镣　教条　渺小　叫嚣　疗效　秒表　调教　窈窕

iou——在前响复合元音 ou 的前面加上一段由高元音 i 开始的过渡动程。由前高元音 i 开始,舌位降至央元音偏后的位置,紧接着再由低向后高圆唇元音的方向滑升。发音过程中舌位先降后升,由前到后,曲折幅度大。

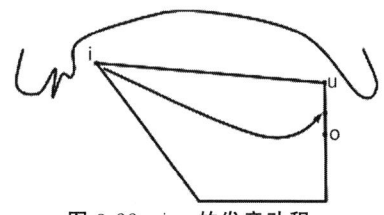

图 3-22　iou 的发音动程

发音例词：久留　舅舅　啾啾　求救　绣球　优秀　悠久　有救　牛油　流油

uai——在前响复合元音 ai 的前面加上一段由高元音 u—开始的过渡动程。由后高圆唇元音 u 开始,舌位向前滑降至前低不圆唇元音即前 a 的位置,紧接着再由低向前高不圆唇元音 i 的方向滑升。发音过程中舌位先降后升,由后到前,曲折幅度大。唇形从最圆开始,逐渐开口度加大,接近前元音 a 以后逐渐变为不圆唇。

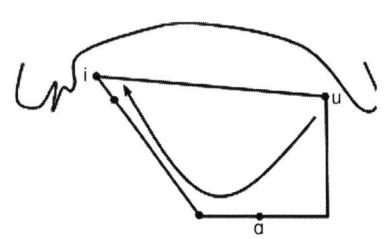

图 3-23　uai 的发音动程

发音例词：乖乖　外快　怀揣　外踝　外来　外表　歪曲　衰弱　拐弯

uei——在前响复合元音 ei 的前面加上一段由高元音 u—开始的过渡动程。由后高圆唇元音 u 开始,舌位向前向下滑降至前半高不圆唇元音偏后靠下的位置,紧接着再由低向前高不圆唇元音 i 的方向滑升。发音过程中,舌位先降后升,由后到前,曲折幅度大。唇形从最圆开始,随着舌位的前移逐渐开口度加大,接近 e 音以后逐渐变为不圆唇。

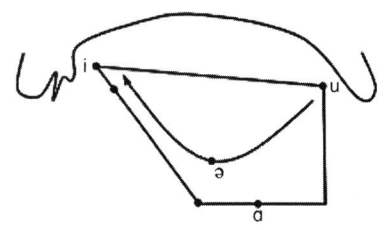

图 3-24　uei 的发音动程

发音例词：垂危　翠微　归队　回归　回味　回嘴　悔罪　汇兑　魁伟　水位

三、鼻韵母的发音

由一个或两个元音后面带上鼻辅音构成的韵母叫鼻韵母。鼻韵母共有十六个：an、ian、uan、üan、en、in、uen、ün、ang、iang、uang、eng、ing、ueng、ong、iong。鼻韵母也会出现无韵头、有韵头之分。

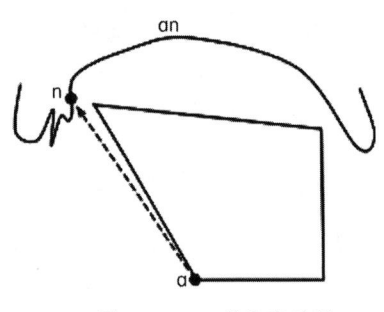

图 3-25　an 的发音动程

an——起点元音是前低不圆唇元音 a[a]，舌尖抵住下齿背，舌位降到最低，软腭上升，关闭鼻腔通路。从"前 a"开始，舌面升高，舌面前部贴向硬腭前部。当两者将要接触时，软腭下降，打开鼻腔通路，紧接着舌面前部于硬腭前部闭合，使在口腔受到阻碍的气流从鼻腔里透出。口形先开后合，舌位移动较大。

发音例词： 安然　案板　暗淡　暗含　斑斓　参赞　参战　惨淡　单产

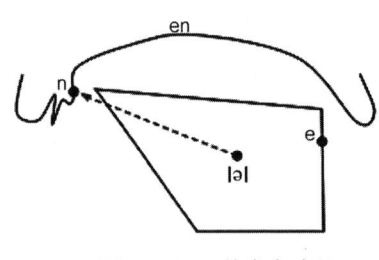

图 3-26　en 的发音动程

en——起点元音是央元音 e，舌位中性（不高不低不前不后），舌尖接触下齿背，舌面隆起部位受韵尾影响略靠前。从央元音 e 开始，舌面升高，舌前部贴向硬腭前部，当两者将要接触时，软腭下降，打开鼻腔通路，紧接着舌面前部与硬腭前部闭合，使在口腔受到阻碍的气流从鼻腔里透出。口形由开到闭，舌位移动较小。

发音例词： 本分　本人　沉闷　称身　分身　粉尘　愤恨　根本　门诊

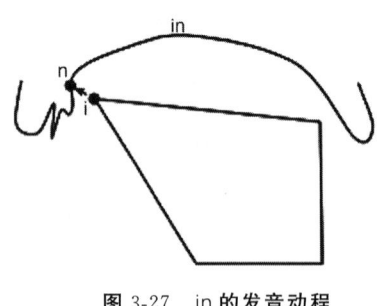

图 3-27　in 的发音动程

in——起点元音是前高不圆唇元音 i，舌尖抵住下齿背，软腭上升，关闭鼻腔通路。从舌位最高的前元音 i 开始，舌面升高，舌面前部贴向硬腭前部，当两者将要接触时，软腭下降，打开鼻腔通路，紧接着舌面前部与硬腭前部闭合，使在口腔受到阻碍的气流从鼻腔透出。开口度几乎没有变化，舌部动程很小。

发音例词： 濒临　今音　金印　斤斤　仅仅　近邻　近亲　尽心　临近

ün——起点元音是前高圆唇元音 ü。与 in 的发音过程只是唇形变化不同。从圆唇的前元音 ü 开始，唇形从圆唇逐步展开，而 in 唇形始终是展唇。

发音例词：军训　均匀　芸芸　军事　俊俏
　　　　　　骏马　群众　裙子　勋章　驯服

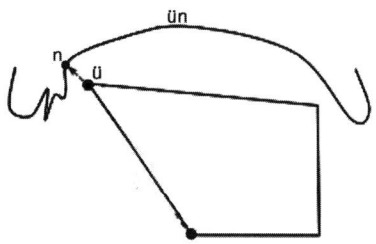

图 3-28　ün 的发音动程

ang——起点元音是后低不圆唇元音 a/ɑ/，口开大，舌尖离开下齿背，舌尖后缩。从"后 a"开始，舌面后部抬起，但贴近软腭时软腭下降，打开鼻腔通路，紧接着舌根。

发音例词：帮忙　厂房　苍茫　长方　当场
　　　　　　商场　烫伤　当啷　放荡

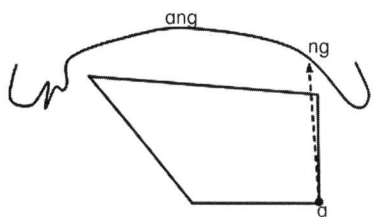

图 3-29　ang 的发音动程

eng——起点元音是后半高不圆唇元音 e，舌根抬起贴向软腭，当两者将要接触时，软腭下降，鼻腔通路打开，紧接着舌根和软腭接触，关闭口腔通道，受阻气流从鼻腔透出。

发音例词：成风　承蒙　逞能　登程　丰登
　　　　　　丰盛　风声　风筝　更生　更正

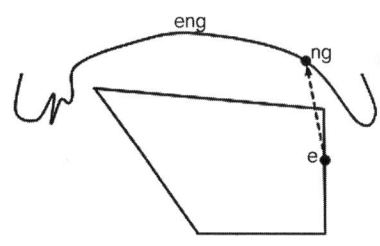

图 3-30　eng 的发音动程

ong——起点元音是从比后高圆唇元音 u 舌位略低的松元音"u"开始，舌面后部贴向软腭，当两者将要接触时，软腭下降，打开鼻腔通路，紧接着舌面后部与软腭接触，封闭口腔通路，气流从鼻腔里透出。唇形始终拢圆，变化不明显。

发音例词：动容　工种　公共　公众　共同
　　　　　　烘笼　轰动　轰隆　红铜

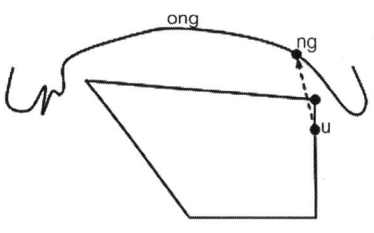

图 3-31　ong 的发音动程

ing——起点元音是前高不圆唇元音 i/i/，由 i 开始舌位不降低，一直后移，同时舌尖离开下齿背，舌根稍微抬起，贴向软腭。当两者将要接触时，软腭下降，鼻腔通路打开，紧接着舌根与软腭接触，关闭口腔通路，受阻气流由鼻腔透出。注意舌位由 i

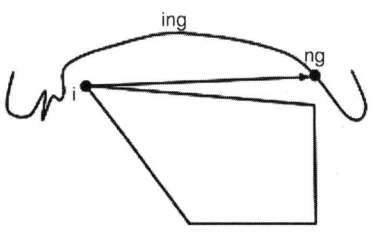

图 3-32　ing 的发音动程

向 ng 的移动过程中高度不变,不能降低后再上升,不能加进/ə/[ɤ]等一串音素。

发音例词:星星　惊醒　晶莹　精兵　萦绕　影印

ian——本来是在 an 的前面加上一段由高元音 i 开始的动程构成的,舌位降低,向前低元音 a(前 a)的方向滑动,但并没有降到 a。舌位降到前元音/æ/的位置就开始升高,直到舌面前部贴向硬腭前部形成鼻音-n。

发音例词:边沿　变脸　变迁　变天　便宴
癫痫　点验　垫肩　电键

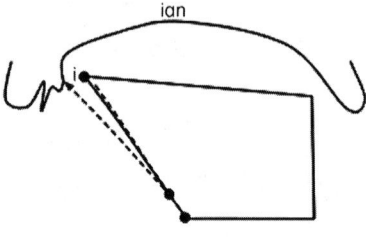

图 3-33　ian 的发音动程

uan——在 an 的前面加上一段由高元音 u 开始的动程。发音时,由圆唇的后高元音 u 开始,口形迅速由合口变为开口状,舌位向前迅速降低,到不圆唇的前低元音(前 a);紧接着舌位升高,接续鼻音-n。唇形由圆唇在向中间折点元音移动的过程中变为展唇。

发音例词:酸软　婉转　宛转　万贯　万万
专断　专款　转换　转弯

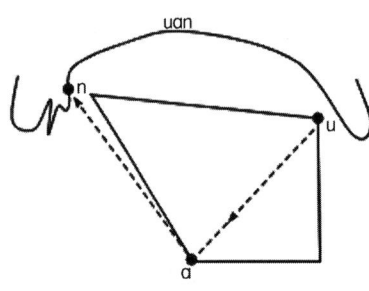

图 3-34　uan 的发音动程

üan——本来是在 an 的前面加上一段由高元音 ü 开始的动程构成的,但实际发音像 ian 一样,韵腹发生了变化。发音时,从圆唇的前高元音 ü 开始,向前低元音 a 的方向滑动,但并没有降到 a。舌位降到前元音/æ/就开始升高,接续鼻音-n。发音变化的过程与 ian 基本相同,只是受开头圆唇元音 ü 的影响,中间折点元音的舌位稍稍靠后些。唇形由圆唇在向中间折点元音滑动中渐变为展唇。

发音例词:涓涓　渊源　卷烟　源泉　源源
圆圈　卷烟　宣传　悬挂

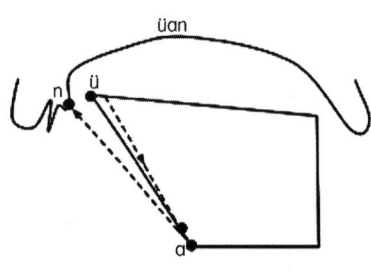

图 3-35　üan 的发音动程

uen——在 en 的前面加上一段由高元音 u 开始的动程。发音时,由圆唇的后高元音 u 开始,向央元音 e 滑动,随后舌位升高,接续鼻音-n。唇形由圆唇在向中间折点元音的变化过程中渐变为展唇。在音

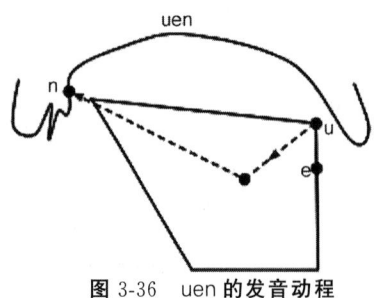

图 3-36　uen 的发音动程

节中,鼻韵母 uen 因为受声母和声调影响而产生弱化。它的音变条件与 uei 相同。

发音例词：滚滚　混沌　困顿　昆仑　温存　温顺　谆谆　论文　馄饨

iang——在 ang 的前面加上一段有高元音 i 开始的动程。发音时,从高元音 i 开始,舌位向后降低,到后低元音 a[ɑ]（后 a）,紧接着舌位升高,接续鼻音-ng。

发音例词：将养　粮饷　两厢　两样　亮相
　　　　　踉跄　两江　洋姜　洋相

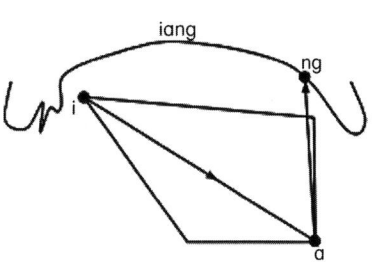

图 3-37　iang 的发音动程

uang——在 ang 的前面加上一段由高元音 u 开始的动程。发音时从圆唇的后高元音 u 开始,舌位降至后低元音 a[ɑ]（后 a）,紧接着舌位升高,接续鼻音-ng。唇形从圆唇在向折点元音的滑动中渐变为展唇。

发音例词：框框　狂妄　双簧　网状　往往
　　　　　装潢　状况　窗台　创伤

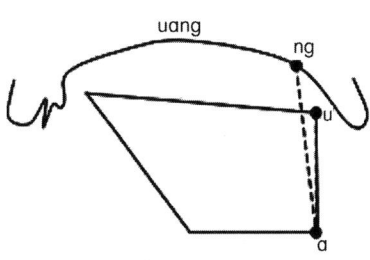

图 3-38　uang 的发音动程

ueng——在 eng 的前面加上一段由高元音 u 开始的动程。发音时,从圆唇的后高元音 u 开始,舌位降至后半高元音 e 稍稍靠前略低的位置,紧接着舌位升高,接续鼻音-ng。唇形从圆唇在向中间折点元音滑动过程中渐变为展唇。在普通话里,韵母 ueng 只有一种零声母的音节形式 weng。

发音例词：瓮声瓮气　瓮中之鳖　蕹菜
　　　　　老翁　渔翁　水瓮　主人翁

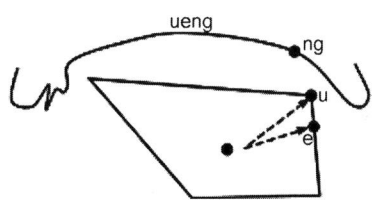

图 3-39　ueng 的发音动程

iong——在 ong 的前面加上一段由高元音 i 开始的动程。发音时,从前高元音 i 开始,舌位向后移动,略有下降,到比后高元音略低的[u]（松 u）的位置,紧接着舌位升高,接续鼻音-ng。由于受后面圆唇元音的影响,开始的高元音 i 也带上了圆唇动作。

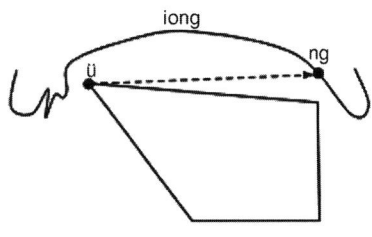

图 3-40　iong 的发音动程

发音例词：窘迫　炯炯　穷苦　穷尽　兄弟　凶恶　凶狠　凶器　汹涌

第三节　韵母发音训练

一、单韵母的发音训练

a——央低不圆唇元音

练习提示：

a 受南方方言的影响可能会发得偏前，舌的隆起面偏前，舌尖抵实下齿背，发成前 a；受北方方言的影响，a 可能发得偏后，舌的隆起面偏后，舌尖离下齿背太远，发成后 a。

发央 a 时，舌的中后部要适当隆起，舌尖略触及下齿背。

练习材料：

啊	八	发	大	打	他	拿	把
靶	趴	那	罚	钠	卡	擦	尬
拉	呀	塔	哈	挖	怕	踏	塌

发达	打靶	耷拉	打发	马达	大厦	打岔
哪怕	大妈	沙发	妈妈	爸爸	哈哈	砝码
哇哇	挂花	挂画	哑巴	娃娃	鞑靼	罢免
把柄	粑粑	靶标	罢笔	爬坡	耙犁	啪啦
麻木	骂名	麻烦	吗啡	麻风	码头	马蹄

o——后中圆唇元音

练习提示：

发音容易出现舌位偏高或偏低的现象。可先发一个 uo 音，当发音滑过 u 之后，停留在 o 上，就是 o 的音了。

练习材料：

哦　噢　喔

e——后高不圆唇元音

练习提示：

容易出现口腔开度较小、舌位偏高的现象，这时应注意

练习材料：

| 客车 | 合格 | 车辙 | 各个 | 隔热 | 可悲 | 课本 |
| 各色 | 乐呵 | 合辙 | 苛刻 | 色泽 | 色盲 | 色调 |

松下巴,打开牙关,使两齿之间的距离加宽;还可能出现发音偏前,发成央 e 或偏前的 e,这时舌高点应后移。可以先发一个 o,然后舌位不变,唇形由圆到展,便是 e 的音了。

割舍	这个	折射	折合	特色	折服	折叠
塞责	舍得	呵喝	合法	何故	设法	舌根
色素	瑟瑟	测报	色彩	择才	责打	责罚

i——前高不圆唇元音

练习提示：

容易出现舌位偏低、偏后或者舌位过高、舌面与硬腭之间缝隙太窄的问题。

纠正舌位偏低问题,可将嘴微微闭拢;纠正舌位偏后问题,可将舌高点向前移;纠正舌位过高问题,发音时要注意下巴放松,舌位不要过于向上挤压;注意控制唇型,嘴角向两边展开,双唇呈扁平状。

练习材料：

荸荠	激励	基地	西医	洗涤	笔记	比例
机器	礼仪	谜底	戏迷	仪器	一起	意义
以及	立体	例题	鼻涕	积极	义气	义旗
习题	提议	汽笛	启迪	气力	起立	凄厉
绮丽	细腻	漆器	鼻翼	利用	一定	以前

u——后高圆唇元音

练习提示：

容易出现舌位偏低靠前、双唇圆唇程度不够以及双唇震颤摩擦的现象。

纠正发音时,舌头应适当后缩,舌面后部隆起,双唇拢圆。

练习材料：

嘱咐	祝福	住宿	逐步	吐露	涂料	突发
图谱	突出	速度	舒服	束缚	图画	土地
树木	辘轳	疏忽	入伍	露珠	书面	数目
目录	酷暑	朴素	互助	瀑布	目光	幕府
鼓舞	谷物	葫芦	呼噜	故土	骨灰	股份
腐竹	古书	孤独	故都	出入	出国	出色

ü——前高圆唇元音

练习提示：

容易产生的问题是，发音时舌位过高，唇形拢得过圆，气流从舌面与硬腭前部形成的缝隙中通过时产生摩擦。

发音时舌尖抵下齿背，舌面前部隆起。i 与 ü 的发音，舌位前后高低相同，只是唇形不同，i 为展唇，ü 为圆唇。可通过 i 的舌位找到 ü 的舌位。

练习材料：

居于	龃龉	玉宇	屈居	栩栩	预感	与共
区域	聚居	踽踽	徐徐	序曲	需要	虚构
举起	雨具	寓居	旅居	吕剧	趋于	驱赶
语句	豫剧	语序	曲律	曲剧	躯干	取得
举办	具备	局部	举报	剧本	区别	去皮

-i（前）

练习提示：

不能单独自成音节，只能与 z、c、s 拼合。注意舌尖与上齿背不能离得太近，发音时声带振动。

练习材料：

字词	自私	自此	丝丝	次次	自动	子弹
孜孜	私自	四次	刺字	孳孳	自豪	字画
四周	资格	字典	自己	字母	似乎	思考
司令	丝毫	死亡	刺激	思想	此刻	刺骨
资本	自评	次年	词根	词汇	词法	司机

-i（后）

练习提示：

不能单独自成音节，只能与 zh、ch、sh、r 拼合。舌尖向上翘起对着硬腭前部，口腔开度比 -i（前）大。

练习材料：

迟迟	迟滞	吃食	市尺	食指	失败	施工
事实	实施	适时	实质	失职	十分	师范
诗人	十日	日志	知识	指示	市长	适用
史诗	失实	支持	智齿	咫尺	室内	适宜
耻辱	值日	指使	直至	制式	致死	智慧

er——

练习提示：

发音时容易发生口腔开度过大、舌头不停后卷的情况。发 er 音时口腔自然打开，舌位不前不后、不高不低，舌前部上抬，舌尖向后卷，和硬腭相对。e 表示发音时的舌位，r 表示卷舌动作，不表示辅音声母。er 只能自成音节，不能与任何声母相拼。

练习材料：

而况	而后	儿化	耳机	儿童	儿科	耳孔
耳背	耳鸣	儿女	耳目	二胡	二房	二姨
而已	二流	儿歌	耳郭	耳闻	洱海	女儿
儿子	耳垂	儿孙	二十	儿戏	尔等	二号
反而	份儿	第二	钓饵	毒饵	胎儿	耳子

二、二合复韵母的发音训练

ai

练习提示：

a 音可能出现偏后或偏高的情况。注意口腔开度，并且 a 音要发得明朗、偏前。由于动程较宽，要注意发 i 音的趋势要到位。

练习材料：

白菜	爱戴	采摘	彩带	彩排	拆台	海带
海菜	晒台	灾害	皑皑	摆开	掰开	摆牌
拜访	排开	来买	海拔	买票	麦片	派来
拍板	派别	牌匾	派兵	排版	排比	败北
败笔	白面	百忙	白沫	白描	白胖	柏木

ei

练习提示：

起点元音是前半高不圆唇元音 e，而不是后半高元音，接近央元音 e，但并非央元音 e。

练习材料：

配备	肥美	非得	妹妹	蓓蕾	贝类	飞贼
累累	黑煤	每每	贝贝	美美	被迫	卑鄙
北美	背面	配方	佩服	配发	佩戴	配套
霉变	眉笔	媒婆	没谱	眉批	每逢	没法
美发	妹夫	眉峰	肺部	诽谤	飞奔	肺病

ao

练习提示：

发音由后a开始向o滑动，o的舌位较高，唇形自然拢圆。注意口腔唇形的控制。

练习材料：

稻草	高傲	高潮	高烧	告饶	号召	牢靠
牢骚	劳保	老少	暴躁	茅草	冒号	抛锚
跑道	绕道	骚扰	逃跑	讨好	糟糕	早操
早稻	遭到	招考	遥遥	包庇	炮兵	茂密
毛发	劳模	老虎	老夫	高考	高龄	考古

ou

练习提示：

起点元音接近央元音e，但不是央元音e，不要读成eo；尾音唇形逐渐收圆，u的唇形不要太含混

练习材料：

喉头	后头	口头	叩头	透漏	手头	收购
露头	漏斗	口授	叩首	口臭	猴头	佝偻
抖擞	后备	后边	厚薄	口碑	口批	叩拜
手表	手臂	首批	收盘	售票	受骗	受聘
后年	后怕	后妈	后方	狗皮	购并	够本

ia

练习提示：

起点元音前高元音i滑向央低元音a，受i的影响，a的位置偏前。但在实际发音中容易把a发得过于靠前，口腔缺乏控制，尾音开口过大，显得松散无力。

练习材料：

家家	假牙	加价	恰恰	下牙	压价	下家
下嫁	下压	俩人	家园	嘉宾	加倍	加币
下班	虾皮	下坡	下降	掐脖	恰逢	恰当
掐断	恰好	恰似	夏季	洽谈	假币	夹板
加倍	佳品	加班	假报	驾崩	家谱	家父

ie

练习提示：

由前高元音下滑到比前半低ê稍高的/e/。实际发

练习材料：

| 结业 | 姐姐 | 歇业 | 贴切 | 爷爷 | 谢谢 | 趔趄 |
| 结节 | 洁白 | 结伴 | 戒备 | 捷报 | 结冰 | 界碑 |

音中注意不要舌位下滑过低、动程拉得过长或舌位过高、缺乏发音动程。

阶段	解气	解放	揭发	结算	窃取	节奏
切断	窃听	切题	怯懦	切割	切开	切口
协办	谐波	写本	鞋帮	斜边	胁迫	斜面

ua

练习提示：

发音由后高 u 音滑向央低元音 a。实际发音中舌位容易偏高。要注意放松下巴，打开口腔。

练习材料：

呱呱	挂花	耍滑	娃娃	哇哇	花袜	花花
挂包	挂表	挂牌	瓜皮	瓜棚	挂屏	瓜片
挎包	跨越	夸父	夸大	跨度	垮台	垮塌
跨栏	华北	画布	华表	花布	划拨	花瓣
画报	挂靠	花束	跨海	跨国	跨过	胯骨

uo

练习提示：

由后高元音下滑到后半高元音，发音动程较短。在实际发音中一定要有舌位动程，口腔由闭到半闭，不要处理成单元音的发音。同时，也要注意舌位动程不要拖沓。

练习材料：

坐落	琢磨	着落	脱落	说破	落户	作家
摸索	摩挲	陀螺	硕果	摩托	摸底	活动
没落	骆驼	萝卜	活捉	堕落	多久	活跃
火锅	哆嗦	薄弱	错过	错落	获奖	货款
剥夺	做作	落座	国货	过火	作用	做好

üe

练习提示：

舌位动程较窄的元音。前高元音下滑至前半低，唇形逐渐展开。

练习材料：

雀跃	约略	确切	决裂	决绝	决定	绝非
血液	学业	月夜	虐待	确定	缺乏	学费
月份	越发	月底	越过	缺德	缺口	学风
学会	雪地	穴道	血管	削减	血汗	越野

三、三合复韵母训练

iao

练习提示：

舌位动程较大的音,动程由高到低再到高,唇形由不圆唇变为圆唇,发音中要注意舌位、唇形的动程到位。发音中还要注意中间的 a 音是后低 a,发音时的口腔开度、舌位要降下来,并且舌高点靠后,不要读成偏高或偏央的 a。

练习材料：

苗条	窈窕	小瞧	小巧	小调	妙药	遥遥
巧妙	调教	调料	飘摇	缥缈	吊桥	吊孝
疗效	秒表	教条	脚镣	叫嚣	娇小	描述
妙笔	苗圃	妙品	渺茫	苗木	描摹	描眉
飘荡	飘动	飘带	教师	教唆	较弱	胶靴

iou

练习提示：

舌位由前高下降再向后滑升,唇形由不圆到圆。在发 o 音时,舌位不要过高或过低,注意口腔的开口度。受到声调的影响,中间的 o 音容易弱化或消失,要明确 o 为韵腹主要元音,注意舌位动程中发 o 音要到位。

练习材料：

久留	舅舅	啾啾	求救	绣球	牛油	流油
优秀	悠久	有救	酒吧	酒杯	久病	久别
就便	救兵	旧部	九品	纠偏	救命	旧貌
旧梦	舅母	舅妈	久慕	纠纷	纠风	就范
秋波	球拍	裘皮	球迷	球门	秋末	球面

uai

练习提示：

舌位由后高 u 到前低 a 再向前高 i 的方向滑升,唇形由圆到展。注意韵腹 a 音的

乖乖	外快	怀揣	外踝	外来	外表	歪曲
衰弱	拐弯	拽住	摔跤	怪事	拐棍	怪才
率领	衰落	淮海	怀恋	坏死	坏处	怀春

口腔开度和唇形的圆展控制。在自成音节时,首音 u 要写成 w,是半元音,发音时允许双唇之间有一定的摩擦。

| 快速 | 快事 | 快手 | 衰老 | 拐棒 | 拐骗 | 怪癖 |
| 快步 | 快跑 | 快门 | 快讯 | 快慢 | 快事 | 怀抱 |

uei

练习提示:

舌位由后高 u 开始下滑到前半高 e,再向前高 i 的方向滑升,唇形由圆到展。注意韵腹的口腔开度和唇形的圆展控制。uei 前拼的声母是舌尖阻或舌根阻时,自成音节;是阴平、阳平时,uei 中间的 e 音容易弱化或消失。注意发音中 e 的存在,不要忽略或读丢。

练习材料:

荟萃	回嘴	鬼祟	罪魁	醉鬼	回归	回味
嘴碎	追悔	坠毁	追随	魁伟	水位	水汇
退位	推诿	尾随	畏罪	未遂	退回	退汇
汇兑	巍巍	归队	翠微	毁掉	辉煌	辉映
蜕变	腿部	颓靡	颓废	醉汉	罪犯	退役

四、鼻韵母的发音

an

练习提示:

注意起点元音为前 a,不要读成后 a 或央 a;注意韵尾发音到位,发 a 音时后舌面抬升,软腭下垂,打开鼻腔通路,待舌尖抵住上齿龈,完成口腔通路的封闭,气流再从鼻腔流出。

练习材料:

难看	难堪	展览	湛蓝	沾染	贪婪	摊贩
散漫	善战	肝胆	懒汉	勘探	翻案	寒战
烂漫	胆敢	单干	单产	斑斓	繁难	参战
暗淡	案板	安然	暗含	岸边	暗盘	暗合
汉堡	旱冰	含悲	刊播	看破	干瘪	甘肃

ian

练习提示：

舌位由前高的 i 下降，降到前半低，口腔逐渐趋于闭合。舌高点逐渐上移，软腭下垂，打开鼻腔通道。

练习材料：

边沿	变脸	变迁	变天	便宴	电线	癫痫
垫肩	简练	检点	检验	简便	渐变	见面
联翩	连绵	脸面	敛钱	棉线	面前	片面
前线	前言	前天	浅显	遍布	辨别	辩驳
辩白	偏颇	翩翩	篇目	面壁	绵密	免费

uan

练习提示：

舌位由后高圆唇开始向前低滑动，然后舌位升高，口腔渐闭。发音动程幅度较大，韵头不要过长。

练习材料：

传唤	贯穿	宦官	软缎	团团	软酸	宛转
万万	专断	专款	转换	转弯	串换	晚报
完毕	顽皮	晚辈	患难	完美	软垫	灌木
传播	船舶	传票	穿破	船篷	川贝	船帮
环保	患病	还本	缓步	短发	短工	断绝

üan

练习提示：

舌位由前高开始逐渐后降，然后又向高、向前滑动。

练习材料：

涓涓	全权	渊源	源泉	卷烟	轩辕	捐献
宣传	选择	元气	原来	开源	田园	圆圈
玄远	原本	元宝	权柄	颧骨	劝告	权谋
援兵	原始	元旦	缘何	怨恨	远方	权衡

en

练习提示：

发音由央 e 开始，软腭抬起，关闭鼻腔通道。随着央 e 的结束，软腭逐渐放松，打开鼻腔通道，气流才从鼻腔中流

练习材料：

深圳	珍本	真人	审慎	娉娉	深沉	神人
认真	人文	人参	人身	沉闷	本分	本人
愤恨	门诊	分身	根本	粉尘	狠狠	身边
申报	审美	审计	身份	深刻	审批	本科

出。不要在发央e时就放下软腭，发成带鼻化音色彩的e。

本行　本地　本岛　盆地　喷发　喷射　喷洒

in

练习提示：

发音过程中唇形基本保持不变，是舌头在运动。发音动程较短，不可过于拖长发音动作。自成音节时，前面加上y。

练习材料：

引进	信心	音信	殷勤	音频	音品	亲近
新近	薪金	心劲	濒临	今音	仅仅	民心
拼音	近邻	凛凛	尽心	斤斤	金印	彬彬
鬓毛	缤纷	鬓发	隐蔽	引爆	银币	银白
金币	金边	紧闭	金银	锦标	民调	民风

uen

练习提示：

为简化拼写形式，在书写uen时一般写作un，中间的e可省略，但实际读音当中不可省略e音，e为韵母的韵腹。自成音节时，u要写成w。

练习材料：

滚滚	混沌	困顿	昆仑	温存	温顺	谆谆
论文	馄饨	春天	春节	顿号	蹲点	滚动
昏暗	混合	困难	孙子	损失	顺利	婚变
棍棒	混编	魂魄	婚配	浑朴	昏迷	混纺
混饭	轮班	论辩	轮盘	伦巴	墩布	盾牌

ün

练习提示：

在音节当中，ü的两点可以省略不写。自成音节时，前面要加上y。

练习材料：

军训	均匀	芸芸	军事	峻峭	运用	允许
韵律	运动	匀称	巡回	军工	驯服	运球
裙子	迅速	军民	军备	骏马	训练	军队
军博	寻根	运笔	云片	蕴藏	孕妇	晕倒
群策	裙边	群魔	训导	殉道	勋章	循环

ang

练习提示：

不能发成前 a 或央 a，从后 a 开始，软腭上抬，关闭鼻腔通道，等 a 音明确完整后软腭再下垂，让气流从鼻腔发出。不可发成带有鼻化的 a。

练习材料：

帮忙	仓房	厂房	张扬	烫伤	商场	上场
刚刚	当场	行当	苍茫	航海	昂昂	上访
上房	当啷	放荡	上当	盲肠	长方	帮办
帮派	防腐	防洪	防火	房改	防御	放任
商贩	上方	行话	航空	烫发	唐山	刚好

iang

练习提示：

在 ang 的前面加上由 i 到 a 的舌位动程。自成音节时写成 wang。

练习材料：

粮饷	两厢	两样	亮相	跟跄	良将	姜汤
洋姜	洋相	痒痒	扬扬	洋枪	想象	相像
湘江	降将	响亮	向阳	像样	泱泱	相互
祥和	江河	降幅	降低	酿蜜	氧化	养分
相机	香客	巷口	襄樊	伴狂	养蜂	两湖

uang

练习提示：

在 ang 的前面加上由 u 到 a 的舌位动程。自成音节时写成 wang。

练习材料：

框框	狂妄	双簧	网状	往往	装潢	状况
创伤	床铺	创业	光明	广大	黄土	皇帝
谎话	晃悠	矿藏	旷课	况且	窗台	床头
黄柏	谎报	黄埔	荒僻	谎骗	网吧	网膜
光辉	光斑	光谱	诓骗	矿脉	矿棉	狂放

eng

练习提示：

发音由央 e 开始，发音开始时软腭挺起，发完 e 音后软腭自然下垂，舌位渐高，口腔

练习材料：

成风	承蒙	逞能	登程	丰登	丰盛	风声
风筝	更生	更正	冷风	萌生	声称	生成
升腾	省城	征程	蒸腾	整风	生疼	成本

渐封闭,鼻腔通道畅通,气流流出。eng 不能自成音节。

| 成败 | 生猛 | 圣火 | 整改 | 政客 | 丰厚 | 疯狂 |
| 凤凰 | 整合 | 政法 | 更换 | 耕地 | 坑害 | 哼鸣 |

ing

练习提示：

发音时由前高元音 i 开始,发音开始时软腭挺起,发完 i 音后软腭自然下垂,舌位渐高,口腔渐封闭,鼻腔通道畅通,气流流出。ing 自成音节时应写作 ying。

练习材料：

冰凌	兵营	秉性	并行	丁零	叮咛	定睛
定型	惊醒	精灵	精明	经营	菱形	零星
灵性	领情	明净	明星	酩酊	命令	平定
平静	平行	情形	蜻蜓	凭空	评估	冥币
名牌	命脉	名画	顶部	定名	订票	钉耙

ueng

练习提示：

在 eng 的前面加上由 u 音到 e 音的舌位动程。ueng 只能自成音节,不能与任何声母直接相拼,u 实际是个半元音,发音时注意双唇之间要有轻微摩擦。

练习材料：

瓮声瓮气　瓮中之鳖　蕹菜　老翁　渔翁
水瓮　主人翁　嗡嗡

ong

练习提示：

不能自成音节,只能做韵母与声母相拼。注意 ong 与 ueng 的区别,ueng 可单独自成音节。

练习材料：

动容	工种	公共	公众	共同	轰动	洪钟
空洞	空中	恐龙	龙宫	隆冬	浓重	瞳孔
童工	统共	中东	通红	通融	隆重	脓肿
龙钟	农工	轰隆	红肿	动兵	动笔	童话
通过	通道	痛苦	痛快	农垦	农户	笼屉

iong

练习提示:

在 ong 的前面加上由 i 到 o 的舌位动程。发音初始时软腭抬起,关闭鼻腔通道,发完 o 后,软腭迅速下降,舌根部继续主动抬高与软腭闭合成阻.此时鼻腔通道打开,气流流出。

练习材料:

汹涌	炯炯	窘迫	用途	用功	勇气	勇敢
涌现	永久	拥护	用户	拥抱	雄壮	胸怀
用电	穷尽	兄弟	凶恶	永远	涌流	雄厚
窘态	胸襟	胸腔	凶悍	拥有	用处	涌动
永不	用来	用品	用脑	凶悍	窘困	佣工

五、韵母的辨读

汉语中某些方言区的韵母同普通话的韵母不完全相同,方言区的人在学习普通话时要注意这种差异,并找出对应规律。

n——ng 的对比辨读

练习提示:

某些方言里两个音并不区分,如福建话、宁夏话该读 ng 的读成 n,武汉话、上海话则与此相反。

发 n 时舌尖抵住上齿龈,软腭下垂,口型不能大开,双唇稍离,上齿掩住下齿。发 ng 时舌根抵住软腭,口型大开,上下齿离开,ng 当韵尾时舌根始终抵住硬腭和软腭的交际处。从听觉上,n 的听觉较轻,没有 ng 那么响亮。两个韵尾都没有除阻过程。

练习材料:

in 和 ing:

心情　品行　心灵　民兵　金星　灵敏
清音　平民　精心　定亲　临行　聘请
红心——红星　人民——人名　信服——幸福
劲头——镜头　因而——婴儿　海滨——海兵
临时——零时　禁止——静止　弹琴——谈情
印象——映象　宾馆——冰馆　频频——平平
今天——惊天　亲近——清静　金银——经营

en 和 eng:

真诚　城镇　神圣　陈胜　圣神　生身
诚恳　分成　风尘　分封　横亘　深层
陈旧——成就　真气——蒸汽　诊断——整段
上身——上升　人参——人生　针眼——睁眼
晨风——成风　同门——同盟　瓜分——刮风

出身——出生　粉刺——讽刺　花盆——花棚
分子——疯子　深耕——生根　震中——正中
分针——风筝　审视——省市　深沉——生成

i－ü 对比辨读

练习提示：

有些方言如闽方言、客家方言，还有西南某些方言及江淮某些方言会出现 i 和 ü 都念成 i 的情况，如"鱼头"念成"姨头"。i、ü 发音舌位相同，区别在于唇形，发 i 时唇形不圆，发 ü 时唇形圆。练习时可以先展开嘴角发 i 音，拖长声音不改变舌位，然后把唇形拢圆。

练习材料：

继续　纪律　谜语　体育　例句　履历
语气　距离　曲艺　具体　比喻　极具

比翼——比喻　生育——生意　居住——记住
聚会——忌讳　取名——起名　姓吕——姓李
雨具——以及　区域——歧义　拒绝——季节
分区——分期　全面——前面　京剧——经济
容易——荣誉　办理——伴侣　适宜——适于

o－e 的辨读

练习提示：

有的方言会混淆二者发音。o 与 e 舌位相同，都是舌面后半高，发音不同在于唇的形状，o 是圆唇，e 是不圆唇。

练习材料：

合格　各个　哥哥　苛刻　特色　瑟瑟
玻璃　博大　魔法　波折　播客　莫名
婆婆　破盒　伯伯　磨合　墨盒　佛魔
泊车　博客　折磨　伯乐　博得　特破

o－uo 的辨读

练习提示：

发 o 音时口腔半闭，舌头后缩，双唇呈圆形；发 uo 时是

练习材料：

萝卜　落魄　笸箩　菠萝　破获　所迫
阔佬　婆婆　泼墨　活活　多多　阔绰

由 u 音滑向 o 音，u 发音较短，o 发得清晰响亮。

| 迫害 | 薄荷 | 茉莉 | 佛国 | 过热 | 骆驼 |
| 霍霍 | 落落 | 破灭 | 索罗 | 妥妥 | 佛魔 |

u—ou 的辨读

练习提示：

ou 与 u 发音不同主要在于唇形，u 是双唇收缩呈圆形，ou 的发音是从 o 滑向 u，嘴唇收敛不紧，不太圆。

练习材料：

糊涂	路途	舒服	苏武	突出	苦读
秋收	露头	走狗	喉头	叩首	手抖
梳头	熟透	出丑	除臭	助手	出售
出手	束手	苏州	诅咒	出头	煮粥

六、韵母绕口令

a：

门前有八匹大伊犁马，你爱拉哪匹马就拉哪匹马。

小华和胖娃，两个种花又种瓜，
小华会种花不会种瓜，胖娃会种瓜不会种花。

水中映着彩霞，水面游着花鸭。霞是五彩霞，鸭是麻花鸭。
麻花鸭游进五彩霞，五彩霞网住麻花鸭。乐坏了鸭，拍碎了霞，
分不清是鸭还是霞。

妈妈种麻，我去放马，马吃了麻，妈妈骂马。

打南边来了个喇嘛，手里提着个蛤蟆；
打北边来了个哑巴，腰里别着个喇叭。
手提着蛤蟆的喇嘛，要拿蛤蟆换哑巴腰里别着的喇叭；
腰里别着喇叭的哑巴，不肯拿喇叭换喇嘛手里提着的蛤蟆。
手里提着蛤蟆的喇嘛打了腰里别着喇叭的哑巴一蛤蟆，
腰里别着喇叭的哑巴打了手里提着蛤蟆的喇嘛一喇叭。

e：

坡上立着一只鹅，坡下就是一条河。宽宽的河，肥肥的鹅，鹅要过河，河要渡鹅。
不知是鹅过河，还是河渡鹅。

i：

一二三,三二一,一二三四五六七。

七个阿姨来摘果,七个花篮儿手中提。

七棵树上结七样儿,苹果、桃儿、石榴、柿子、李子、栗子、梨。

荸荠有皮,皮上有泥。洗掉荸荠皮上的泥,削去荸荠外面的皮,小丽、小艺和小奇,欢欢喜喜吃荸荠。

耕地要用犁,口渴要吃梨。梨子掉下地,沾了一身泥。

不要扔了梨,只需洗掉泥。

u：

鼓上画只虎,破了拿布补。不知布补鼓,还是布补虎。

一位爷爷他姓顾,上街打醋又买布。买了布,打了醋,回头看见鹰抓兔。

放下布,搁下醋,上前去追鹰和兔,飞了鹰,跑了兔。打翻醋,醋湿布。

一面小花鼓,鼓上画老虎。妈妈用布来补。到底是布补鼓,还是布补虎。

i—ü：

这天天下雨,体育局穿绿雨衣的女小吕,去找穿绿运动衣的女老李。

穿绿雨衣的女小吕,没找到穿绿运动衣的女老李,

穿绿运动衣的女老李,也没见着穿绿雨衣的女小吕。

er：

要说"尔",专说"尔",马尔代夫,喀布尔,阿尔巴尼亚,扎伊尔,卡塔尔,

尼泊尔,贝尔格莱德,安道尔,萨尔瓦多,伯尔尼,利伯维尔,班珠尔,厄瓜多尔,塞舌尔,哈密尔顿,尼日尔,圣彼埃尔,巴斯特尔,塞内加尔的达喀尔,阿尔及利亚的阿尔及尔。

-i(前)：

一个大嫂子,一个大小子。大嫂子跟大小子比包饺子,

看是大嫂子包的饺子好,还是大小子包的饺子好,

再看大嫂子包的饺子少,还是大小子包的饺子少。

大嫂子包的饺子又小又好又不少,大小子包的饺子又小又少又不好。

-i(后)：

知之为知之，不知为不知，不以不知为知之，不以知之为不知，唯此才能求真知。

ai：

买白菜，搭海带，不买海带就别买大白菜。

买卖改，不搭卖，不买海带也能买到大白菜。

营房里出来两个排，直奔正北菜园来，一排浇菠菜，二排砍白菜。

剩下八百八十八棵大白菜没有掰。

一排浇完了菠菜，又把八百八十八棵大白菜掰下来；

二排砍完白菜，把一排掰下来的八百八十八棵大白菜背回来。

ei：

贝贝飞纸飞机，菲菲要贝贝的纸飞机，

贝贝不给菲菲自己的纸飞机，贝贝教菲菲自己做能飞的纸飞机。

ao：

毛毛有一顶红帽，猫猫有一身灰毛。

毛毛要猫猫的灰毛，猫猫要毛毛的红帽。

毛毛把红帽交给猫猫，猫猫给毛毛几根灰毛。

树上一只鸟，地上一只猫。

地上的猫想咬树上的鸟，树上的鸟想啄猫的毛。

ou：

月亮走，我也走，我给月亮提竹篓，竹篓里面装豆豆，送给月亮上的小猴猴，

小猴吃了豆豆长肉肉。

小猪扛锄头，吭哧吭哧走。小鸟唱枝头，小猪扭头瞅。

锄头撞石头，石头砸猪头。小猪怨锄头，锄头怨猪头。

黑豆放在黑斗里，黑斗里边放黑豆，黑豆放黑斗，黑斗放黑豆，

不知黑豆放黑斗，还是黑斗放黑豆。

an：

出前门，往正南，有个面铺面冲南，门口挂着蓝布棉门帘。摘了它的蓝布棉门帘，

棉铺面冲南，给它挂上蓝布棉门帘，面铺还是面冲南。

板凳宽,扁担长,板凳比扁担宽,扁担比板凳长,

扁担要绑在板凳上,板凳不让扁担绑在板凳上,扁担偏要绑在板凳上。

南南有个篮篮,篮篮装着盘盘,盘盘放着碗碗,碗碗盛着饭饭。

南南翻了篮篮,篮篮扣了盘盘,盘盘打了碗碗,碗碗撒了饭饭。

这是蚕,那是蝉,蚕常在叶里藏,蝉常在林里唱。

河里有只船,船上挂白帆,风吹帆张船向前,无风帆落停下船。

en:

小陈去卖针,小沈去卖盆。俩人挑着担,一起出了门。

小陈喊卖针,小沈喊卖盆。也不知是谁卖针,也不知是谁卖盆。

真冷、真冷、真正冷,人人都说冷。猛地一阵风,更冷。

ang:

墙上一个窗,窗上一支枪,窗下一箩糠。枪落进了糠,糠埋住了枪。窗要糠让枪,糠要枪上墙,墙要枪上窗。互相不退让,糠赶不走枪,枪也上不了窗和墙。

eng:

郑政捧着盏台灯,彭澎扛着架屏风,彭澎让郑政扛屏风,郑政让彭澎捧台灯。

高高山上一条藤,藤条头上挂铜铃。风吹藤动铜铃动,风停藤停铜铃停。

一条裤子七道缝,横缝上边有竖缝。缝了横缝缝竖缝,缝了竖缝缝横缝。

ia:

天上飘着一片霞,水上飘着一群鸭。霞是五彩霞,鸭是麻花鸭。

麻花鸭游进五彩霞,五彩霞挽住麻花鸭。乐坏了鸭,拍碎了霞,分不清是鸭还是霞。

小溪流水哗啦啦,小华手拿簸箕去小溪里捞河虾,

一捞捞起一只大河虾和半簸箕烂泥沙。

虾儿跳水响哗哗,小华簸箕里只剩泥沙没有虾。

ie:

姐姐借刀切茄子,去把儿去叶儿斜切丝,切好茄子烧茄子,炒茄子、蒸茄子,还有一碗焖茄子。

一只皮鞋,一只蒲鞋,皮鞋补蒲鞋,蒲鞋补皮鞋,皮鞋、蒲鞋、蒲鞋、皮鞋……

iao：

水上漂着一只表,表上落着一只鸟。鸟看表,表瞪鸟,鸟不认识表,表也不认识鸟。

iou：

一葫芦酒,九两六。一葫芦油,六两九。

六两九的油,要换九两六的酒,九两六的酒,不换六两九的油。

九月九,九个酒迷喝醉酒。九个酒杯九杯酒,九个酒迷喝九口。

喝罢九口酒,又倒九杯酒。九个酒迷端起酒,"咕咚、咕咚"又九口。

九杯酒,酒九口,喝罢九个酒迷醉了酒。

ian：

半边莲,莲半边,半边莲长在山涧边。半边天路过山涧边,发现这片半边莲。

半边天拿来一把镰,割了半筐半边莲。半筐半边莲,送给边防连。

in：

你也勤来我也勤,生产同心土变金。工人农民亲兄弟,心心相印团结紧。

同姓不能念成通信,通信也不能念成同姓;同姓可以互相通信,通信可不一定同姓。

iang：

杨家养了一只羊,蒋家修了一道墙。杨家的羊撞倒了蒋家的墙,蒋家的墙压死了杨家的羊。杨家要蒋家赔杨家的羊,蒋家要杨家赔蒋家的墙。

ing：

天上七颗星,树上七只鹰,梁上七根钉,台上七盏灯。

拿扇扇了灯,用手拔了钉,举枪打了鹰,乌云盖了星。

天上七颗星,地下七块冰,树上七只鹰,梁上七根钉,台上七盏灯。

呼噜呼噜扇灭七盏灯,哎唷哎唷拔掉七根钉,

呀嘘呀嘘赶走七只鹰,抬起一脚踢碎七块冰,

飞来乌云盖没七颗星。一连念七遍就聪明。

ua：

一个胖娃娃,画了三个大花活蛤蟆;三个胖娃娃,画不出一个大花活蛤蟆。

画不出一个大花活蛤蟆的三个胖娃娃,真不如画了三个大花活蛤蟆的一个胖娃娃。

王婆卖瓜又卖花,一边卖来一边夸,又夸花,又夸瓜,夸瓜大,大夸花,瓜大,花好,笑哈哈。

uo(o):

树上一个窝,树下一口锅,窝掉下来打着锅,窝和锅都破;

锅要窝赔锅,窝要锅赔窝,闹了半天,不知该锅赔窝,还是窝赔锅。

uai:

槐树槐,槐树槐,槐树底下搭戏台,人家的姑娘都来了,我家的姑娘还不来。

说着说着就来了,骑着驴,打着伞,歪着脑袋上戏台。

uei:

炉东有个锤快锤,炉西有个锤锤快,

两人炉前来比赛,不知是锤快锤比锤锤快锤得快,

还是锤锤快比锤快锤锤得快。

uang:

王庄卖筐,匡庄卖网,王庄卖筐不卖网,匡庄卖网不卖筐,

你要买筐别去匡庄去王庄,你要买网别去王庄去匡庄。

ueng:

老翁卖酒老翁买,老翁买酒老翁卖。

ong:

东边来个小朋友叫小松,手里拿着一捆葱。

西边来个小朋友叫小丛,手里拿着小闹钟。

小松手里葱捆得松,掉在地上一些葱。

青龙洞中龙做梦,青龙做梦出龙洞,做了千年万载梦,龙洞因龙在深洞。

自从来了新愚公,愚公捅开青龙洞,青龙洞中涌出龙,龙去农田做农工。

uan:

一个半罐是半罐,两个半罐是一罐;三个半罐是一罐半,四个半罐是两罐;

五个半罐是两罐半,六个半罐是三满罐;七个、八个、九个半罐,请你算算是多少罐。

üe:

北边来了一个瘸子,背着一捆橛子。南边来了一个瘸子,背着一筐茄子。

背橛子的瘸子打了背茄子的瘸子一橛子。

背茄子的瘸子打了背橛子的瘸子一茄子。

ün:

军车运来一堆裙,一色军用绿色裙。军训女生一大群,换下花裙换绿裙。

üan:

圆圈圆,圈圆圈,圆圆娟娟画圆圈。娟娟画的圈连圈,圆圆画的圈套圈。

娟娟圆圆比圆圈,看看谁的圆圈圆。

iong:

小涌勇敢学游戏,勇敢游泳是英雄。

思考题

1.什么是韵母?韵母如何分类?

2.单元音韵母的发音条件是什么?

3.复韵母、鼻韵母的发音特点是什么?

第四章 声调的发音

第一节 声调、调值、调类

世界上的语言可以分为语调语言和声调语言两大类。语调语言,如英语、俄语、法语、德语等语言,声调的变化不起区别词义的作用,语言中的音调模式是句子结构的一部分,不同的句型(陈述、疑问、祈使、命令、感叹)的调型是不一样的,因为这些语言不起辨义作用,所以音节的数量相应就比较多。声调语言,如汉语及许多汉藏语系的其他语言以及非洲的一些语言,这些语言的最大特点是声调能区分词义,一般说来,一种语言中声调的数量越多,音节的数量往往就越少。声调给语言增加了音乐美,声调越多和变化越明显的语言,音乐性就越强。

一个汉字是一个音节,构成音节的基本要素是声母、韵母、声调。声调是汉语音节所固有的,是可以区别意义的声音的高低和升降。声调指整个音节声音的高低升降的变化。汉语的声调可以区分意义,如妈、麻、马、骂,就是音节中声母、韵母相同,所不同的是声调的变化。声调表现出音节高低、升降、曲直、长短的变化。声调和音长、音强都有一定关系,例如普通话的上声发音时值长一些,但音强较弱,去声发音时值短一些,但是这并不是普通话声调差别的本质特征。声调的差别主要决定于音高,语音高低的变化是由人发音时声带的松紧决定的。发音时声带紧,声带的振动频率就大,声音就高;反之,声音就低。声调中的音高是相对音高,不是音高频率的绝对值。音乐的音阶也是由音高决定的,但是音阶的高低是绝对的,在音阶中的某一音高,不管用什么乐器来演奏或不同的人来发音,音高都是一样的。但调值则不同,同一个普通话音节由于发音人的年龄、性别和情绪不同,音高会发生很大的变化,比如成年男人的音高比女人和小孩儿的低,同一个人情绪平静时的音高比情绪激动时低,但音节发音的升降模式和幅度是相同的,即相对音高相同。

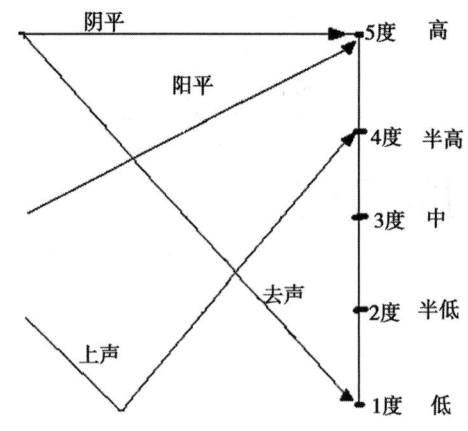

图 4-1　五度标记法

声调包括调值和调类两个方面。调值,也叫调形,是声调的实际读法,是用数值表示出来的声调的高低升降、曲直长短的变化形式和幅度,也就是音节高低升降、曲直变化的具体形式。调值只表示相对音高,不表示绝对音高;构成调值的音高在读音上是连续的、渐变的,中间没有停顿、没有跳跃。由于各人的声带的厚薄、长短、粗细不同,因而同一个音节,绝对音高是千差万别的,无法用确定的数值表示。但相对音高是统一的,因而可以用确定的数值表示。我们通常使用"五度标记法"来表示相对音高。"五度标记法"科学地描绘了调值。五度标记法的制作原理是:用一条竖线表示声音的高低,从下部最低点到上部最高点分成四格五个调域,自下而上用1、2、3、4、5 代表低、半低、中、半高、高五度;在竖线的左侧,自左至右画一条线,把音高随时间产生的变化描绘出来。这条线的高低曲折反映的是声调的高低变化,也就是声调的调值。例如阴平调值又高又平,就是由 5 度到 5 度,简称为 55,是个高平调;阳平从中部升到最高,就是由 3 度到 5 度,简称为 35,称为中升调;上声先降后升,称为降升调;去声由最高降到最低,就是由 5 度降到 1 度,简称为 51,是个全降调。普通话各类声调的调值可以这样描述(不包括轻声和变调):

阴平,又称第一声。调值 55,又叫高平调,汉语拼音方案用"ˉ"表示。

阳平,又称第二声。调值 35,又叫中升调,汉语拼音方案用"ˊ"表示。

上声,又称第三声。调值 214,又叫降升调,汉语拼音方案用"ˇ"表示。

去声,又称第四声,调值 51,又叫全降调,汉语拼音方案用"ˋ"表示。

调类是声调的类别,就是把调值相同的字归纳在一起所建立的类。一种语言中有几种调值,就有几个调类。汉语方言的声调有着各自不同的调值和调类。汉藏系语言中调类最多的可达 15 个,最少的仅有 2 个。汉语普通话有 4 个调类,基本调类不包含轻声和变调。

第二节　声调的发音

一、阴平

阴平,又称第一声,也叫高平调。发音由 5 度到 5 度,调值 55,音值高且平直,起音很高,收音也很高,声音始终高而平,基本上没有升降变化。实际发音过程中,起音后略升高一些,末尾稍有一点下降的趋势。全调时值比上声、阳平略短,比去声略长。

阴平发音容易出现阴平调值不够的问题。阴平发音很重要,有定调的作用,发不准将影响其他声调的调值。

二、阳平

阳平,又称第二声,也叫高升调,调值 35。由中音升到高音,即由 3 度升到 5 度,是个高升的调子。起调略高,逐渐升高,进而升到最高。全调时值比阴平、去声稍长,比上声略短。

阳平发音容易出现起调起低、上升过程中有拐弯或上不去的感觉。发好阳平的关键在于起调要较高,升高时要直接上升,不要拐弯或曲线上升。

三、上声

上声,又称第三声,是降升调,调值是 214,特点是先降再升,由半低音先降到低音再升到半高音,即由 2 度降到 1 度再升到 4 度。上声发音时值在四个声调中是最长的。

发好上声在于起调要低,还要能降下来,再扬上去。要有平滑的弯曲变化,在降到最低再扬起的时候不要有折起的硬拐弯的感觉。逐渐升高的过程中音量逐渐减弱,到最后变为一种升高的趋势,不能因为音高的变化而逐渐加大音量。上声较难掌握,在语流中是变化较多的一个声调。

四、去声

去声,又称第四声,去声调又叫全降调,由高音降到低音,即由 5 度降到 1 度,是个全降的调子,调值为 51,全调时值在四个声调中最短。

发好去声的关键在于起调要高,迅速下降,要干脆,不能拖沓。容易出现的问题是去声起调不够高或下不来。

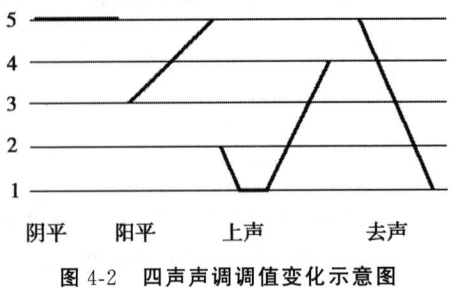

图 4-2　四声声调调值变化示意图

第三节　声调发音训练

一、阴平的发音练习

练习提示：

起音很高,收音也很高。受方言影响,阴平发音容易出现阴平调值不够的问题。阴平发音很重要,有定调的作用,如果发不准将影响其他声调的调值。

阴平发音时声带绷到最紧,始终无明显变化,保持音高。呼吸控制方式较为稳定单一,用气要均衡、稳定,练习时要注意气息的均匀平稳,两肋和小腹抗衡,控制气息让声音不至于下滑。要保持气流量小、气流力度强的态势,特别注意小腹的力度控制和保持两肋的稳健程度。发音时调值不要下滑或两肋回弹过快,导致发音后半部气息不稳定。注意发音时喉头舌根放

练习材料：

1.发单元音/ɑ/体会阴平发音

2.阴平双音节声调练习

阴阴：	参加	西安	播音	工兵	拥军	丰收
	香蕉	咖啡	班车	单一	发声	推翻
	通知	天书	松花	私奔	手工	生机
阴阳：	坚决	鲜明	飘扬	新闻	编排	发言
	加强	星球	中国	签名	安全	邀集
	羞惭	心头	逍遥	相持	先民	吸盘
阴上：	批准	发展	班长	听讲	灯塔	生产
	艰苦	歌舞	公款	签署	根本	方法
	丘疹	轻取	亲口	枪眼	生长	欧姆
阴去：	庄重	播送	音乐	规范	通信	飞快
	单位	希望	欢乐	中外	失事	加快
	托运	偷窃	收据	失败	摊派	申诉
阳阴：	国歌	联欢	革新	南方	群居	农村
	长江	航空	围巾	营私	原封	图书
	杂交	云霄	原装	逾期	奇葩	银杯

松,不可挤压。口腔控制力度较强,唇舌力度和口腔控制力度均衡有力。

两个阴平音节相连时会发生音变,第一个音节可发为44,第二个音节发为55。实际发音中容易出现第二个音节调值不够高的情况。

3.古诗词中的阴平

飒飒西风满院栽,蕊寒香冷蝶难来。
他年我若为青帝,报与桃花一处开。

黄巢《题菊花》

日照香炉生紫烟,遥看瀑布挂前川。
飞流直下三千尺,疑是银河落九天。

李白《望庐山瀑布》

黄河远上白云间,一片孤城万仞山。
羌笛何须怨杨柳,春风不度玉门关。

王之涣《凉州词》

床前明月光,疑是地上霜。
举头望明月,低头思故乡。

李白《静夜思》

二、阳平发音练习

练习提示:

阳平是高升调,由中音升到高音,发音时音调直线上升。发音时容易出现起调起低、上升过程中有拐弯或上不去的情况。发好阳平的关键在于起调要较高,升高时要直接上升,不要拐弯或曲线上升。

发阳平时声带从不松不紧到逐步绷紧,直到最紧。呼吸状态从适中的流量、力度开始逐渐加强,最后发到高音顶端时,小腹的给气力度要托住,声音均匀、通畅,中音到高音不要有明

练习材料:

1.发单元音/á/体会阳平发音
2.阳平双音节声调练习

阳阳:

直达	滑翔	儿童	团结	人民	模型	联合
驰名	临时	吉祥	灵活	豪华	唐朝	轮流
楼房	流连	来源	绝缘	橘红	结节	还俗

阳上:

华北	黄海	遥远	泉水	勤恳	民主	情感
描写	难免	迷惘	平坦	旋转	人海	渠水
情网	回首	齐整	墙角	朋党	皮尺	培养

阳去:

豪迈	辽阔	模范	林业	盘踞	局势	革命
同志	前面	雄厚	行政	球赛	福利	牙垢
询问	玄妙	独立	斜射	习惯	无愧	文字

显界限,避免发高音时气流跟不上,声音尖窄。喉头放松稳定,小腹力度渐强。当气息力度跟不上发高音的需要,喉部又扼紧时,声音会变得窄、尖,不能保证声音的宽柔、圆润、响亮。呼吸控制力度渐强的同时,口腔控制必须渐强,特别是软腭向上挺的力度要渐强。

两个阳平相连时,第一个音节调值可发为34,第二个音节仍发为35。在实际发音中容易出现第二个音高不上去,第一个音出现拐弯的情况。

三、上声发音练习

练习提示:

由半低音先降到低音再升到半高音。发好上声的关键在于起调要低,降到最低,然后上扬较高。

容易出现的问题是起调偏高,发音中段下不去或者发音过短,需要拐弯上扬时硬拐弯。发音练习时要注意发音开头起点适当,不要太高,在拐弯时注意弯曲变化要平滑,不要硬拐。发音时声带从略微有些紧张开始,立刻松弛下来,稍稍延长,然后迅速绷紧,但没有绷到最紧。在

上阳:

指南　普及　反常　谴责　讲完　朗读　考察
里程　起航　软席　领衔　党员　省城　审核
抢白　跑鞋　改革　敛财

3.古诗词中的阳平:

白日依山尽,黄河入海流。
欲穷千里目,更上一层楼。
王之涣《登鹳雀楼》

故人西辞黄鹤楼,烟花三月下扬州。
孤帆远影碧空尽,唯见长江天际流。
李白《黄鹤楼送孟浩然之广陵》

泉眼无声惜细流,树阴照水爱晴柔。
小荷才露尖尖角,早有蜻蜓立上头。
杨万里《小池》

练习材料:

1.发单元音/ǎ/体会上声发音
2.上声双音节声调练习

上上:古典　北海　领导　鼓掌　广场
　　　展览　友好　导演　首长　总理
　　　感想　理想　索取　稳妥　奖赏
　　　晚点　瓦解　土法　讨好　散养

上阴:指标　统一　转播　北京　纺织
　　　整装　掌声　法医　演出　广播
　　　讲师　取消　卡车　脚跟　简单
　　　几经　火攻　好听

上去:改造　舞剧　主要　访问　考试
　　　想象　土地　广大　写作　典范
　　　选派　讲课　演算　倚仗　雅趣
　　　雪夜　写作　晓谕　海量　演变

升高过程中音量渐弱,最后变为一种升高的趋势,不能因为音高的变化而逐渐加大音量。

呼吸运动状态变化幅度较大,对腹肌力度要求较高。气息从适中的流量、力度,变为发低音的流量大、力度小的状态,然后再变为发阳平那样渐渐减少流量、增大力度的控制状态。气息降的时候要稳定,升的时候要加强。可以夸张地发上声来体会气息下沉的感觉。注意喉头放松,否则声音下不来,声带有压迫感。

两个上声相连时,第一个音节的调值可发成24,近似阳平的35调值,第二个音节仍发为214。发音时声带从略微有些紧张开始,立刻松弛下来,稍稍延长,然后迅速绷紧,但没有绷到最紧。

3.诗词中上声练习:
春眠不觉晓,处处闻啼鸟。
夜来风雨声,花落知多少?

孟浩然《春晓》

锄禾日当午,汗滴禾下土。
谁知盘中餐,粒粒皆辛苦。

李绅《悯农》

金蝉操琴蝴蝶舞,青蛙蝈蝈敲锣鼓。
农村八月多欢乐,满场满院堆五谷。

《丰收》(民歌)

幸福在哪里,朋友啊,告诉你。
她不在柳荫下,也不在温室里。
她在辛勤的工作中,她在艰苦的劳动里。
啊!幸福就在你晶莹的汗水里。
幸福在哪里,朋友啊,告诉你。
她不在月光下,也不在睡梦里。
她在精心的耕耘中,她在知识的宝库里。
啊!幸福就在你闪光的智慧里。

戴富荣《幸福在哪里》

四、去声发音练习

练习提示:

发/à/体会全降调,由高音降到最低,由5度降到1度,高起低收。全调时值在四个声调中最短。发音时容易出现发音起调不够高,或发音音程过短下不来的情况。关键点是起调要高,迅速下降,要干脆,不能

练习材料:

1.发单元音/à/体会去声发音
2.去声双音节声调练习

去阴: 下乡　矿工　象征　地方　贵宾　列车
　　　卫星　认真　降低　特征　印刷　气温
　　　大家　错车　促销　刺刀　称心　唱腔
去阳: 自然　化学　措辞　特别　电台　会谈
　　　政权　配合　未来　要闻　调查　辨别
　　　放晴　恶毒　对联　跳槽　肚脐　冻结

拖沓。

发音时声带从紧开始到完全松弛为止,声音从高到低。当音高渐低、呼吸控制渐松时,或者当气流量过小、力度过小而使音高降到低音时,很可能发生声音喑哑、沙涩、闷暗的现象。气息由强起到弱止,音高下降时,气要托住,口腔要有控制,避免衰弱。

两个去声相连时,第一个音节的调值可发得较短,发成53,第二个音节发成51。

去上: 耐久 剧本 跳伞 下雨 运转 外语
办法 信仰 戏曲 电影 历史 探险
会诊 画稿 耗损 过往 固守 共管

去去: 日月 大厦 破例 庆贺 宴会 画像
示范 大会 快报 致意 建造 干部
录像 禁忌 看待 俊俏 救济 巨著

3.古诗词中的去声练习

宁化、清流、归化,路隘林深苔滑,今日向何方?直指五夷山下。山下山下,风展红旗如画。

毛泽东《如梦令·元旦》

十年磨一剑,霜刃未曾试。
今日把示君,谁为不平事?

贾岛《剑客》

风雨送春归,飞雪迎春到。已是悬崖百丈冰,犹有花枝俏。俏也不争春,只把春来报。待到山花烂漫时,她在丛中笑。

毛泽东《卜算子·咏梅》

五、四声音节练习

练习提示:

练四声调值要准确到位,注意声调训练中气息的控制训练:阴平高而平,实际发音在起音后要略升高一点,末尾要有一点降的趋势;阳平由中音不断上升,升到高音;上声发音由半低起调,先降到最低,再升到半高;去声由高音降到最低,由5度降到1度。

阴平起音高平莫低昂,气势

练习材料:

巴 拔 把 罢 坡 婆 叵 破 猫 毛 卯 帽
方 房 仿 放 夫 服 斧 付 帆 烦 反 饭
低 敌 底 弟 通 同 统 痛 妞 牛 扭 拗
撩 聊 了 料 科 咳 可 刻 酣 含 喊 汉
驹 局 举 据 青 情 请 庆 香 降 想 象
知 职 止 至 称 成 逞 秤 猜 才 采 菜
虽 随 髓 岁 掰 白 摆 败 抛 刨 跑 泡
飞 肥 匪 费 家 夹 甲 架 亲 勤 寝 沁
些 斜 写 榭 窗 床 闯 创 薛 学 雪 穴
晕 云 允 运 圈 全 犬 劝

平均不紧张;阳平从高起音向上扬,用气弱起逐渐强;上声先降转上挑,降时气稳扬时强;去声高扬直送向低唱,强起到弱气通畅。

四字词训练要注意音程长、声调全,气息有较大幅度的变化。

要注意四个声调调值的相对高度变化。小幅度夸张发声时,要注意呼吸控制细微的变化,要有意识地使呼吸变化也体现在腹肌的吃力程度上。

四字词声调练习:

b	百炼成钢	波澜壮阔	暴风骤雨	壁垒森严
p	排山倒海	喷薄欲出	鹏程万里	普天同庆
m	满园春色	名不虚传	满腔热情	目不转睛
f	发愤图强	翻江倒海	丰功伟绩	赴汤蹈火
d	大快人心	当机立断	颠扑不破	斗志昂扬
t	谈笑风生	滔滔不绝	天衣无缝	推陈出新
n	鸟语花香	逆水行舟	能者多劳	宁死不屈
l	老当益壮	雷厉风行	力挽狂澜	龙飞凤舞
g	盖世无双	高瞻远瞩	攻无不克	光彩夺目
k	开卷有益	慷慨激昂	克敌制胜	快马加鞭
h	豪言壮语	和风细雨	横扫千军	呼风唤雨
J	艰苦奋斗	锦绣河山	继往开来	举世无双
q	千军万马	气壮山河	晴天霹雳	群威群胆
x	喜笑颜开	响彻云霄	心潮澎湃	栩栩如生
zh	辗转反侧	朝气蓬勃	咫尺天涯	专心致志
ch	超群绝伦	称心如意	赤子之心	出奇制胜
sh	山水相连	舍生忘死	深情厚谊	生龙活虎
r	饶有风趣	人才辈出	日新月异	如火如荼
z	赞不绝口	责无旁贷	再接再厉	自知之明
c	沧海一粟	层出不穷	灿烂光明	从容就义
s	三思而行	所向披靡	四海为家	肃然起敬

思考题

1.什么是声调?声调的性质和特点是什么?
2.什么是调值?什么是调类?

第五章 语流音变

我们无论是即兴说话，还是播读稿件，都并不是孤立地发出一个个音节，而是连续发出一串串音节，形成语流。在语流中，由于受到相邻音节的相邻音素的影响，一些音节中的声母、韵母或声调会发生语音的变化，我们称之为语流音变。

我们在学习一种语言时，如果只是把每个单独的音素音节发得准确是不够的。只发规范的音素音节但在语流中没有变化，会使人听起来像在念字而不是正常说话。人说话的目的是为了交流，是在一定的时间段内说出语流，语流由一连串的音节构成，用以表达一定的意义。语音单独出现时没有音变，也没有必要产生音变。但人在连续发音时，为了适应发音器官的运动，相邻的音节常常因为互相影响而发生语音的变化。任何语言都有语流音变现象，而且任何语言的语音变化都服从于一定的变化规律。

规范的普通话不仅仅要求熟练把握单个音节，而且要熟练掌握音素与音素之间、音节与音节之间、声调与声调之间相互影响产生的语音变化。即使单独音节正确，但在语流中没有体现出这种变化也被认为是不规范的普通话。

语音的变化规律不是可以应用于任何语言的一般规律，比方说，生活在某一方言区的播音员，平时用方言讲话十分自如，但坐到话筒前播音时语言就显得不够流畅，原因就在于其生活环境的影响，其已经不自觉地掌握了某种方言的语音变化规律，而对普通话语音的变化规律还没有完全认识与掌握。因此，对于一个普通话播音员来说，在学习汉语音节的三要素（声、韵、调）基础上，掌握和运用普通话的语流音变规律，是尤为重要的。

普通话中最典型的语流音变是轻声、儿化、变调和语气词"啊"的音变。

第一节　轻声

一、什么是轻声

普通话每一个音节都有它自己的声调,可是在词或句子里有些音节常常失去原有的声调而念成一种较轻较短的调子,就叫作轻声。比如:

各位听众,你们好!
请听歌曲:《党啊,我亲爱的妈妈》!
再请听:《吐鲁番的葡萄熟了》!

以上例句中,带点的几个轻声音节,都失去了原有声调,要念得较轻较短,如果仍按其固有声调念,听起来就很不舒服。

所有的轻声音节发音都变得轻而短,但并非音高都相同。轻声音节在音高上的这种差别往往取决于前一个音节声调的高低。

阴平后面的轻声字念低调(2度):妈妈。
阳平后面的轻声字念中调(3度):葡萄。
上声后面的轻声字念半高调(4度):你们。
去声后面的轻声字念低调(1度):亲爱的。

二、轻声的作用

普通话中的轻声往往有区别词性和词义的作用。例如:

请听电影《地道战》的录音剪辑。	地道:dìdào	地下坑道(名词)
他学的广东话还挺地道呢。	地道:dìdao	真正的,纯粹(形容词)
我们先来了解一下歌词大意。	大意:dàyì	主要的意思(名词)
您可千万别大意了。	大意:dàyi	粗心疏忽(形容词)

为此,播音员在播读稿件时,应当特别注意有些必须读成轻声的音节,避免造成词义不清,使听众产生误解。有些轻声字虽然不区别词义,但在普通话中应该读轻声,学习者也要注意学习和积累,否则会影响语言的流畅和语气的变化。

三、轻声音节出现的规律

一个字在什么情况下读轻声呢？下面提供一些规律供参考。

1.语气词"吧、吗、啊、呢"

听众朋友,您也许到风景如画的杭州游览过吧？那么您听过我国作曲家们取材于西湖景物谱写的歌曲吗？

2.助词"着、了、过、的、地、得、们"

在我们生活的自然界里,盛开着无数美丽的鲜花,它装扮着大地、美化了人们的生活。

3.名词的后缀"子、头"等

这头牛个儿大,膘肥,四条腿像木头柱子一样。

4.重叠式名词,动词的后一个音节,双音节形容词重叠

第一音节重叠部分轻读(后一音节及其重叠部分变成阴平,也可不变)。例如：

严严实实　马马虎虎　客客气气

懒哥哥和懒弟弟,你看看我,我看看你,干瞪着眼睛没办法。

5.表示趋向的动词、方位词或词素

一切都像刚睡醒的样子,欣欣然张开了眼。山朗润起来了,水涨起来了,太阳的脸红起来了。

天上的风筝渐渐多了,地上孩子也多了。城里乡下,家家户户,老老少少,也赶趟似的,一个个都出来了。

此外,还有些双音节词的第二个音节按习惯要读成轻声。例如：

秘书	书记	大夫	老婆	闺女	相声
窗户	玻璃	扫帚	萝卜	豆腐	庄稼
太阳	月亮	云彩	耳朵	眉毛	眼睛
哆嗦	犹豫	马虎	衣服	刺猬	告诉
打听	明白	商量	清楚	性子	意思

总之,轻声是普通话中一个重要的音变现象,一个音节要不要读轻声,除了上面谈到的从词义、从习惯分析外,还应结合广播语体来考虑,如"棉花"一词,在新闻语体中"花"可不读轻声,但在广播对话、主持人节目中"花"就可以读轻声,使语言更口语化。另外,轻声音节是弱化音节,在播读时既不要拖长,又不能过于短促,造成吃字现象。

第二节　儿化

一、什么是儿化

儿化又称儿化韵,是普通话和某些汉语方言中的一种语音现象,即后缀"儿"字不自成音节,而是同前头的音节合在一起,使前一音节的韵母成为卷舌韵母,例如"点儿"一词不是发成两个音节 diǎn er,而是发成一个音节 diǎr。

二、儿化的作用

"儿化"在普通话里起着修辞和表示语法功能的积极作用。

1.区别词义

一块(物品的数量)——一块儿(同一处所或一同行动)

信(书信、函件)——信儿(信息,口信儿)

活(生存,有生命)——活儿(工作)

尖(物品声音的细小、尖锐)——尖儿(细小、尖锐的末端)

笑话(耻笑)——笑话儿(引人发笑的谈话或故事)

白面(面粉)——白面儿(毒品)

火星(星球)——火星儿(极小的火点)

2.区别词性

动词、名词两用或形容词儿化后固定为名词,动词儿化后借用为量词。

画(动词)——画儿(名词)

盖(动词)——盖儿(名词)

管(动词)——管儿(名词)

罩(动词)——罩儿(名词)

个(量词)——个儿(名词)

亮(形容词)——亮儿(名词)

破烂(形容词)——破烂儿(名词)

3.除了上述语法功能,儿化还能起积极的修辞作用

第一,表示喜欢、亲切的感情色彩。

鲜花儿　小猫儿　山歌儿　小白兔儿　胖乎乎儿　小女孩儿

第二,表示委婉、温和的态度。

你慢慢儿走　说说心里话儿　有工夫来玩儿

第三,表示细、小、尖、短、轻等形状和性质。

门缝儿　一会儿　粉末儿　牙签儿　小瓶儿　脚丫儿　贴片儿

三、儿化音变的发音规律

儿化音变方式比较复杂,具体有以下几种:

1.音节末尾是 a、o、e、u 的,直接加上卷舌动作-r

a—ar—腊八儿　号码儿　油渣儿　板擦儿

ia—iar—脚丫儿　豆芽儿　摸瞎儿　人家儿

"这些健壮的像一群小牛犊儿似的孩子,一下子对这个残废的小女孩儿崇拜得五体投地。"(dú→dúr)(hái→hár)

2.韵母是 ai、ei、an、en 的,失落韵尾,加卷舌动作-r

ai—ar—冒牌儿　窗台儿　鞋带儿　活塞儿

ei—er—宝贝儿　眼泪儿　抹黑儿　刀背儿

"对生活的强烈渴望和倔强的天性使小梅不顾小伙伴儿的讥笑。四肢着地爬行着出了家门儿。"(bàn→bàr)(mén→mér)

3.韵尾是 ng 的,失落韵尾(ing 还要加 e),韵腹变成鼻化元音,同时加卷舌动作

ang—ār—肩膀儿　帮忙儿　秘方儿　哑嗓儿

iang—ār—身量儿　瓜秧儿　花样儿　官腔儿

4.单韵母 i、ü 直接加 er

i—ier—玩意儿　门鼻儿　眼皮儿　警笛儿

ü—üer—金鱼儿　小雨儿　凑趣儿　毛驴儿

5.韵母或韵尾为 ê 的,变央 e 加卷舌动作,舌尖特殊元音韵母-i(前)、-i(后),韵母失落变成 er

ie—ier—树叶儿　菜蝶儿　台阶儿　麦秸儿

üe—üer—正月儿　拔橛儿　空缺儿　皮靴儿

—i(前后)—ier—橘汁儿　夜市儿　柳枝儿　瓜子儿　识字儿　歌词儿　铁丝儿

6.韵母是 ui、in、un、ün 的,失落韵尾加 er

in—ier—脚印儿　树荫儿　干劲儿　手心儿

ün—üer—喜讯儿　合群儿　有韵儿

初一早晨,人们穿着新衣来给小梅拜年,欢声笑语洒满了小屯儿。(tún—tuér)

看上去这么多规律似乎不容易记,但由于儿化韵的"儿"和它前面的韵腹是合在一起的,因此,在实际播读儿化音节时,只要略放松口腔肌肉,在发出韵腹的同时,舌头顺势向上一卷,就可自然地发出儿化音节的特殊音色。必须注意,舌头不要过卷,应尽量保持原韵母的音色。

广播电视语言中运用儿化,确有表情达意的积极作用,使语言更生活化。但注意不能随意乱用,尤其是新闻节目中尽量不要用儿化。

例如:

今天十一月一号,星期二。

下面请听本台记者王军的口头报道。

今天下午三点三十分。

春节期间,将增开十八对列车。

其中,"号""头""点""对"都不应儿化。

第三节 变调

一、什么是变调

音节在连续时,相邻音节声调发生变化的现象叫变调。普通话中的变调主要包括上声变调、去声变调、"一"和"不"的变调以及重叠形容词的变调。

二、上声变调规律

1.上声音节单念或在句尾时不变,仍读本调

反　　造反

2.上声音节在非上,即阴平、阳平、去声和轻声音节前,其调值214变为21,也记作211(即所谓的半上)

始终　老师　指标　北京　广播　体操　领空　首先　转播　纺织　史诗

3.上声音节与上声音节相连,前面一个音节的调值由214变为接近35(即所谓的阳上)

也许　所以　影响　所有　只好　引起　采取　老板　赶紧　往往　可以

三、去声变调规律

去声音节在非去声音节前声调一律不变。在去声音节前则由全降变成半降,即调值由51变成53。例如:

记录　摄像　赞颂　救护　制胜　速递　验货　贵重　内陆
人生的意义在于奉献,而不是索取。(53)

四、"一"的变调规律

"一"单用或在词句末尾时念本调——阴平。例如:

第一　星期一　初一　万一　统一　始终如一　二百三十一

1.在非去声音节前变为去声

一家　一人　一脸

2.在去声音节前变为阳平

一顿　一跳　一个　一份

3.夹在重叠词中间时念轻声

喊一喊　揉一揉　调一调

少年朋友,今天的"录音电话"请你们说一(yī)说,考试结束了,你最想说的一(yí)句话和最想干的一(yí)件事。然后向你们推荐一(yì)首新歌。

五、"不"的变调规律

"不"字单用或在词句末尾以及在阴平、阳平、上声前念本调——去声。如：

我不　不说　不能　不为

"不"的变调还表现出如下规律：

1.在去声音节前读阳平

不去　不见　不算　不换

2.夹在词语中时念作轻声

好不好　美不美　巧不巧

第四节　"啊"的音变

"啊"作为表达语气感情的基本声音,作为感叹词用在句前,仍发"a"音。例如：

啊(á)？你说什么？
啊(à),伟大的祖国！

如果"啊"作为语气助词,用在句尾,受前面音节收尾音素的影响会发生不同的音变现象。

一、前一音节收尾音素是 a、o(ao、iao 除外)、e、ê、i、ü 时,"啊"读作 ya

小弟弟长大了啊!

四妈!你倒是先给我倒碗水喝啊!我的嗓子眼里都冒了火!

给小妹戴啊!小顺德理由老是多而充实的。

二、前一音节收尾音素是 u 时(包括 ao、iao),"啊"读成 wa

二哥又笑了:"奶奶,您算了吧!凭您这全本连台的咳嗽,谁受得了啊!"

前几天本想和街坊搭伙,把他们放到口外去放青,东也闹兵,西也闹兵,谁敢走啊!

三、前一音节收尾音素是 n 时,读成 na

星子笑着说:"演员和观众一样多,你好可怜啊!"

他知道老刘的质问是等于叫他洋奴,……"噢!我不是中国人,你是,又怎么样!我并没有看见尊家打倒一个日本人啊!"

四、前一音节收尾音素是 ng 时,"啊"读成 nga

光发愁没用啊!

老李,你可别为我们的事动凶啊!

五、前一音节收尾音是-i(舌尖后特殊元音)、r 和 er(包括儿化韵)时,"啊"读成 ra

老李,所长没应下你什么差事啊?四大妈拉着她的手,挤咕着两只哭红了的眼,劝说:"好孩子!好孩子!要想开点啊!你要哭坏了,谁还管你婆婆呢?"

六、前一音节收尾音素是-i(舌尖前特殊元音)时,"啊"读成 za

我说了三次啊?还是四次啊?大家使劲地跑,谁也不想死啊!

以上规律,看上去复杂,其实并不用死记,"啊"的变化基本上是在前一音节的归音过程中顺势产生的。

第五节　词的轻重格式

一、什么是词的轻重格式

在汉语普通话及各方言中,由于词义或情感表达的需要,一个词中的各个音节有着约定俗成的轻重强弱的差别,称为词的轻重格式。一句话里双音节或多音节中的每个音节都有轻重强弱的不同,造成这种变化的原因,除了音节与音节之间声调的区别外,还有构成一句话的词或词组的每个音节在音量上不均衡这方面的原因。

我们将短而弱的音节称为"轻",长而强的音节称为"重",介于二者之间的称为"中"。

二、双音节词的轻重格式

在普通话中,双音节词的轻重格式有三种,其中以中重格式最多。

1.中重格式

日常	打通	交通	领域	当代	小诗	初绿	黄金	碧绿	时代	容颜
假如	晶莹	自然	减色	宝贵	人生	本身	阅读	当时	信奉	理论
飞沙	麦浪	波纹	演化	妥协	演变	词汇	烟火	仿佛	国际	货币
零钱	大洋	活动	马蹄	节奏	林木	溪流	牲畜	炊烟	眼底	家乡

2.重中格式

经验	视觉	听觉	界限	颜色	温度	声音	形象	重量	气味	性质
美好	情感	观感	价值	风气	背景	作品	标准	要求	思想	声响
传统	惰性	现象	规律	必然	迁就	道理	浪漫	古典	含蓄	素淡
凄凉	人类	西式	恬静	读者	作家	消极	父亲	爱戴	动作	质量

3.重轻格式

清楚　唠叨　力气　痛快　喉咙　荤腥

三、三音节词的轻重格式

1.中中重

播音员　收音机　呼吸道　东方红　天安门　展览馆　居委会　共产党
共青团　常委会　党支部　国际歌　科学院　招待会　唯物论　井冈山
辩证法　法西斯　护身符　滑翔机　芭蕾舞　尼古丁　五一节　话务员
黄梅节　回旋曲　火力点　基督教　贫困线　寄生虫　建筑物

2.中重轻

枪杆子　命根子　过日子　拿架子　吊嗓子　臭架子　卖关子　半拉子
打底子　抽冷子　洋鬼子　刀把子　两口子　老头子　搭架子　鼻梁子
打冷战　打摆子　硬骨头　小姑娘　拉关系　抽工夫　不由得　撑门面
背地里　抱委屈　山核桃　撒吆挣　好意思　胡萝卜　明摆着　牛脾气

3.中轻重

保不齐　备不住　小不点(儿)　吃不消　大不了　动不动　对不起
过不去　说得来　生意经　冷不防　数得着

四、四音节词的轻重格式

四音节词的轻重格式较为复杂,一般认为与其词性的结构关系有关,普通话四音节词轻重格式一般可分为三种:

1.中重中重

丰衣足食　日积月累　轻歌曼舞　心平气和　无独有偶　五光十色
天灾人祸　年富力强　耳濡目染　枪林弹雨　奇装异服　花好月圆
赴汤蹈火　移风易俗　独断专行　根深蒂固　心猿意马　龙飞凤舞
鹤发童颜　翻江倒海

2.中轻中重

社会主义　集体经济　化学工业　巴黎公社　南京大学　最后通牒
奥林匹克　慢慢腾腾　高高兴兴　模模糊糊　亮亮堂堂　跌跌撞撞
整整齐齐　清清楚楚　大大方方　和和美美　叮叮咚咚　嘻嘻哈哈
噼噼啪啪　稀里哗啦

3.重中中重

惨不忍睹　义不容辞　敬而远之　诸如此类　相形之下　一扫而空

心如刀割　美不胜收

我们要把每个词都说得清楚且自然,就必须掌握词的轻重格式,符合普通话的要求。但是,词的轻重格式只是一种约定俗成的规矩,它不是绝对的、不变的,词的轻重格式要受语句目的制约,所以在语流中我们往往会遇到原来的轻重格式被打破、被改变的现象,这也是正常的、必然的。

第六节　语流音变训练

一、轻声训练

1.轻声词语的练习

(1)阴平阳平音节后面的轻声音节发音训练

刀子	杯子	桌子	包子	呆子	槽子	条子	笛子	儿子	房子	格子
干的	高的	黑的	尖的	宽的	蓝的	麻的	男的	浓的	旁的	吃了
飞了	翻了	疯了	扔了	生了	齐了	穷了	饶了	神了	拾了	熟了
背着	推着	说着	缩着	压着	支着	停着	藏着	垂着	沿着	摇着
闭着	街上	摊上	天上	山上	包上	安上	船上	床上	叠上	房上
缝上	压下	装下	蹲下	收下	乡下	扔下	停下	瞒下	年下	节下
拦下	滑下	风头	争头	跟头	丫头	榔头	馒头	舌头	石头	苗头
说过	吃过	穿过	当过	查过	得过	读过	红过	急过	牵来	出来
飞来	搬来	回来	提来	夺来	拿来	烧吧	分吧	行吗	急吗	叔叔
哥哥	妈妈	姑姑	星星	歇歇	饽饽	擦擦	猜猜	翻翻	爷爷	姨姨
娃娃	糊糊	聊聊	挠挠	查查	尝尝	捶捶	叠叠	读读	缝缝	包袱
梆子	苍蝇	差事	灯笼	抽屉	窗户	答应	风筝	甘蔗	高粱	姑娘
功夫	胳膊	规矩	结实	奸细	宽敞	知了	师傅	玻璃	关系	虾米
收拾	衣服	冤枉	先生	知识	舒服	生日	粮食	行当	逻辑	棉花
年纪	朋友	学生	徒弟	题目	铃铛	防备	柴火	和尚	糊涂	活泼
灵便	难为	脾气	情形	什么	随和	头发	行李	学问	琢磨	云彩

勤快　麻烦　眉毛　疲沓

(2)上声音节后面的轻声音节发音训练

板子	本子	铲子	脑子	剪子	我的	你的	总的	小的	少的	女的
好了	饱了	惨了	反了	改了	倚着	仰着	想着	捂着	举着	躺着
晚上	早上	满上	顶上	赶上	倒下	底下	解下	搅下	剪子	斧头
把头	镐头	苦头	码头	枕头	想过	洗过	等过	取来	找来	醒来
跑来	赶来	好吧	打吧	挤吗	你呢	我呢	奶奶	姥姥	姐姐	宝宝
摆摆	管管	哄哄	挤挤	稳当	伙计	使唤	指望	买卖	宝贝	斗篷
打算	洒脱	眼睛	扭捏	恶心	考究	讲究	首饰	喜欢	脑袋	嘱咐
恍惚	老实	体面	哑巴	本事	口气	口袋	女婿	尾巴	小气	打扮
喇叭

(3)去声音节后面的轻声音节发音训练

帽子	凳子	胖子	骗子	票子	裤子	大的	差的	次的	是的	罢了
富了	过了	坏了	见着	碰着	坐着	吓着	坐下	遇上	用上	印上
套上	退下	地下	掉下	跪下	换下	记下	落下	念头	浪头	木头
盖头	后头	看过	做过	信过	上来	送来	进来	带来	下来	过来
去吧	坐吧	是吗	贵吗	贱吗	笑笑	弟弟	爸爸	舅舅	妹妹	试试
谢谢	看看	坐坐	问问	抱抱	唱唱	漂亮	事情	壮实	志气	帐篷
运气	笑话	疟疾	便当	教训	近视	应酬	冒失	力量	费用	吓唬
认识	对付	会计	厉害	动静	唾沫	义气	大夫	分量	告诉	奉承
任务	太阳	下巴

2.轻声的绕口令练习

是非不能读成是非,对头不能读成对头。

如果把对头读成对头,就分不清是非还是是非。

来了一个驼子,肩上挑担螺丝。来了一个胡子,骑着一只骡子。

驼子挑螺丝,胡子骑骡子。胡子骑骡子,驼子挑螺丝。

挑螺丝是驼子,骑骡子是胡子。胡子骑骡子不留心,撞翻驼子这担螺丝。

驼子要喊胡子下骡子,拾还驼子这担螺丝。

天上有日头,地下有石头,嘴里有舌头,瓶口有塞头。天上是日头不是石头,地下是石头不是日头,嘴里是舌头不是塞头,瓶中是塞头不是舌头。

3.轻声段落练习

练习重点包括语气词"吧、吗、啊、呢",助词"着、了、的、地、得、们",名词的后缀"子、儿、头"等;重叠式名词、动词的后一个音节,双音节形容词重叠;表示趋向的动词、方位词或词素。

例:萧乾《雁荡行》

"就要开喽!"司机一面催我上车,一面安慰车里那些不耐烦的乘客。

汽车呜呜震响着,奔驰着,如一匹激怒了的巨兽。遇到拐角处,有的乘客时常要脱口喊嚷出来:"司机,司机,慢点开哟!"然而这嚷叫早为马达声吞没了。喊的人只好无助地向车窗外看,越是怕越想看啊!

我们一鼓作气登上最高一层楼阁。二十只脚咚咚地踩着单薄的木梯,那声音是够大的,更何况好事的旅伴又把铜磬和木鱼一齐敲打起来呢!

虽然没缘看见雁湖,山上却有这么深一座小池也够稀罕的了。然而它不止奇,还有它的险哪!

例:萧乾《草原即景》

"前边有帐蓬啦!"有人这么喊,那就真像在海上发现了灯塔那样叫人高兴。

他一面很有滋味地呷吮着开水,一面指着那堆土坯子说:"草原上的事儿难说,这趟是布帐蓬,你瞧吧,下趟这儿就许盖起大房子来啦!"

例:老舍《我这一辈子》

我一辈子只看见了这么一回大热闹:男女老幼喊着叫着,狂跑着,拥挤着,争吵着,砸门的砸门,喊叫的喊叫,嗑喳!门板倒下去,一窝蜂似的跑进去,乱挤乱抓,压倒在地的狂号,身体利落的往柜台上蹿,全红着眼,全拼着命,全奋勇前进,挤成一团,倒成一片,散走全街。背着,抱着,扛着,曳着,像一片战胜的蚂蚁,昂首疾走,去而复归,呼妻唤子,前呼后应。

例:林语堂《生活的艺术》

在某一节文章里,韬洛对于蟋蟀的鸣声所生的崇高美感说:……它就这样在春的希望和夏的炎热中间俱着秋的冷静和成熟的智慧。它们对小鸟儿说:"啊!你们真像孩子,随着感情说话;大自然就是藉着你们而说话的;我们却两样儿了,季节不为我们而旋转;我们反唱着它们的催眠曲。"

例：萧乾《雁荡行》

走上楼梯口，由一堆稻草垛里闪出一个满面红光的小伙子，穿着一身崭新如纸糊的长褂，微笑着迎接我们。

例：萧乾《草原即景》

终于，矮个子的公路站长走了出来，很认真地望了望腕子上的表，吹了声哨子。一片荒芜的草原上，哨子的声音实在尖峭的可怜，然而站长那直直站立的神态却叫我们肃然起敬。他好像是说：车子虽然是辆卡车，设备差一些，这毕竟是个起点站，你们可小看不得。

她穿了一件男用的鹿皮短大衣，脖子上系了条豆绿色的绸围巾，帽子看来是太小了些，盖不住她那一头蓬蓬的黑头发。

例：陕北民歌

青线线（那个）蓝线线，蓝格莹莹（的）彩，生下一个兰花花，实实的爱死人！五谷里（那个）田苗子，数上高粱高，一十三省的女儿（哟），数上（那个）兰花花好……

例：萧乾《瑞士之行》

但在满纸红点的世界地图上，中国领域里还有两个红点，即是两个红十字会中心。

例：萧乾《进军莱茵》

一个刚由巴黎回来的瑞典记者掏出他的食物券给我看。指头一松，便为风手抓去了。我也扑上去帮他追。那蓝色纸条调皮地先飞上舱板，再跳到船尾的高射机关枪架上；待我们快赶到时，却飞到海里去了。

例：路遥《平凡的世界》

接着，玉婷边提高自己有些沙哑的嗓音（因吃肉口渴），说："把阶级敌人带上来！"这一下，人群又一次骚乱起来，响起一片嗡嗡的说话声；有些坐着的人也纷纷站起来了。

二、儿化训练

1.儿化的词语练习

(1)音节末尾是 a、o、e、u 的

a—ar—　　腊八儿　号码儿　油渣儿　板擦儿

ia—iar—　脚丫儿　豆芽儿　摸瞎儿　人家儿

u—uar—	香瓜儿	雪花儿	鸡娃儿	牙刷儿	
o—or—	山坡儿	薄膜儿	粉末儿	歪脖儿	
u—uor—	心窝儿	花朵儿	糖果儿	干活儿	
ao—aor—	熊猫儿	毡帽儿	没跑儿	小道儿	
iao—iaor—	填表儿	线条儿	末了儿	豆角儿	
e—er—	山歌儿	风车儿	文科儿	吃喝儿	
u—ur—	里屋儿	花布儿	火炉儿	括弧儿	
ou—our—	网兜儿	小偷儿	水沟儿	顺手儿	
iou—iour—	加油儿	蜗牛儿	踢球儿	套袖儿	

(2) 韵母为 ai、ei、an、en(包括 uei、uen、ian、uai、uan 和 üan)的

ai—ar—	冒牌儿	窗台儿	鞋带儿	活塞儿	
ei—er—	宝贝儿	眼泪儿	抹黑儿	刀背儿	
ian—iar—	冒烟儿	心眼儿	小辫儿	唱片儿	
en—er—	赔本儿	脸盆儿	后门儿	评分儿	
uei—uer—	土堆儿	跑腿儿	小鬼儿	烟灰儿	
uen—uer—	条文儿	打盹儿	冰棍儿	保准儿	
uai(uan)—uar—		土块儿	门环儿	打转儿	
üan—üar—	汤圆儿	眼圈儿	手绢儿		

(3) 韵尾为 ng 的

ang—ār—	肩膀儿	帮忙儿	秘方儿	哑嗓儿	
iang—ār—	身量儿	瓜秧儿	花样儿	官腔儿	
uang—uār—	小床儿	眼光儿	蛋黄儿	橱窗儿	
eng—ēr—	边篷儿	门缝儿	板凳儿	现成儿	
ing—iēr—	电影儿	花瓶儿	山名儿	山顶儿	
ueng—uēr—	小瓮儿	嗡嗡儿			
ong—ōr—	小工儿	胡同儿	闲空儿	小葱儿	
iong—iōr—	叫穷儿	小熊儿			

(4) 韵母为 i、ü 的

i—ier—	玩意儿	门鼻儿	眼皮儿	警笛儿	
ü—üer—	金鱼儿	小雨儿	凑趣儿	毛驴儿	

(5) 韵母或韵尾为 ê 以及韵母为 -i(前)、-i(后)的

ie—ier—	树叶儿	菜蝶儿	台阶儿	麦秸儿	

üe—üer— 正月儿 拔橛儿 空缺儿 皮靴儿

-i(前后)—ier— 橘汁儿 夜市儿 柳枝儿

瓜子儿 识字儿 歌词儿 铁丝儿

(6)韵母为 in、ün、的

in—ier— 脚印儿 树荫儿 干劲儿 手心儿

ün—üer— 喜讯儿 合群儿 有韵儿

个儿 人儿 沿儿 圈儿 玩儿 馅儿 球儿 兜儿 画儿

空儿 爪儿 音儿 哪儿 那儿 活儿 座儿

光棍儿 纳闷儿 年头儿 干活儿 冰棍儿 差点儿 大伙儿 好好儿

好玩儿 金鱼儿 老头儿 聊天儿 没事儿 面条儿 墨水儿 纽扣儿

玩意儿 小孩儿 心眼儿 烟卷儿 一会儿 一块儿 一下儿 一点儿

有点儿 这会儿 挨个儿 八哥儿 拔尖儿 白班儿 白醭儿 白干儿

摆摊儿 板擦儿 饱嗝儿 爆肚儿 被窝儿 奔头儿 鼻梁儿 病号儿

岔道儿 唱片儿 串门儿 春卷儿 搭茬儿 打盹儿 打嗝儿 打鸣儿

打杂儿 单弦儿 旦角儿 刀把儿 刀片儿 调门儿 顶牛儿 顶事儿

豆角儿 豆芽儿 个头儿 够本儿 够劲儿 蝈蝈儿 开刃儿 坎肩儿

口哨儿 裤衩儿 裤兜儿 快板儿 老伴儿 老本儿 愣神儿 脸蛋儿

哪会儿 纳闷儿 奶嘴儿 泥人儿 拈阄儿 藕节儿 胖墩儿 刨根儿

跑腿儿 起名儿 枪子儿 巧劲儿 窍门儿 绕远儿 人影儿 人缘儿

嗓门儿 傻劲儿 扇面儿 收摊儿 说头儿 死扣儿 送信儿 蒜瓣儿

铜子儿 头头儿 透亮儿 围脖儿 围嘴儿 线轴儿 相片儿 小辫儿

小曲儿 烟嘴儿 沿边儿 腰板儿 咬字儿 爷们儿 一溜儿 一顺儿

应名儿 影片儿 有门儿 早早儿 掌勺儿 找碴儿 照面儿 照片儿

针鼻儿 中间儿 抓阄儿 走道儿 走调儿 走神儿 走味儿 做活儿

豆腐干儿 一个劲儿 那么点儿 败家子儿

一丁点儿 铺盖卷儿 不得劲儿 闹着玩儿

2.儿化的绕口令练习

进了门儿,倒杯水儿,喝了两口运口气儿。顺手拿起小唱本儿,唱一曲儿,又一曲儿。练完了嗓子我练嘴皮儿,绕口令儿,练字音儿,还有单弦儿牌子曲儿、小快板儿、对口词儿,越说越唱我越带劲儿。

有这么一个人儿,实在是邪门儿,对杳晁低头不语儿,两眼发直尽出神儿,只因他学习不积极儿,爱发脾气常闹气儿,小组会上被批评了一顿儿,不用说呀,这个人的思想有问题儿。

出东门,过大桥,大桥底下一树枣儿,拿着杆子去打枣儿,青的多,红的少。

一个枣儿、两个枣儿、三个枣儿、四个枣儿、五个枣儿、六个枣儿、七个枣儿、八个枣儿、九个枣儿、十个枣儿、九个枣儿、八个枣儿、七个枣儿、六个枣儿、五个枣儿、四个枣儿、三个枣儿、两个枣儿、一个枣儿,这是一个绕口令,一口气说完才算好。

有个小孩叫小兰儿,口袋里装着几个小钱儿,又打醋,又买盐,还买了一个小饭碗儿。小饭碗儿真好玩儿,红花绿叶镶金边,中间还有个小红点儿。

3.儿化的段落练习

例:老舍《老字号》

他最恨的是对门那家正香村:掌柜的趿拉着鞋,叼着烟卷,镶着金门牙。老板娘背着抱着,好像兜儿里还带着,几个男女小孩,成天出来进去,进去出来,唧唧喳喳,不知喊些什么。老板和老板娘吵架也在柜上,打孩子,给孩子吃奶,也在柜上。摸不清他们是做买卖呢,还是干什么玩呢,只有老板娘的胸口老在柜前陈列着是件无可疑的事儿。那群伙计,不知是从哪儿找来的,全穿着破鞋,可是衣服多半是绸缎的。有的贴着太阳膏,有的头发梳得像漆杓,有的戴着金丝眼镜。再说那份儿厌气:一年到头老是大减价,老悬着煤气灯,老转动着留声机。买过两元钱的东西,老板便亲自让客人吃块酥糖;不吃,他能往人家嘴里送!什么东西也没有一定的价钱,洋钱也没有一定的行市。辛德治永远不正眼看"正香村"那三个字,也永不到那边买点东西。他想不到世上会有这样的买卖,而且和三合祥正对门!

例:老舍《月牙儿》

是的,我又看见月牙儿了,带着点寒气的一钩儿浅金。多少次了,我看见跟现在这个月牙儿一样的月牙儿;多少次了。它带着种种不同的感情,种种不同的景物,当我坐定了看它,它一次一次的在我记忆中的碧云上斜挂着。它唤醒了我的记忆,像一阵晚风吹破一朵欲睡的花。

那第一次,带着寒气的月牙儿确是带着寒气。它第一次在我的云中是酸苦,它那一点点微弱的浅金光儿照着我的泪。那时候我也不过是七岁吧,一个穿着短红棉袄的小姑娘。戴着妈妈给我缝的一顶小帽儿,蓝布的,上面印着小小的花,我记得。我倚着那间小屋的门垛,看着月牙儿。

三、变调训练

1. 涉及变调的词语练习

（1）上声变调

上声音节在非上，即阴平、阳平、去声和轻声音节前，其调值 214 变为 21，也记作 211（即所谓"半上"），例如：

广西　有些　产生　指挥　统一　紧张　打击　本身　普通　眼光　展开
武装　主观　主张　喜欢　朗读　改革　普及　解决　古文　祖国　讲台
谴责　紧急　小学　旅行　考察　可能　以前　仿佛　委员　有时　本来
感情　小时　以来　感觉　总结　举行　保持　演员　股民　海洋　首席
语言　警察　眼神　品德　稿件　舞剧　主要　想象　诡辩　妥善　统治
感谢　广大　讨论　取悦　主义　准备　伟大　只要　只是　整个　理论
马上　表示　使用　土地　手巾　主任　改变　反映　美丽　掌握　广泛

上声音节与上声音节相连，前面一个音节的调值由 214 变为接近 35（即所谓阳上），例如：

也许　所以　影响　所有　只好　引起　采取　老板　赶紧　往往　可以
品种　勇敢　彼此　手指　手表　小组　水果　古老　雨水　保守　女子
岛屿　小姐　老鼠　雨伞　饮水　小雨　首长　浅浅　海里　水母　脑海

（2）"一"和"不"的变调

一板一眼　一唱一和　一模一样　一丝一毫　一字一板　一朝一夕
一心一意　一问一答　一张一弛　一起一落　一上一下　一前一后
一左一右　一窍不通　一丝不挂　一尘不染　一成不变　一毛不拔

不管不顾　不哼不哈　不即不离　不卑不亢　不伦不类　不偏不倚
不三不四　不干不净　不清不楚　不言不语　不屈不挠　不折不扣
不大不小　不上不下　不左不右　不见不散　不慌不忙　不可一世

一帆一桨一叶舟，一个渔翁一钓钩。

一俯一仰一顿笑，一江明月一江秋。（清　陈沆）

一蓑一笠一渔舟，一个渔翁一钓钩。

一拍一呼还一笑，一人独占一江秋。（清　纪晓岚）

一蓑一笠一髯叟，一丈长竿一寸钩。

一山一水一明月,一人独钓一海秋。(刘绩臣)

2.变调的绕口令练习

补裤

一块土粗布,一条粗布裤,哥哥屋里补布裤,飞针走线自己做。粗布裤上补粗布,土粗布补布裤,哥哥穿上粗布裤,艰苦朴素牢记住。

数数

山上一只虎,林中一只鹿,路边一头猪,草里一只兔,还有一只鼠。数一数,一二三四五,虎鹿猪兔鼠。

北边来了一个瘸子,背着一捆榍子,南边来了一个瘸子,背着一筐茄子。背榍子的瘸子打了背茄子的瘸子一榍子,背茄子的瘸子打了背榍子的瘸子一茄子。

猜谜

桌上摆了一支笔,一面旗,一只小鸡,一个梨,还有一块橡皮泥。

阿姨说:桌上有什么?——记心里,阿姨让你们来猜"谜"。齐齐第一个把手举,他说桌上一支笔,一面旗,一只小鸡,一块橡皮泥,就少了一个梨。

3.涉及变调的语句与段落练习

例1:施耐庵《水浒传》

史进带去的庄客,都留在山寨。只自收拾了些散碎银两,打拴一个包裹,余者多的尽数寄留在山寨。史进头戴白范阳毡大帽,上撒一撮红缨,帽儿下裹一顶混青抓角软头巾,项上明黄缕带,身穿一领白纻丝两上领战袍,腰系一条查五指梅红攒线搭膊,青白间道行缠绞脚,衬着踏山透土多耳麻鞋,跨一口铜铍磐口雁翎刀,背上包裹,提了朴刀,辞别朱武等三人。

道犹未了,只见一个大汉大踏步竟入来,走进茶坊里。

史进看他时,是个军官模样。怎生结束?但见:

头裹芝麻罗万字顶头巾,脑后两个太原府纽丝金环,上穿一领鹦哥绿纻丝战袍,腰系一条文武双股鸦青绦,足穿一双鹰爪皮四缝乾黄靴。生得面圆耳大,鼻直口方,腮边一部络腮胡须。身长八尺,腰阔十围。

例2:茅盾《白杨礼赞》

我赞美白杨树,就因为它不但象征了北方的农民,尤其象征了今天我们民族解放斗争中所不可缺的朴质、坚强,力求上进的精神。

让那些看不起民众、贱视民众，顽固的倒退的人们去赞美那贵族化的楠木，去鄙视这极常见、极易生长的白杨树吧，我要高声赞美白杨树！

四、语气词"啊"的发音变化练习

67岁的老农孟庄凯感慨地说："乡亲们的心真齐呀！"（qíya）

有人背后议论陈菊英："这么大年纪了，还练个什么劲呀！"（实际应读 jìn na）

"咱们得快点走呀！你看，太阳快落了，天黑以前咱们必须赶上部队。"（实际应读 zǒu wa）

"什么？药拿错了！"邱波妈大吃一惊，连忙拿起药来一看，果然是大人吃的药。"好险啊！"（实际应读 xiǎn na）

"要宽慰这颗慈母的心，只有把面吃了，但它真重啊！"（实际应读 zhòng nga）

例：冰心《繁星》节选

* 童年啊！
是梦中的真，
是真中的梦，
是回忆时含泪的微笑。

* 梦儿是最瞒不过的啊，
清清楚楚的，
诚诚实实的，
告诉了，
你自己灵魂里的密意和隐忧。

* 人类啊！
相爱罢，
我们都是长行的旅客，
向着同一的归宿。

* 青年人啊！
为着后来的回忆，
小心着意地描你现在的图画。

* 母亲啊！
撇开你的忧愁，
容我沉酣在你的怀里，
只有你是我灵魂的安顿。

* 风啊！
不要吹灭我手中的蜡烛，
我的家还在这黑暗长途的尽处。

* 父亲啊！
出来坐在月明里，
我要听你说你的海。

* 大海啊，
哪一颗星没有光？
哪一朵花没有香？
哪一次我的思潮里，
没有你波涛的清响？

* 我的心啊！
你昨天告诉我，
世界是欢乐的；

今天又告诉我，
世界是失望的；
明天的言语，
又是什么？
教我如何相信你！

＊母亲啊！
天上的风雨来了，
鸟儿躲在到它的巢里；
心中的风雨来了，
我只躲到你的怀里。

五、词的轻重格式的发音训练

例：钱钟书《七缀集》

在日常经验里，视觉、听觉、触觉、嗅觉往往可以彼此打通或交通，眼、耳、舌、鼻、身各个官能的领域可以不分界限。颜色似乎会有温度，声音似乎会有形象，冷暖似乎会有重量，气味似乎会有体质。诸如此类，在普通话里经常出现。

风气是创作里的潜势力，是作品里的背景，而从作品本身不一定看得清楚。我们阅读当时人所信奉的理论，看他们对具体作品的褒贬好恶，树立什么标准，提出什么要求，就容易了解作者周遭的风气究竟是怎么回事，好比从飞沙、麦浪、波纹里看出了风的形态。

一时期的风气经过长时期而能持续，没有根本的变动，那就是传统。传统有惰性，不肯变，而事物的演化又迫使它以变应变，于是产生一个相反相成的现象。传统不肯变，因此惰性形成习惯，习惯升为规律，把常然作为当然和必然。传统不得不变，因此规律、习惯不断地相继破例，实际上做出种种妥协，来迁就演变的事物。

例：周伟东《语言是心灵的桥》

语言的贫乏本质上是心智的贫乏，而心智的贫乏下的倾听与阅读就如同遥望风景时却满眼都是凡夫俗子呆滞的表情。一切深奥的思想都蕴涵于语言之中。思想不必仰仗理论，因为思想首先表现为语言。

当我们追溯着时间的河流，与先秦的那些智者相遇，我们很难分清刻在竹简上隽永的话语哪些是思想哪些是语言。仅将语言视为一种载体，试图将语言从思想中剥离出来是可笑的。思想之美统一于语言之美中，对于精深奥妙的中文，对于听泉眠云、饮露餐菊的智者，尤为如此。语言与文化的其他因素不同。中国传统文化的许多方面都有赖于某种物质形式才能得以保存，比如乐音离不开笙管笛箫，雕刻离不开泥土金石，物质的流失与毁灭对于文化的损害是难以避免的，唯有语言可以口口相传，并进入灵魂深处，被智慧的人们赋予了一种超越时空的力量，成为中国传统文化的精神线索。

例：3月11日《信息时报》

全国"两会"应该是议国事、商大政的盛会，是决定全国一年政治、经济、社会发展方向、发展目标、发展办法的大会。它给与会的代表、委员提供了一个参政议政的广阔平台，提供了一个上达民情、反映民声的宝贵机会。而人民代表本身代表的就是人民，它的职责就是反映民声、反映民情，代表人民监督"一府两院"的工作。他们应该超脱于个人利益、超脱于团体利益、超脱于党派利益。应该围绕群众利益、国家利益多直言、多献计。

说穿了，这是部分代表身份迷茫与成功焦虑的一种表现，这部分代表还没有弄清自己代表身份和自己职务身份的区别，没有弄清事业成功与职务升迁的区别。他们认为被提拔、能升迁才是成功的标志。所以，他们把当代表当成了一个自我展示的平台，当成了一个自我推销的机遇。从道理上说，人民代表是由人民选举产生的，应该是向人民负责，应该是多倾听人民的意见、多反映人民的心声、多代表人民的意志，多为人民办实事、办好事，用自己的行动和能力赢取群众的信任、赢得群众的赞誉、赢得群众的选票。但是目前我国干部提拔、升迁的动议权、决定权都还在上级领导的手中，也就是群众的赞誉不如领导的关注，千张选票不如一纸调令。所以，一些代表在审议报告时，就不是代表群众提意见，而是代表自己表功劳。

思考题

1. 什么叫语流音变？普通话中语流音变主要有哪些？
2. 什么叫轻声？轻声的作用是什么？
3. 什么叫儿化？儿化的作用是什么？

第六章 吐字归音

第一节 播音对吐字的要求

吐字在播音创作中占有非常重要的地位。从事有声语言艺术的人要不断锤炼自己的吐字技巧，要能完美地表达出有声语言中蕴含的丰富的思想感情。播音发声要求吐字准确、清晰、圆润、动听。吐字不准确、不清晰会造成受众收听、理解上的困难，造成误听、误解，大大影响传播效果，甚至产生不可预料的严重后果。口腔松散无力使吐字缺乏圆润动听的特质，也会大大影响有声语言艺术的听觉美感。受众对广播电视这种传播形式的发音吐字会产生一定社会性的需求和评价标准。虽然时代不同，但语言作为一种交流工具，播音主持艺术语言作为一种艺术形式，都会有一些相对稳定的一致要求。这种相对稳定的吐字要求、吐字特征受广播电视的媒体特征、传播特点以及汉语言的语音特点的制约。

首先，广播电视的媒体特征对播音员的吐字提出了较高要求。

广播电视播音员、主持人创作过程中的主要交流对象不在身边，即"眼前无人"，他们在创作过程中无法得知受众收听、收看的具体情况，不可能在"当时""当场"通过面对面直接观察，得到受众的反馈，以及时调整自己语言的内容和讲话的方式。电波传递的语言信号在传播过程中会受到损耗、干扰而使语言变得模糊、不够清晰。因此，播音员、节目主持人的吐字要清晰、有力、集中，声音要入话筒，并且能够有一定的抗干扰能力。

大众传媒平台所传达的信息和内容是丰富多彩、多种多样的，播音主持工作中所接触到的稿件和表达要求也具有不同的层次性，但是不管何种情况，表达的清晰性、有效性、感染性都是基本要求。在有稿播音的多种稿件类型的播读中，在以口语为主的各种场合的交流表达中,吐字的规范清晰都是表达的基础,咬字技巧对情感的适应和表现都是成功表达的体现。

其次,汉语语音独特的结构形式也对吐字提出了一定要求。

现代汉语单音节词与双音节词大量存在,词所包含的音节数量少而音节的信息负载量较大。这就要求吐字准确、清晰,使受众能非常清晰、毫不费力地收听信息,最大限度地降低受众的收听、理解难度。学习吐字技巧我们有必要从吐字动作的角度了解并划分汉语音节结构,使吐字技巧要求具体落实到音节的各个部分。

汉语音节结构中,音节开头的辅音称作声母,但声母并不等于字头,声母与韵头合在一起称作字头,从发音动作的角度看,声母与韵头在实际发音中结合得非常紧密。韵母接其后,韵母中的主要元音即最响亮的元音称作字腹或韵腹,韵母中又以舌位滑动的复合元音韵母和鼻韵母居多。韵尾称作字尾。我们将字头的发音动作称作出字,将字腹的发音动作称作立字,将字尾的发音动作称作归音。吐字归音技巧对出字、立字、归音的具体要求都落实到音节的各个部分上。由此可见,汉语音节多数发音存在明显的由闭到开,再由开到闭的动作过程,再加上区分意义的音高变化——声调,这就构成了汉语音节发音速度较慢、自成表意单位和发音过程阶段性的明显特点。

我们看下表的例子:

例字(类型)	字头		字腹	字尾
	声母	韵母		
		韵头	韵腹	韵尾
变	b	i	a	n
盼	p		a	n
烟		i	a	n
安			a	n
灭	m	i	e	
爬	p		a	
饿			e	

从表中可以看出,在给音节划分字头、字腹、字尾时有这样几种音节类型:

第一类,字头、字腹、字尾俱全的音节,有三种情况:(1)声母+韵头+韵腹+韵尾;(2)声母+韵腹+韵尾(少韵头);(3)韵头+韵腹+韵尾(少声母)。没有声母但有韵头的音节应该被视作有字头的,因为这类音节中做韵头的 i、u、ü 在实际发音中改变了其元音性质,变成了带有摩擦性质的半元音,从声音和发音动作上看都已经接近辅音。

汉语拼音方案中在记音时用变为或加上 y、w 这两个字母来表示。第二类，无字头音节。这些音节在开口度大的韵腹前既无声母，又无韵头，因此也是零声母音节，如"安""爱"等字音。这些音节其实并非无字头，只不过不像声母或韵头那样明显，但实际上韵母前有一个喉部紧闭的过程（喉塞音/?/），发音时喉部闭拢，然后突然打开，气流冲出，喉部呈爆破状态，有点像咳嗽前的喉部状态。第三类，无尾音节，也称开尾音。如"巴""比""别"等音。这些音在字腹之后会有一个喉部闭拢的结束动作，收音的声音不明显，但发音过程的动作是可以觉察的。第四类，只有字腹，无字头、无字尾的音节。在发音的过程中须补足字头、字尾。由此可见，并不是所有的汉语音节都可以较为清楚地标示出字头、字腹、字尾，但是如果将吐字器官动作考虑在内，以发音器官的动作划分字头、字腹、字尾，那这样的划分就不存在问题，普通话音节中就不存在缺少字头或没有字尾的音节。以"动作"作为标准，可以使吐字归音理论更加完善，而且切合实际，便于掌握和应用。

播音发声对吐字的要求可以从以下几个角度去考察。

一、吐字的规范

吐字的规范性，即字音的准确规范。播音员、主持人的吐字必须符合汉语语音规范，不能违反语音规律。我们常说的"字正"就是指字音的准确规范。具体到声母的发音上体现为成阻部位准确、持阻有力、除阻得当，符合发音要求；韵母的发音体现为舌位、唇形的准确、规范与鲜明；声调方面体现为调值准确、到位。艺术语言专业的规范比一般人理解的更严格和精细，涉及口腔中各个部位较为微妙、精细的动作。

二、吐字的技巧

吐字要用一定的技巧，我们可以从吐字过程的清晰、集中、高效、流畅几方面来考察。

吐字清晰，即受众从听觉上对播出的语音易于分辨，从而能顺利获取语言所传达的信息和思想感情。语音的清晰直接关系到语言传播的质量和宣传的效果，成为保证宣传质量的最起码的要求。吐字不清晰就谈不上信息的高效传达，更谈不上声音的动听和美感。准确与清晰是对吐字的两方面要求，吐字准确了也不能忽视吐字的清晰度。吐字清晰不是单纯加大肌肉力度就能达到的，而是需要在吐字时具备一系列行之有效的技巧，只有各发音器官有效配合，才能达到吐字清晰的要求。

吐字集中，是指吐字有力，声波方向感强，集中向前。声波经喉腔进入口腔，由吐字动作进行控制,以产生不同的语音。在这个过程中,声音具有穿透力,使话筒易于接收,即使在较为嘈杂的环境中也能有较强的穿透力,容易唤起听众的注意,能够达到声声入耳的效果。要做到吐字集中,就要在发音过程中使吐字动作的力量相对集中,力量集中在口腔的中纵线上,通过口腔的开合节制气流,使气流、声波相对集中地向前流动。要做到吐字集中,发音人内心要有较强的交流感、对象感,使声波有较强的方向性与目标感。

吐字高效,主要是吐字动作与其他发音动作有较为协调的配合,与气息、共鸣、喉部控制等有效配合,从而可以较为顺利、高效地达到清晰、集中、圆润的吐字效果。比如气息的集中对吐字的集中有很大的帮助,喉部的放松也能使唇舌更好地用上力量。

吐字流畅,即我们发出的每一个字音、每一个音节,都融汇在语流当中。听众、观众听到的不是一个一个单独的音节,他们是通过语流来获取信息、受到感染的。吐字技巧强调单个音节的吐字要求,但并不能由此破坏语言的流畅性。很多初学者为达到吐字清晰有力的目的就在单个音节上加大力量,给人一种念字的感觉。所以我们要求,吐字在清晰有力的同时还要灵活自如、轻快流畅。

三、吐字的美感

吐字的美感是建立在吐字的规范与吐字的技巧之上的。吐字的美感主要是指在准确清晰的基础上做到吐字如珠、圆润饱满,并且在流畅的语流中吐字错落有致、灵活自如、富于变化。我国传统说唱艺术中说的"吐字如珠",形象地勾画出字音的圆润与吐字动作之间的密切联系。"腔圆"保证了丰富的泛音共鸣,使语音悦耳动听。值得指出的是,由嗓音形成的圆润音色与吐字形成的圆润音色所指不同,内涵不同。仔细分析,我们可以把由嗓音形成和由吐字形成的圆润音色区别开来,嗓音是字音的载体,吐字与嗓音构成一个密不可分的结合体。每个个体都具有独特的嗓音特征,在发音方式上也各有特点。嗓音的圆润很大程度上与先天条件有关,吐字的圆润更多地取决于吐字的技巧。但是由于发音动作相互关联,嗓音的圆润与呼吸技巧和喉部的控制技巧都有关联,而吐字技巧也与呼吸、共鸣等技巧相互影响。

我们提出对播音吐字的要求,不是强求一律,抹杀播音员的个性,播音创作对吐字的要求是由汉语语音特点、听众收听心理、传播的媒体特点等各方面因素决定的。播音创作中的吐字有一定的共性要求,但这并不是妨碍播音员、主持人保持自己的风格,而是积极地帮助播音员、主持人在共性要求的基础上建立和形成自己的风格。任何艺术都是"戴着脚镣的舞蹈",都是要符合一定规范的,是在一定的限制下的创作。播音的风格不应该以牺牲听众的需求为代价,不能违反汉语语音规律和广播电视媒体特点,播音的风格应是在符合这种规律与要求的前提下形成的。发音过程中,汉语的吐字动作有着自己的特点,汉语的音节结构工整、音节界限分明,音节具有明显的动作过程,音节各部分的发音具有不同的特点和要求,满足这些要求,发音就会准确清晰、圆润动听,不满足这些要求,发音就显得干瘪松散。中国听众对汉语语音的审美要求在传统说唱艺术中就有明确的定位,经过长期的历史积淀,形成了较为稳定的审美趋向,播音艺术中的吐字应该继承和发扬这一传统。广播电视媒体特点对吐字也有明确的审美要求,准确清晰是前提,圆润动听、朴实大方、富于变化在吐字中也有鲜明的诉求和体现。

吐字的美感最终是为了恰切体现出稿件的思想感情,为播出内容服务的。播音艺术中的吐字应该自然流畅、错落有致、强弱得当。字与字、词与词的处理要根据思想感情的变化有所强调和弱化,这种丰富的吐字变化是语言变化的基础。

第二节 口腔控制

吐字器官主要是指口腔以及口腔中的各种成音构字器官。口腔是消化道以及消化系统的起始部分,俗称为嘴。日常生活中,我们说话、吃饭都离不开嘴。口腔除了参与人体进食、消化,最重要的功能就是完成言语动作并协助发音。此外,口腔具有感觉功能,并能辅助呼吸,具有重要的生理意义,是人们日常生活中从事各项社会活动必不可少的器官。吐字器官包括上颚(硬腭、软腭)、下颚、双唇、舌(舌尖、舌叶、舌面、舌根)、上下齿、上下齿龈。

在吐字归音的动作过程中口腔状态的配合非常重要。对口腔状态做适度调整,也就是改善吐字环境,会大大提高播音吐字质量,有助于满足吐字如珠、饱满圆润等要求。吐字环境是在播音发音用声过程中伴随的口腔状态,服务于吐字归音的动态过程,服务于准确清晰、圆润动听、流畅自然的发音诉求。

一、提颧肌

颧肌是面部肌肉的一部分,它的上部位于眼轮匝肌与咬肌上方之间,下部与笑肌和口轮匝肌相接。提起颧肌会牵动面部肌肉,呈现类似"微笑状"的表情。生活中,微笑时上唇是放松的,没有肌肉的拮抗力,提颧肌不是微笑状,不是两嘴角咧开。提颧肌时,口腔前部和上唇有上提、拓展的感觉,会使声波更易于透出口外,使声音更明朗清晰。而且上唇贴住上齿,使唇的运动有了依托,容易用上力量,也有助于发音清晰有力。

二、挺软腭

腭构成固有口腔的顶,上颚包括硬腭和软腭两部分,其前 2/3 为硬腭。硬腭由颚骨和腭黏膜组成,它位于口腔和鼻腔之间,将口腔和鼻腔分隔开。软腭为软组织,是硬腭的连续部分,吞咽时软腭在口腔与鼻腔的后部形成水平屏障,防止食物进入后鼻孔和鼻腔。在发音过程中,软腭的升降改变口咽部的形态,可控制气流流入鼻腔的多少。下颚可以有控制地开闭,改变连接下颚的舌头与上颚的距离,改变口腔容积大小。

软腭位于上口盖硬腭之后,可以上提、下降并改变口腔容积,增大口腔共鸣。软腭上提,气流更多地流入口腔,声音明朗;软腭下降,较多气流流入鼻腔,造成发音鼻化色彩。调整口腔状态的基本方法之一是,在发音过程中适当上抬软腭,可使声音更清晰明朗,改善口腔松散下垂、吐字不积极的状态。挺软腭的感觉可用打哈欠的方法体会,但在实际吐字过程中软腭的挺起不要过度,否则会影响吐字的自然流畅。挺起软腭也是为了增大口腔容积,软腭挺起,肌肉稍变硬,能够在一定程度上反射声音。挺起软腭时要特别注意,是口中的上半部分努力,不是向下压舌面。有人称之为"半打哈欠"的感觉。

三、打牙关

牙关位于口腔的上骨壁,连接头骨,口腔的开合靠下颌关节带动下巴活动。下颌关节既稳定又灵活,具有转动运动和滑动运动的左右联动关节,俗称"挂钩"。它的运动关系着咀嚼、吞咽、语言及表情等功能。打牙关也就是拉开后牙上下之间的距离,打开牙关的目的是为了加大口腔容积,使口腔能开能合、开合自如。上下颌关节的运动直接关系到口腔开合度及口腔容积,在吐字过程中起如下作用:影响口腔的泛音共鸣,使元音发得饱满;使声束能顺利由咽部进入喉腔,声音不至于憋闷在口腔中或冲上鼻腔形成鼻音;影响舌的活动幅度,增加舌的活动范围,有助于字音清晰圆润。

打开牙关的重点是上牙努力,而不是下牙用劲。上下槽牙间像咬着弹性物一样保持一定距离,然后打开、闭拢。开口时上槽牙向上打开,闭口时会觉得口腔上部像啃东西似的往下扣,口腔要开合灵活且有控制。

四、松下巴

为使上下颌在发音时有较大的开度,放松下巴是发声的一个关键点。松下巴使口腔在纵向上加大容积,使舌位在高低上形成较明显的对比,可增加吐字的清晰度。练习松下巴时要轻轻地向后收下巴、放松下巴。但要注意口腔开度过大也会不自然。

五、适当收唇

口唇构成口腔的前壁,分为上、下唇。两唇之间的裂隙称为口裂,其两侧结合处称为口角。唇是声音的出口,可以开闭并且撮展自如,唇的开度与形状影响声音的音色和清晰度。

唇是口腔的最前端、字音的出口,唇的控制对吐字质量影响明显。发音时如果唇向前突出,声音会带上u音色彩,使人感到沉闷,字音也容易包在口中;如果唇收拢来与齿相依,声音就明朗多了,字音也容易吐出口外。唇的收撮力强能使声音集中,收撮力弱容易使声音散漫。唇齿要适当贴近,克服噘唇引起的吐字含混。放松的口腔状态,唇齿间有较大的距离,语音普遍带有u音色彩,发音不清晰。收上唇是靠颧肌的收缩带动完成。

六、舌取收势

舌位于口腔底,附于下颌骨,具有感受味觉、协助咀嚼和吞咽食物以及辅助发音等功能。舌分为上、下两面。上面称舌背,分为前2/3的舌体和后1/3的舌根,舌体的前端称为舌尖。舌头肌肉分舌内肌与舌外肌,舌内肌收缩时改变舌的形状,舌外肌收缩时改变舌的位置。在发音过程中舌的不同部位与口腔上部的多种部位可以形成各种阻碍,舌的隆起面又可使口腔内部的结构、形状发生变化,形成不同形状的共鸣腔体。

汉语普通话音素的发音中,舌的活动是最重要的一环。舌的活动直接影响辅音和元音的准确性。发辅音时,舌的有关部分与口腔上部构成阻碍;发元音时,舌位的前后高低变化导致发音的不同。舌的活动影响字音的清晰度,舌弹动有力能使声母发音清晰有力。另外,舌的滑动也能使字音圆润饱满。

舌是口腔内体积与表面积较大的无骨质肌肉组织,它的状态对整个口腔状态都有影响。一方面,舌后部的提高或后退会使口咽部变得狭窄而不利于声束的通过及共鸣的发挥,压舌根又会导致喉部肌肉紧张,因而发声时舌面后部以平整状态为好;另一方面,舌如果比较坚韧,音波被它吸收得就会少些,声音就会响亮些,如果舌头完全松软,音波被它吸收得多些,声音就暗些。

吐字过程中舌的活动最积极、最灵活。舌的中纵线的力量强,是加强字音集中度的关键,舌的弹动力直接影响字音的清晰、准确,舌高点越鲜明原音音色越鲜明,舌的滑动决定了字音的美感。舌头具有相当强的肌肉,有很大的灵活性。用声时应该把它放在能使口腔通路充分畅通的位置上。舌头在口腔中应该自然、平放,不要抬高,同时也不要弯曲。舌头在咽腔的部分,要让舌根稍向前,不能紧张、僵硬,不要后缩或压舌根。吐字时增加舌体活动的灵活性及弹动力,舌取收势,力量集中于前后中纵线,并加强舌体前中部收拢上挺的能力,使力量集中在舌的中纵部位,以保证字音的准确清晰。

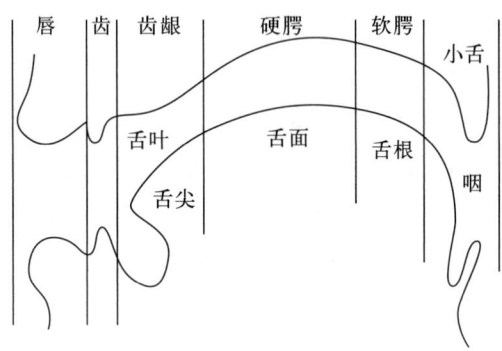

图 6-1　口腔发音部位示意图

第三节　吐字归音

　　吐字归音是我国民间传统说唱艺人对吐字过程的形象描述,有人誉之为古典唱法的精髓。它根据汉字字音的特点,提出了在吐字过程中各环节的发音要领。吐字归音技巧主要在戏曲曲艺界言传身教、世代相传。当代语言学家吸收传统文化的精髓,把吐字归音技巧运用到各种语言艺术当中。

　　吐字归音是播音创作中吐字技巧的集中体现,是使字音准确清晰、圆润饱满的传统发音手段。吐字归音要求吐字时对每个音节在发音过程中的不同阶段作出不同的处理,并要求熟练把握这些吐字要领。

　　如前所述,汉语音节中字头一般是指声母加介音,字腹是指韵腹,字尾只指韵尾。吐字归音把对字头、字腹、字尾的处理分别叫作出字、立字、归音。

一、出字——字头有力,叨住弹出

　　字头是一个字开头的发音过程,对它的处理影响整个音节的质量。

　　对字头的处理首先要做到部位准确。这要求字头中声母部分的成阻部位准确,成阻部位错了字音也就错了。如方音中的平翘不分，/f/、/h/不分，/n/、/ng/不分，/n/、/l/不分，在普通话中都是发音错误的表现。

对字头的处理其次要做到成阻有力，字头的形成不管有没有声母（或零声母），一般对气息都要有一定的阻碍，这个阻碍要有一定的力度，要形成对气息较强的阻力，使气息在口腔的成阻部位之后形成一定的压力。叼住主要指声母的成阻和持阻阶段。阻气要有力，还要使这种力量能保持住，字头形成阻碍部位要有一定的紧张度。叼不住字，阻气无力，气息流失，声音就会在口腔中松散无力。对于零声母音节的字头发音，舌位要适当抬高，增加舌相应部位的紧张度，使其有适度的摩擦；对于开口呼的零声母音节，相应增加开始元音有关舌位的紧张度，必要时要加上喉塞音。

对字头的处理还要注意集中巧劲，咬字的力量要集中在相应部位的中纵部分而不是满口用力，也不能用力过大或成阻部位过紧把字叼"死"了，那样吐字就会显得迟滞呆板。

在实际发音过程中，韵头和声母结合得更紧密，字音尚未发出就要根据开、齐、合、撮韵头元音的特点控制好唇形，因此字头发音还要注意唇形。

字头叼住弹出，指字头发音要弹发有力。弹出主要指除阻弹出的瞬间轻弹有力，不拖泥带水、不粘不滞、用力适当，不可不足，也不可太死板笨拙。只有"叼住"了才可以"弹出"，叼住是为弹出做准备。

二、立字——字腹饱满，拉开立起

立字是吐字过程中对字腹的处理，对字腹的处理影响字音的圆润、饱满程度。

口腔开度是字腹能够拉开、立起的保证。字腹是音节中的主要元音，发音时口腔开度最大，泛音共鸣最丰富，声音最响亮突出。不同元音的形成条件中重要的一个因素是舌高点的不同，口腔开度适度扩大可使舌有较大的活动范围，加强元音间的对比。而且，字腹发音圆润饱满需要口腔开度适当扩大，口腔随字腹立起而打开，使字能"立"起来。口腔打不开，口腔中空狭窄，字腹就拉不开，也不易于口腔共鸣的形成。舌高点不鲜明，元音音色就不鲜明，也不易于整个字音的准确和饱满。口腔上颚随字腹立起而打开，使字音好像能"立"起来，结合声束向硬腭前部流动冲击，这时就有了字音"挂"于上颚的感觉。需要注意的是，字腹发音是在滑动中完成的，不可僵死不变。单韵母发音的口腔动作在本语音单位内部轻微滑动，复韵母滑动更为明显。

三、归音——字尾归音，到位弱收

字尾是音节的末端，归音是指对字尾的处理。在发字尾音过程中，口腔处于由开渐闭的状态,吐字器官的肌肉处于由紧到松的阶段,气息由强变为弱,声音也逐渐趋止。在这个阶段,如果归音不到位或忽视对字尾的处理,就容易吐字虎头蛇尾,显得草率。

字尾归音要到位,这是发音完整的体现。字尾发音常见的毛病是归音不到位,字尾音的舌位与唇形要到位,舌位的动程和唇的动作要有鲜明的趋向,不能含糊。

字尾元音多为开口度较小的元音,而且这个时候口腔肌肉也处于由开渐闭、由紧渐松的阶段,发音时只需大致显露出字尾趋向,不致引起人们的误解,不必发音过于用力和过于拖长声音。在播音发声吐字中要克服归音不到位的现象,发音要完整,不可虎头蛇尾,使尾音减弱,也不应过分拖长、拖泥带水。

出字、立字、归音是吐字归音的三个阶段,它们是不可分割的整体,任何一部分运用不恰当就会影响整个字音的清楚、圆润、响亮。如果形象地描绘一个字音的发音过程,那么其形状就像枣核一样。"枣核形"是民间说唱艺人对吐字过程的形象描述,字头、字腹、字尾的发音过程形成了一个两头尖、中间饱满的"枣核",字头和字尾占据了枣核的两端,中间的突出部分就是字腹。

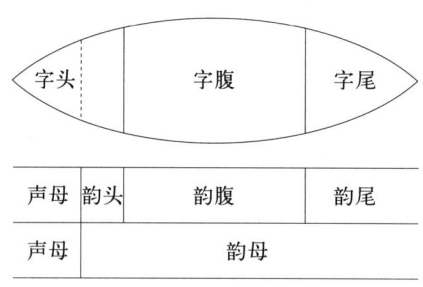

图 6-2 "枣核形"吐字过程示意图

在实际发音过程当中,"枣核形"的字头、字腹、字尾三部分是一个有机的整体,发音是在滑动状态中完成的,不具有明显的界限,这种吐字过程中的滑动感、整体感是非常重要的。吐字归音和其他发音技巧一样,都是为表达思想感情服务的,在形成语流的过程当中,应该服从声音的感情色彩,服从语流的舒展、流畅。在实际发音过程当中,不可能字字发音如同"枣核形",这样必然会违背语言交流的本质,一味追求技巧和方法,会削弱声音的感情色彩,破坏语言的节奏。发音必然会随着语流的速度、音节的舒密、感情色彩以及声音色彩的变化呈现出各种不同的变化。

第四节　吐字归音训练

一、口腔开合度训练

练习提示（口部操练习）：

练习 1：做口腔开合的咀嚼练习。

练习 2：张嘴像打哈欠，闭嘴如啃苹果。开口的动作要柔和，两嘴角向斜上方抬起，上下唇稍放松，舌头自然放平。做这个练习能够克服口腔开度的问题。

练习 3：克服下巴紧张的练习。下巴紧张会影响喉部肌肉的紧张程度，对发音不利。用手扶住放松而微收的下巴，使其固定。缓缓抬头以打开口腔，再缓缓低头以闭口，反复练习，体会放松下巴的感觉。

练习 4：松下巴，可以想象牙疼得不敢动，还可以想象下巴含满水，要控制好力度，不能将水洒出来。

练习材料：练习发开口度比较大的音

单音节

ā	á	ǎ	à
āi	ái	ǎi	ài
ān	án	ǎn	àn
āng	áng	ǎng	àng
bā	bá	bǎ	bà
pā	pá	pǎ	pà
mā	má	mǎ	mà
dā	dá	dǎ	dà
tā	tá	tǎ	tà
bāi	bái	bǎi	bài
pāi	pái	pǎi	pài
māi	mái	mǎi	mài
dāi	dái	dǎi	dài
tāi	tái	tǎi	tài

双音节

阿妈	哈达	发达	鞑靼	爸爸	发芽
荷花	家家	耍滑	海苔	开来	摆开
排排	买卖	抬头	乖乖	海外	掰开
号召	早操	苗条	小巧	冒号	老赵
排开	摆牌	买单	宝宝	叨唠	蒿草
泡好	寥寥	悄悄	下马	俩三	下嫁
安然	寒潭	传唤	万万	花园	海涵
怅惘	朗朗	常常	联合	航海	昂扬

四音节

来龙去脉	来日方长	狼狈不堪	浪子回头
牢不可破	老当益壮	老生常谈	雷厉风行
冷嘲热讽	两袖清风	量力而行	燎原烈火
龙腾虎跃	包罗万象	超群绝伦	刀山火海
道貌岸然	泛滥成灾	防患未然	放虎归山
光明磊落	广开言路	高风亮节	高瞻远瞩
豪情壮语	江河日下	娇生惯养	矫枉过正
慷慨激昂	冒名顶替	鸟语花香	庞然大物
抛砖引玉	乔装打扮	相反相成	响彻云霄

二、舌的运动与发音训练

练习提示（口部操练习）：

1.弹舌：舌尖上翘，以较快的速度来回弹上齿下缘。目的是活动舌头，增加舌的灵活性。

2.刮舌：开始时舌尖抵下齿背，上齿缘接触舌页；舌前部逐渐挺起，上齿缘沿舌的中纵线向后刮，口腔好像被舌撑开，直至不能再张大。这是练习舌的收拢上挺力的主要方法。

3.伸卷：用力将舌伸出口外，使舌前端呈尖形，向上卷回。

4.绕舌：闭唇，把舌尖伸到齿前唇后，按顺时针方向环绕360度，然后按逆时针方向环绕360度，交替进行。

5.舌左右立：舌在口内翻动90度，使左边缘向上立起，再翻

练习材料：

舌尖前阻

孜孜	字词	孳孳	私自	子嗣
丝丝	此次	自此	四次	吱吱
子孙	最早	早早	从此	匆匆
残次	粗糙	嘴子	在座	藏族
层次	思索	自私	次次	字字
曹操	摧残	草丛	措辞	色素

舌尖中阻

大胆	到底	地点	等待	懂得
抬头	团体	太太	谈天	淘汰
奶奶	能耐	南宁	内难	恼怒
力量	联络	历来	流露	劳力
大量	叨唠	能力	讨论	难题
头脑	独特	当天	推理	灵通

舌根阻

哥哥	灌溉	改革	规格	公共
宽阔	刻苦	开口	慷慨	困苦
合乎	后悔	缓和	欢呼	荷花

动180度,使右边缘向上立起。

6.舌打响:用舌尖顶住硬腭,用力持阻,突然弹开,发出类似"当"的声响;用舌尖顶住上齿龈,再突然弹开,发出类似"打"的声响。

公开　隔开　观看　航空　混合
回空　横空　刻画　抗洪　惠顾
韩国　规划　户口　海关　红股

舌面阻

经济　积极　接近　阶级　季节
亲切　情趣　确切　气球　请求
现象　相信　虚心　小学　消息
军情　加强　悄悄　想象　需求
寻求　下去　情绪　取向　抢险
前夕　小区　辖区　弃绝　胶靴

舌尖后阻

种种　真正　住宅　指正　之中
出产　长处　常常　出差　车床
事实　闪烁　叔叔　少数　上升
支持　指出　支撑　主持　争持
正常　商场　时辰　深圳　时时
设置　双重　声称　输出　处处

三、软腭状态与发音训练

练习提示(口部操练习):

半打哈欠。像半打哈欠的状态那样打开牙关,挺起上颚,软腭有挺起感,再缓缓闭拢。半打哈欠,就是说口不要大开,软腭不要过挺。

软腭升降。口轻松地半开,提软腭以闭塞鼻腔通道,打开时有轻微的爆破声。重复若干次,体会软腭与咽部的不同感觉,提高软腭升降的灵活性。

练习材料:

提起软腭发音与垂下软腭发音

a——ã——　　o——　　e——
i——　　　　u——　　ü——

单音节

啊(软腭闭合)——啊(鼻化)——啊(半开半闭)
花(软腭闭合)——花(鼻化)——花(半开半闭)
带(软腭闭合)——带(鼻化)——带(半开半闭)
爱(软腭闭合)——爱(鼻化)——爱(半开半闭)
黑(软腭闭合)——黑(鼻化)——黑(半开半闭)

软腭升降发元音。先提起软腭,发六个单元音;再垂下软腭,发六个鼻化单元音。体会发音时软腭的不同状态,辨别口音与鼻化音的不同色彩。

类(软腭闭合)——类(鼻化)——类(半开半闭)

美(软腭闭合)——美(鼻化)——美(半开半闭)

四、唇形的圆展与发音训练

练习提示(口部操练习):

1.撮唇:开小口,在提颧肌的前提下,唇沿齿向中间撮合,再展开,反复上述动作,这是唇的基本练习。

2.转唇:双唇紧闭并噘唇,嘴唇沿上左下右的方向转动,再反方向转动。

3.双唇打响:双唇紧闭,提颧肌,上唇向中间收缩,力量集中于上唇中部,喷气出声,发不带元音的 b 音,有清晰的爆破声。

4.音击点:面向墙壁,发 ba 音,想象墙上与口部平行处有一个目标点,每发一个音声波都打中目标,发音要集中、有力。

5.四呼的发音练习:综合性的唇形练习。依次发开、齐、合、撮四呼,声音要准确圆润,口型要自然美观。发四呼的唇形要求是:开口呼发音时嘴张得比较大,开口呼口裂不要过大;齐齿

练习材料:四呼的发音练习

开口呼(没有韵头,韵腹又不是 i、u、ü 的韵母)

爸爸	妈妈	发达	发蜡	喇叭	哈巴
哈达	大海	买卖	海苔	劳保	毫毛
恩人	成风	可乐	赫赫	苛刻	呵呵
可可	倒霉	发黑	每每	皑皑	蓝蓝

齐齿呼(指韵头或韵腹是 i 的韵母)

稀奇	喜气	袭击	拟议	礼仪	利益
离奇	迷离	记忆	以及	比翼	起立
笔记	细细	及其	离异	漆器	吸气
力气	利器	洗礼	起立	琵琶	迷糊

合口呼(指韵头或韵腹是 u 的韵母)

葫芦	幕府	土著	如数	富足	露珠
辅助	腐竹	路数	宿主	耍滑	翠微
焕然	贯穿	环路	灌区	熟谙	专项
暴露	步步	幕布	出入	叔叔	鲁莽

撮口呼(指韵头或韵腹是 ü 的韵母)

须臾	徐徐	絮絮	聚居	踽踽	区区
蛐蛐	屈曲	旅居	吕剧	渊源	芸芸
序曲	煦煦	远远	源泉	圆圈	轩辕
絮语	虚誉	续曲	滤去	绿裙	栩栩

呼口裂不要过扁,相对要圆一些;合口呼唇不要向前突出;撮口呼撮两唇角即可。整个动作口型要自然,唇紧贴齿外活动,幅度不大,音色清晰明朗,口型美观。

思考题

    1.播音发声对吐字的要求是什么?

    2.什么是口腔控制?为什么要加强口腔控制?

    3.什么是吐字归音?吐字归音的要领是什么?

    4.什么是艺术发音中的枣核形?

    5.如何"打开口腔"?

    6.咬字力量如何集中?

第七章 呼吸控制

呼吸运动是人的生命本能,是人的机体与外界进行气体交换的过程。从生理上来说,呼吸可分为内呼吸和外呼吸。内呼吸是指组织细胞和人体体液之间的气体交换过程,外呼吸是指血液与外界空气之间的气体交换过程。我们平时说的呼吸系统主要是指外呼吸,是靠胸廓的节律性扩大与缩小,以及由此引起的肺的被动扩张和回缩而实现的。健康的成年人的呼吸一般为每分钟14至18次,呼吸量为500毫升。呼吸是生理功能的本质,是生命代谢的需要:吸入氧气、呼出二氧化碳,不断呼吸是生命代谢的需要,是维持生命活力的必要条件。

人在不同的条件下,呼吸运动形式不同。比如安静时人体所需的气息量不多,呼吸时胸部、腹部没有大幅度的改变,胸廓和腹部随着人体的一呼一吸轻微起伏;但人在运动状态或者劳动状态中,呼吸频率会明显加快,呼吸量也会大大增加,这时胸腹的各种肌肉都会参与呼吸运动。

人的呼吸状态也会随着情绪的变化而有所变化。人在紧张、兴奋时的呼吸与人在沉闷抑郁状态下的呼吸状态截然不同。

目前,在各种专业中,呼吸科学都得到了广泛的运用,如健美操、爬山、游泳等各种运动都讲究呼吸控制。在这类活动中,如果只讲求外部动作技巧而忽视呼吸的控制会对人的机体造成不良影响,如运动中或运动后的不适、人体氧气亏缺大大妨碍动作的进程。

人体发声时的呼吸是呼吸的一种特殊运动状态。在我们歌唱、疾呼、说话时,呼吸运动为人发声提供动力,而且呼吸的方式直接影响到声音的质量。当身体劳累、呼吸肌肉疲劳时,说话声音会嘶哑;精力充沛、身体放松时,声音会洪亮润泽。播音用声时间长,用声量大并且对声音质量要求高,研究并运用科学的呼吸方式是良好播音发声的必要条件。

第一节 呼吸器官的生理结构及呼吸原理

一、呼吸器官的生理结构

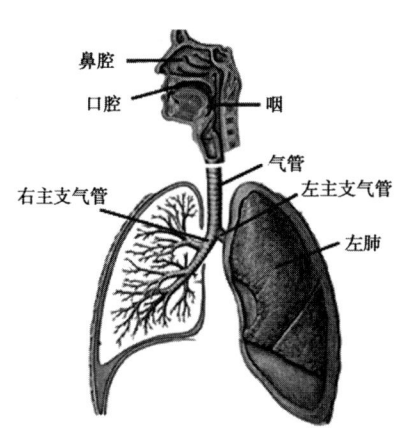

图 7-1 呼吸系统概观

1.肺脏和气管

肺是进行气体交换的器官,位于胸腔内左右两侧(左二右三,共五个肺叶)。肺组织由许多肺泡组成,表面被弹性浆膜组成的胸膜包裹,形似多泡海绵状的气囊。

当肺泡充满空气时肺的体积会增大许多倍。

肺的上端是气管,和口鼻腔相连。气管形如洗衣机排水管,是较粗的软骨管,上接喉头的环状软骨,下接支气管,与支气管相接处形成左右分叉。支气管形状、结构与气管基本一致,左右侧支气管在向上连接气管处产生分叉,左右侧支气管分别向下深入到左右肺叶的组织之中,深入肺组织的部分继续生出小叉,每个小叉与肺泡管相连,接通肺泡囊和肺泡。呼吸运动是由肺内的空气与人体外自然界空气相互流通引起的。

2.胸廓与胸腔

胸廓形如鸟笼状,前部中间是胸骨,后部是脊柱的胸椎段,脊柱由 24 块脊骨组成,颈部最小,腰部最大。连接每根胸椎顶部的是两根肋骨,每边一根,脊柱两侧周围包围 12 对弓状肋骨,弯至胸前。肋骨近似半圆,上面的 10 条肋骨在前方连在胸骨,形成约略的圆形,下面的两对不与胸骨相连,称作浮肋。第一对(上端)肋骨几乎是在同一水平上,形状较小。每对较低的肋骨,形状比前者较大,而且平卧的程度越来越小,也就是说肋骨向前倾斜。当身体直立时,第 7 至 10 根肋骨大约处于 45 度角,其形状也逐渐变小,整个结构形成一个蛋形的笼子。肋骨之间有两层肌肉,外层的叫肋间外肌,内层的叫肋间内肌。肋间外肌是从脊柱向下斜方伸展的纤维,外肌纤维收缩把肋骨朝上拉向脊柱,使胸廓向外扩张,从而增加胸腔体积,被称作吸气肌肉。肋间内肌是内部肌层的纤维,走向与外肌成直角,成相反的斜线,从脊柱向上和向外伸展,收缩把肋骨拉下,被称作呼气肌。由于肌肉插入肋骨的动力点离脊柱这个支力点较近,因此提肋动作将肋骨往上牵动的力量有限,其主要功能并不是把肋骨往上牵动,而在于使脊柱做轮转动作,或做向两旁倾侧的动作。

3. 横膈膜

横膈膜位于胸腔下方,肺的底部,由肌肉和腱组成,是一层富于弹性的肌肉,形同具有两个圆顶状的倒置的碗,向胸腔内凹陷。横膈的四周是附着在肋骨上的,它的边缘和肋骨缘相连,把胸腔和腹腔隔开,膈肌以上为胸腔,以下为腹腔。膈肌下方左为脾脏,中为胃,右为肝脏,下为小肠和大肠等腹脏器官,心在中上部。横膈的两个拱顶被脊柱分开,气容量增大,底部下沉,拱顶的下沉与肋骨的扩张是协调的。

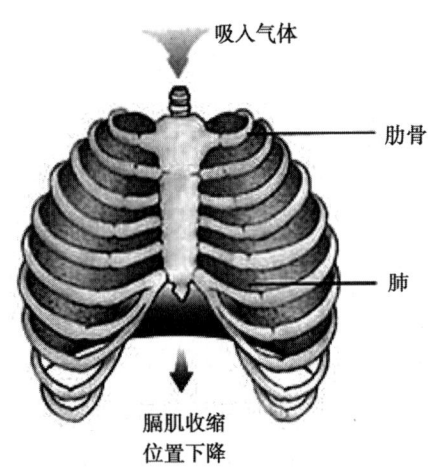

图 7-2 吸气时膈肌活动情况

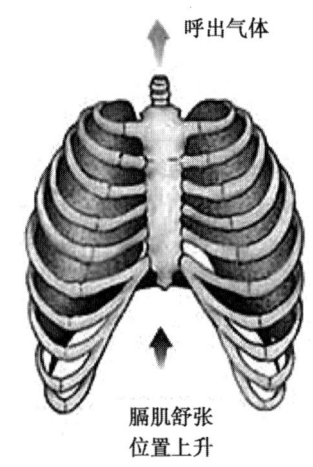

图 7-3 呼气时膈肌活动情况

胸廓横向的扩张和收缩,是肋骨间肌肉的收缩和舒张的结果。胸腔容积的变化还和膈的活动有关。胸腔的底部(也即腹腔的顶部)是膈,膈主要是肌肉组织。在吸气时,膈肌收缩,膈顶部下降,使胸廓的上下径增大。呼气时,正好相反,膈肌舒张,膈顶部回升,胸廓的上下径缩小。

4. 腹肌与腹壁

在自然呼吸中,吸气时腹壁扩张。横膈的行动必然涉及腹部。当横膈下沉时,它压向胃部和其他器官,于是腹壁扩张。胃中塞满食物会妨碍深呼吸。无论如何,横膈迫使腹部器官下沉时腹壁必须放松到足以允许这些器官略向前移。发声呼吸中,腹壁也不要太主动、紧张。如果腹部器官顶住横膈,真正的深呼吸几乎成为不可能。

二、呼吸原理

肺不能进行自主的呼吸,呼吸运动是依靠胸廓的扩大和缩小改变胸腔内的气压得以实现的。胸廓容积的改变是由肌肉的紧张和收缩带动骨头移动实现的。骨头由韧带系到一起,为肌肉所牵动。肌肉通过肌腱附着在骨头上。肌腱是一种类似韧带的强韧组织,可略拉长。肌肉放松时,它们是拉长的,收缩时变短。放松不工作时长而细,开始工作就呈现紧张拉扯的状态,肌肉变得短而粗。能拉动骨头使胸腔容积扩大的肌肉群被称为吸气肌肉群。吸气肌肉群主要有膈肌、肋间外肌、上后锯肌、横突肋骨肌、胸大肌。这些肌肉的收缩可使膈肌下降,使弓形的肋骨提高和扩展,胸腔的容积因而扩大,胸腔内的气压顿时会小于外面的大气压,口鼻没有阻塞障碍时,气流瞬间会被吸入肺部。相反,帮助胸腔缩小从而形成呼气的肌肉被称为呼气肌肉群。呼气肌肉群主要有肋间内肌、下后锯肌、腹横肌、腹直肌、腹内和腹外斜肌等。这些肌肉的收缩,都起下拉胸廓的作用,使胸腔缩小,胸腔内的气压会大于大气压,气流就被挤出口外。人体的呼吸运动由此得以实现。

第二节 播音对呼吸控制的要求

在人的嗓音发声活动中,呼吸是获取嗓音声响的动力基础,人体的呼吸气流对嗓音发声器官产生作用力,从而使声带振动发声,产生嗓音振动的原声,所谓"气乃音之帅"。播音员、主持人在节目用声的过程中,对呼吸控制的技巧对于用声质量的好坏至关重要,没有熟练掌握呼吸控制技巧的播音员在用声过程中难免会气力难支、气浮声单,长此以往还会影响嗓音的艺术寿命。

播音发声对呼吸控制有较高的要求。科学运用气息可解放喉部的过重负担,使声带和气息达到良性的、平衡的关系,从而达到保护声带、延长艺术寿命的目的。播音发声要求声音准确清晰、圆润动听、朴实大方、富于变化,为了满足这样的发音要求,气息必然要起到重要的作用。充足和有控制的气流量会让声带振动良好,有助于产生良好的共鸣,有助于吐字器官的活动,这样才能达到准确清晰与圆润动听的目的。正确的呼吸技巧有助于胸腔共鸣的产生,能产生朴实大方的音色。正确的呼吸控制还有利于气流长短、深浅、急徐的不断变化,能使发音音色不断变化,有利于表现不同感情色彩的内容。

一、呼吸控制时间较长

播音工作具有即时性、紧张性等特点,播音稿件有长有短,播音用声时间一般也比较长。长时间的工作会使人精神高度紧张,呼吸肌也容易疲劳,用声状态不好易导致声音质量降低,所以掌握呼吸技巧是播音员长时间工作的保证。

二、呼吸量较大,气息压力较为稳定

人们日常说话的语句比较零散、随意,对呼吸量的要求不大。因为人们平时说话以经济、省力为原则,不会使用超出自己生理能力的表达方式。在播音用声中所用的呼吸量比平时要大。播音作品的声音信号在电子传输的过程中可能被干扰,播音发音要求声音清晰有力,这也需要较大和较为稳健的气息量为发音提供强有力的动力。

播音作品虽然是口语作品,但大多以文字稿件为依据。这些文字稿件一般是编辑、记者在调查大量材料、事实以后总结而成的书面文字,文中句子信息含量一般较大,句子一般较长,需要播音员有较为充足的气息量才能适应。播音音色的富于变化是基于发音中呼吸状态的变化,也要求有较大的呼吸量作为基础。播音用声呼吸控制的基本要求简单地说,也就是呼吸时要吸得多、用得少,呼吸要稳劲、持久、控制自如。

三、快吸慢呼,及时补气

广播电视新闻语言一般较日常口语语句要长,结构也较为复杂,这就要求播音员播音时在句首做快速吸气动作,吸进足够的气息量备用,在用声中根据稿件提供的思想情感,使气流有控制地流出。在语句进行当中,也要根据自身的生理和稿件内容需要,抓住时机进行补气、换气,学会短时无声吸气等换气技巧,使自身的机体始终处于易于把握气息、用气游刃有余的状态。

四、呼吸状态不断运动变化

在播音发音过程中,由于稿件所提供的思想情感在不断变化,播音员的气息也只有处在不断运动变化之中,才能表现不断运动着的思想感情。这就要求播音员具有控制气息、能够在相当大的幅度内对气息做或大或细微的调整的能力。语调的抑扬顿挫、语速的快慢、音色的明暗等变化,都与气息的运动变化息息相关,气息单一的运动状态显然不适合广播电视丰富多彩的节目与稿件形式。

五、对呼吸自动化控制

播音中,呼吸控制是一种富于技术性的技巧,不是一个单纯的动作,而是由许多个别动作联合成为服从某一个发音任务的一种有整体性的复杂行为。无论学习什么技巧,在最初阶段,每个动作必须经过意识的直接控制,经过有意识的控制,动作才能正确,学习到一定阶段以后,一切就会自然脱离意识的直接控制而走上自动化。在播音中,对呼吸的自动化控制就是发声主体能根据自身表情达意的需要,对气息的运用收放自如,做到气随情变。

第三节 胸腹联合式呼吸方法

一、常见呼吸方式

常见的呼吸方式有胸式呼吸、腹式呼吸。

胸式呼吸:依靠肩和上胸部的起伏运动控制肺的呼吸。胸式呼吸吸气时耸肩抬头,上胸部抬起,上胸胸围增加,肺部体积扩大,气压减小,气流流入,肋骨下缘胸廓周围径基本不变,膈肌基本不参加运动。呼气时上胸下压,挤压肺部使肺部气压加大,气流流出体外冲击声带发声。因此,我们可以看到,胸式呼吸气息量不够大,不能形成充足、有力的气流冲击声带;而且运用胸式呼吸控制气息的能力较弱,它主要依靠胸廓周围大小的改变来控制气息运动,肋间肌的收缩与放松交替运动促成呼吸运动,排除膈肌在呼吸运动中的重要功能,排除吸气肌的对抗运动和抗衡作用,就无法建立起吸气肌和呼气肌在张力上的有效平衡。这种呼吸会造成上胸紧张,换气频繁,声音尖细无力、漂浮单薄、尖锐僵直,并不适合播音用声的需要。

腹式呼吸:依靠软肋扩张、小腹起伏、膈肌升降来完成呼吸。腹式呼吸吸气时腹部明显凸气,腹围明显增大,胸廓周围径基本不变。气流量较多,强度较强,但吸气过深,气息往往不流畅。气息流量有一定幅度的变化,但声音音色偏低,发音容易低沉、含混,声音缺乏灵活性。

二、胸腹联合式呼吸方法

胸腹联合式呼吸方式从字面意思看就是胸式呼吸加上腹式呼吸,但它又不是简单的胸式呼吸与腹式呼吸的联合,而是各种呼吸器官、胸腹的各种肌肉都参与到呼吸运动中来,并且彼此相互协作又相互对抗,形成较为精巧、科学的呼吸方式。与胸式呼吸和腹式呼吸相比,这种呼吸方式气息容量较大,在呼气的过程中,肌肉的协作与对抗形成了对呼出气流的有力控制。由于日常生活中大多数人的呼吸方式都不是胸腹联合式呼吸,因此这种呼吸方式作为一种呼吸技巧要经过较长时间和有意识的训练才能逐渐掌握并运用自如。

1.胸腹联合式呼吸方式在呼吸过程中的特点

(1)吸气过程

吸气肌肉群收缩,不仅扩大胸腔周围径,而且扩大胸腔的上下径,胸腔内气压迅速缩小,气流吸入肺的底部,并且能吸入较多的气息。这一过程的特点是胸腔上下径与周围径同时扩大,与胸式呼吸只扩大周围径和腹式呼吸只扩大上下径不同。气息吸到肺的底部还有助于控制气息。

(2)呼气过程

在自然呼吸中,呼气时呼气肌肉群收缩,拉下胸廓,膈肌上抬,胸廓缩小,气压增大,气流流出。但在胸腹联合式呼气过程中要保持吸气肌群的紧张度,从而形成一种对抗的力量,在对抗中呼气,形成对呼出气流的控制。在呼吸肌群中,主要的吸气肌是膈肌,主要的呼气肌是腹肌。吸气肌肉群与呼气肌肉群对抗的矛盾,主要集中在膈肌与腹肌的对抗上。呼气过程中腹肌收缩顶出气息,膈肌上升要恢复原位,但此时要保持两肋的张力和腹肌的收缩,拉住膈肌的上行趋势,使膈肌不至于很快恢复原位。膈肌是不随意肌,因此只能靠两肋的张力和腹肌的间接力量来形成控制。因此,在呼气的过程中,要保持两肋及横膈的张力与小腹收缩力形成均匀对抗,形成对呼出气流有力的支持力和稳健的控制力,这是胸腹联合式呼吸方式的呼气过程中的特点。

2.胸腹联合式呼吸方式的呼吸要领

(1)吸气要领

第一,两肋打开,吸气到肺底。两肩自然下垂,叹气,呼出余气,自然生活中呼气结束后才有吸气要求;口鼻同时进气将气吸至肺底,此时两肋向周围展开,有腰带渐紧的感觉。

第二,横膈下降,扩大气容量。横膈膜收缩下降再加之两肋的展开使胸腔得以扩大,有效地增加了气息的容量。注意气息量须比自然状态多,但不至于失去控制能力。

第三,腹壁站定,保持弱抗衡。在进气的同时,腹部肌肉同中心位置(丹田)收缩。腹部要保持住,与膈肌弱抗衡;不可过于主动、紧张,否则会影响胸腔上下径的扩大。

(2)呼气要领

首先,控制两肋、收缩丹田。在进气的同时,腹部肌肉同中心位置(丹田)收缩,呼气过程中小腹的自然收缩使两肋及膈肌不致迅速恢复原位。呼气过程中适度保持腹肌向丹田的收缩力量以牵制膈肌,两肋拉住上行气流,呼、拉到最后,达到稳劲、持久的呼气效果。

可见,丹田起着不容忽视的重要的支点作用,俗称"气根"。

其次,肌群对抗、上流下拉。呼吸是一对矛盾,呼气是矛盾的主要方面。声音发出在呼气中实现,呼气的控制能力尤为重要。但最主要的不在于训练呼气肌肉群,而在于训练吸气肌肉群。从吸气到呼气,吸气肌肉群时刻在用劲。人的呼气肌肉比吸气肌肉力量要强,因此,在呼气过程中还要注意吸气肌肉的巧妙用力。流而不拉,无从控制;拉而不流,声音僵直。吸气肌肉无力就拉不住上行气流,就无从谈控制气息;但吸气肌肉用力过大就不能顺利完成呼气发声活动。吸气肌肉群要"且战且退",既能顺利完成呼气发声动作,使声音流畅不僵,又能控制自如。

最后,发声挂钩、丹田保持。在呼气过程中还要注意与发声挂钩。呼气是为了发声,气流再足但与发声挂钩不好则无用。随着气流的缓缓呼出,膈肌与两肋在这种控制下逐渐恢复自然状态,小腹逐渐放松但最后仍不失去收住的感觉。在整个创作用声活动中,丹田应该始终不离开工作的状态,直到创作活动结束。

(3)总体感觉

胸腹联合式呼吸的总体感觉是:随着气流从口鼻被吸入肺的下部,两肋向两侧张开,腰部渐紧,小腹随之收缩。呼气要保持腹肌的收缩感,以牵制膈肌和两肋使其不能迅速回弹;随着气流的缓缓呼出,小腹逐渐放松但最后仍不失去收住的感觉,而膈肌与两肋在这种控制下逐渐恢复自然状态。在发声状态中,腹肌控制的强弱是随着思想感情的运动在不停地运动和变化。掌握胸腹式联合呼吸方法的关键在于抓住符合要领的实际感觉,并且需要在反复练习中加强和稳定这种感觉。

3.运用胸腹联合式呼吸方式的注意事项

(1)自动控制,自然流畅

呼吸是人与生俱来的能力,日常生活中的呼吸、说话用声都是下意识、自动化的,而日常的呼吸控制能力不能满足广播电视艺术语言发声的要求。广播电视的播音主持艺术从业人员,应该以生活中的呼吸为基础,通过有意识的呼吸控制训练,培养良好的呼吸习惯,并进一步掌握艺术发声的呼吸控制方法。训练和使用尽量不要脱节,训练的目的在于提高自己说话发声时的呼吸控制能力。只要基本状态对了,应该尽快结合实际发声训练,在发声综合训练中提高呼吸控制能力。

呼吸控制方法的改善是改变不良呼吸习惯、养成科学呼吸习惯和增强呼吸控制能力的过程,需要循序渐进、持之以恒、进行长时间的锻炼才可见效。只有坚持天天练习,直至将生活中的呼吸控制与话筒前用声时的呼吸控制统一起来,实现新的"自动化"调节呼吸控制时,才能真正提高呼吸控制能力。

(2)弹性变化,切忌僵化

人的呼吸控制总是处在运动状态中,特别是在说话时,思想感情在运动,语流中气息是运动、变化的。呼吸控制必须服从说话时思维、情感表达的需要,要灵活多变,切忌以僵化、机械的呼吸控制来让声音变化。因此,在掌握了呼吸控制的基本方法之后,必须学会说话时的换气、补气、偷气、就气等多种用气方法。

(3)强弱控制,使用得当

强控制是指"腹肌支持力加强,通过与膈肌对抗使胸腔内气息压力加大,从而产生较高、较强的声音"。弱控制是指"腹肌支持力减弱,胸腔内气息压力减少,从而产生较低、较弱的声音"。不管是强控制还是弱控制,都需要吸气肌的控制、对抗才能完成,而弱控制在实际运用中更为精细。

在呼吸控制的训练过程中,为便于体会胸腹肌肉的动作过程和训练对呼吸肌的有意控制,可以先从强控制入手,使肌肉产生较强动作。这种较强的动作可以增强呼吸肌肉的力度,但在具体每个个体训练的过程中要量力而行,胸腹联合呼吸要求呼气肌肉群与吸气肌肉群对抗产生气流,要求吸气肌肉群拉住上行气流,这样才能保证喉头的放松。而在吸气肌肉群没有能力拉住过多的气流时,喉头会产生较大负担。

广播电视艺术语言发声是说话用声,说话用声的呼吸控制一般以弱控制为主。因此,呼吸控制能力的训练有一个过程,即从"自然状态的下意识控制"到"有意识的弱控制",最后实现"下意识的以弱控制为主、强弱控制自如"的呼吸控制。

(4)互相配合,整体提高

呼吸控制是发声技巧的一个方面,与口腔控制、喉部控制、共鸣控制等不可分割,构成人体发声的综合状态。呼吸控制技巧是否纯熟会影响到吐字状态、口腔共鸣等诸多方面,而吐字松散、字头无力、阻气能力下降,将造成气息的浪费,影响呼吸控制的平衡。只有呼吸与吐字都有力,喉头才是稳定的,气息才是流畅的,声音才是自如和放松的。实际训练中呼吸控制不可与其他部分的训练分割,并且在训练中要注意声音效果的反馈,实际声音效果是检验气息运动状态并且和其他发声动作技能配合的最终标志。

(5)因情引气,气随情变

呼吸控制技巧纯熟阶段,不直接用意识调节呼吸,感情成为"半意识"控制呼吸的"机钮"。随着思想情感的发起和气息的运动变化,思想情感的变化成为气息变化的依据。用声音表达不同的思想情感是我们的最终目的,但并不是说我们只注意感情,而不管发音能力和技巧,我们必须先学会正确的发声呼吸方法,养成正确的呼吸和发音习惯。若不先打好基础,则往往会由于力不从心,养成许多不良的发音习惯。"表情"要以正确的呼吸方法和正确的发音能力为物质基础来发挥它的作用。

第四节 换气

换气是为了满足发声主体的生理需要和表达稿件思想感情的需要。换气在日常生活中不很显露,但在播音发声呼吸控制中的确是最重要的练习。播音发声中的呼吸控制练习可保证稿件中遇到较长语句时有充足稳定的气息量,但并不意味着追求在话筒前用一口气能说很长的话,而是随语句的自然语段不断补气和换气,来满足语句发声表达的需要以及生理气体交换的需要。人在不同的情绪下,发音时的气息状态不同,换气方式也不同。播音稿件中语句长短不一,思想情感、节奏快慢各不相同,选择适当的换气方法需要和稿件表达的内容及感情变化的不同需要紧密结合起来。播音发声中要根据稿件具体的思想感情,在呼吸控制的换气方式中采用适当的换气方式,才能使语言表达从容不迫、自然流畅。

换气一般可以分成两种情况。气息的补换是利用语音的停顿进行的。一般说来,语句中有语意停顿的地方都可以换气,但换气情况较为复杂,要根据具体情况而定。一种情况是,两句话之间有较大的停顿时间,可以正常、从容地唤气,以满足下一句话发声表达的需要以及生理上气体交换的需要。这时应注意在前句话的句尾应将末一个音节发音时的气息状态稍作保持,以利于播音员及听众思维和情感运动的延续;将进气放在下一句的句首进行,吸进气以后马上发声,不要憋一会儿再发声。另一种情况是,由于思维和表达的需要,为维持较长时间的发声需要但超出了生理能力,需要补充气息又没有补充气息的时间。这时的换气技巧我们通常叫"补气"或"偷气"。补气或偷气是表情达意的需要,是把生理需求放在第二位考虑的一种补充气息的重要手段。需要注意的是,无论哪一种换气方法都必须不露痕迹,做到字断气不断、意连气也连。

换气总的要求是:句首换气应无声到位,句子当中应小量补充,句子之间应从容换气,句子结尾应余气托送。

换气的情况比较复杂。有时两句话之间有较大的停顿时间,可以正常、从容地换气;有时又由于表达的需要,需要补充气息又没有补充气息的时间,从而需要快速、无声地补气;有时书面句子较长,需要稳定控制气息、不留换气杂音;但有时口语中特殊的情绪情感流露需要明抢气口,不顾及语句中的气息杂音。补充气息的技巧有很多种,需要根据稿件表达的内容及感情的变化来选择适当的换气方法。

换气的常用技巧主要有以下几种。

一、偷气

偷气以极隐蔽的方式,不为人察觉地迅速进气,是播音常用的补气方式。它的基本动作是:保持住发声结束时的气息控制状态不变,两肋向外一张,即完成偷气的过程,紧接后面的发声语气。偷气的进气量很小,吸入程度很浅,大约只吸到上胸部甚至嗓子眼儿。偷气要偷得巧,不要影响吐字,不破坏声音质量和句子意思的表达。

例如:

北京人民广播电台。//各位听众,/现在播送//北京市气象台/今天晚上六点钟/发布的//北京地区天气预报。

据了解,//从10月18日开始,//各代表团/对大会主席团通过的/十七届中央委员会委员、/候补委员/和中央纪律检查委员会委员/候选人预备人选名单/进行了认真考察。

从河北农村到辽宁矿井,/再到河南艾滋病村,//几年来/党的领导人春节时奔波的足迹,//表明"以人为本"/不是一个漂亮的政治口号,/而是一种惦记着普通人生存状态、/关注他们发展能力的政治使命。

刘敬民说,//按照国际奥委会的规定,/在整个筹办期间,/北京奥组委/将出三版预算,//每一次预算的修改/都要根据筹办任务的增减/和当时货币外汇价格的变化进行调整。

二、抢气

抢气是指在情感和内容表达有需要时,不顾及有没有杂音的短促强吸气——明抢气口。抢气一般用于情感比较强烈、情绪较为急促的语句。

例如：

我告诉你，//我是家败人亡，一天不如一天。//我受人家的气，/受你们的气。//现在好，/连想受人家的气也不成了，//我跟你们一块儿饿着肚子等死。//你们想想，/你们是哪一件事对得起我？

一个凶犯，一个恶棍——奴才，不及你先夫万分之一的奴才，//一个窃国盗位的扒手，从衣服架子上偷下了王冠装进了他自己的腰包……//一个耍无赖的——国王！

三、就气

就气是指让听众听觉上有停顿的感觉，但实际上并没有进气，而是运用体内的余气予以补给，"就"着这一口气说完这一句话，以保持语意连贯的效果。

例如：

我们有1400多万名教职员工，/62万多所各种类型的学校，遍布全国的城市和乡村。

这是我的星星，是我童年时代的充满热情和关切的星星！//我什么时候看见过她？在哪儿？

第五节　呼吸控制训练

一、呼吸肌的锻炼

1.腹肌的锻炼

（1）腹肌爆发力的锻炼

仰卧起坐：将双手放在头下，仰卧，抬起上半身或者仰卧举双腿至胸前。要求不停歇连续做30至50次。

团身起坐：第一步，直立，体会骨盆前倾的感觉。第二步，仰卧，把双手交叉于胸前，双脚收回，腰部弯曲至90度，骨盆前倾使腰底部平贴于地面。第三步，团身起坐，保持以上骨盆前倾姿势，5秒钟后，慢慢团身向上，直至肩胛骨离开地板，再稍稍抬高一些，此时呼气，不要完全坐起来。维持此姿势10秒钟，然后在5秒钟之内缓慢躺下，恢复预备姿势，同时吸气。注意在用力抬身时（腹肌用力收缩时）呼气，放松腹肌时吸气。每次做5遍,每天做3次。

侧团身起坐:第一、二步同团身起坐,第三步为了加强腹斜肌的力量,在抬身时可稍变动一下起坐的方法,即双肩不同时离地,而是左、右肩轮流抬起,让左肘与右膝接近或让右肘与左膝接近。抬肩时间与节律同团身起坐。

腹肌弹发练习:用腹肌爆发弹力将气集中成束送到口腔前部,口腔舌位可以用以下四个音来配合:哈(ha)、嘿(hei)、嚯(huo)、呵(he)。开始需一声一声地发音,注意腹肌弹发和舌根发h-a时的配合。舌根、下巴均需放松,软腭需上挺,咽壁也需收紧挺直。发出的声音应该有力度。配合有一定基础后可以连续发音。当发音能连续稳定在一定力度后,可以再改变音强、音高、力度强弱等。在发"哈"时,听起来似京剧小生的笑,在发"嘿"时似冷笑。

(2)腹肌各部分灵活配合力量的锻炼

肩肘倒立后,两腿在空中交替屈伸,似"蹬自行车"。

肩肘倒立之后,两腿伸直左右交叉摆动。

(3)腹肌与呼吸、发声主动配合感觉的锻炼

有的人腹肌力量不小,但是不会主动与呼吸、发声配合。特别是女性,由于生理的原因,腹肌参与呼吸的感觉通常不明显。可以做以下练习,体会腹肌与呼吸、发声的配合。

仰卧,小腹上放一本较有分量的厚书,体会腹肌随深呼吸的收缩、放松。在自然呼吸状态下,小腹在吸气时是上抬的、呼气时是下塌的,即吸气时腹肌松弛、呼气时腹肌收缩,这种呼吸配合被称为顺式呼吸。在有意识地采用"腹壁站定"状态、有控制地吸气时,小腹不是明显地上抬,但有一定的绷紧感,不是完全松弛,呼气时仍是渐渐下塌收缩,这种呼吸配合被称为逆式呼吸,练气功的人常采用逆式呼吸。无论采用顺式呼吸还是逆式呼吸,当吸气较满时,小腹始终会稍微上抬(即外凸),在吸气时过度地收腹会顶住膈肌,影响膈肌下降,从而影响吸气量。当做此练习、体会到腹肌与呼吸的关联之后,可以练习呼吸的基本状态,然后发声;发长声单元音,体会"送气发声"时腹肌与呼气的关系。当仰卧体会到呼气时腹肌是收缩的,吸气时腹肌有一定的紧张感时,则可以采用坐姿或者站姿来体会腹肌与吸气、呼气、发声的关联。

坐在硬凳前端,双腿伸直,腰腹放松,上身自左向右或自右向左旋转,上身后仰吸气时腹肌或放松或稍稍绷紧,上身前倾呼气时,腹肌有意识地收缩送气。这个练习的重点在于体会呼吸时腹肌的参与感。

2.膈肌的锻炼

这里提到的方法是在传统膈肌锻炼方法"狗喘气"的基础上改进后的练习。膈肌

弹发与"狗喘气"不同,一是变开口为闭口,这样可以减轻气流对喉部的摩擦;二是变无声为有声,在呼气的同时弹发"hei"音。膈肌弹发的具体练法如下:

第一步,深吸气后,发出一个扎实的"hei"音,要求喉部、下巴松弛,似没有一样不用力,舌根在发 h 时,有前送弹动感;而胸前剑突下有明显的向上弹动感。在弹发"hei"时,必须注意膈肌的弹动与发音要协调同步。开始气与声可能会超前——先出气后出声,也可能会落后——出声了但气尚未弹出,还可能气弹出却未用在发声上,气弹了而声音仍用嗓子喊出来……这在初练时是必然会发生的现象,不要着急,可以慢慢地一声一声地找感觉。这时需注意三点:一是控制膈肌正确地上弹,既不是上腹部向外努(这样气不是外弹,而是内吞),又不是上腹部向内挤(这是送气而非"弹气");二是喉头部位一定要松弛,气弹出才可能弹发出"hei"音,否则气与声会脱节形成嗓子挤出的声音;三是由于未经训练的人有意识地控制膈肌的能力较弱,在开始练膈肌弹发时,发出的"hei"音并不强,但弹发正确的"hei"音是音高稍低、圆润集中、松弛宽厚的声音。在开始练膈肌弹发时,首先要注意膈肌弹发与发音的配合要正确,不必贪多、贪快、贪连续发音,只有一声一声练得有力了,才能连续发音。

第二步,在膈肌单声弹发状态稳定的情况下,增加连续弹发"hei"音的次数,连发2个、3个、4个、5个……直至可连续发 7 至 8 个"hei"音。连续弹发时,要注意给气的力量应该均匀,发出的"hei"音的音量、音高、音色应始终一致。在连续弹发时,还应注意将膈肌的力量集中到弹发的瞬间,而在弹发间隔,膈肌要迅速放松还原到原位。不会放松,膈肌越弹越紧张,最终会因无气可弹而力竭。只有弹发后迅速放松才能使气不断进入、弹出,也有利于膈肌再次积聚力量弹发。

第三步,坚持第二步的连续弹发练习,数日后会有"自动"进气的感觉,可以无限制地连续发出稳定的"hei"音时,就可进行第三步练习了,即由慢到快、稳劲轻巧地连续弹发"hei"音。

第四步,在第三步的基础上,做改变音高、音量、音色、音长的膈肌弹发练习。类似于京剧老生的大笑状。

膈肌弹发喊操口令:一口气发"1、2、3、4",换气后接着喊"2、2、3、4",再换口气接着喊"3、2、3、4""4、2、3、4",如此延续下去。注意吸气时膈肌放松下降和喊号时有意识地进行弹发;同时,喊号的数字要饱满、圆润、干脆,并有一定力度。

二、呼吸控制基础训练

1.感受呼吸基本状态

练习项目：

体会生活中的自然呼吸状态。

练习提示：

坐姿,身体自然放松,满臀坐;腰直、胸含、肩松;完全自然呼吸,吐出体内余气,从容自然地吸气。注意体会吸气时上胸部、小腹、两肋后部、腰部的感觉。吸气时上胸部抬起,双肩上抬,两肋及后腰基本不动。由于只用胸腔上部,即抬肩来进行呼吸,吸气不深,因而气息的容量小,这是常见的胸式呼吸。吸气时小腹自然外凸,两肋没有运动。由于吸气时膈肌竭力下降,所以腹部膨胀,胸腔肋骨没有运动,气息容量不大。这是常见的腹式呼吸。

练习项目：

考察在胸式呼吸和腹式呼吸状态下的发声状况。

练习提示：

胸式呼吸吸气太浅,气息自上胸呼出,缺乏对气息的控制。喉头、颈肌、下颚、舌根容易紧张,声音尖细、单薄无力,音域窄紧、生硬、少变化。

腹式呼吸没有胸腔肋间肌肉控制呼吸的能力,吸气过深,使气息不能积极地对声带形成应有的压力,发出的声音空洞、无力,缺乏圆润、明朗的色彩,发高音时,尤其困难。

练习项目：

学会深吸气，体会"吸气到肺底"的感觉。

练习提示：

两肋打开是重要标志。叹一口气将体内的余气全部吐出，以闻花香、抬重物、半打哈欠等吸气感觉从容吸气。在意念上让气流沿后背脊柱而下，吸入肺底部，后腰部渐渐有涨满感，注意力放在两肋后部左右打开、支撑的感觉上。

深吸气是呼吸完整动作的第一步，学会深吸气，把气息吸到肺的底部，这一步尤为重要。胸腹联合式呼吸方式中，吸气时口鼻同时进气，吸气肌肉群收缩，膈肌下降，两肋下侧向两边张开，气息吸到肺的底部，此时胸腹腔气息较为充沛，会有腰部渐紧的感觉。

练习项目：

吸气时注意腹壁站定。

练习提示：

完全放松，自然地呼吸，腹壁是逐渐凸起并逐渐恢复原位的。保持腹肌的站定状态再吸气，两肋向两侧扩张，小腹收紧。吸气是为了呼气发声，而不是单纯地为吸气而吸气，在吸气时就要做好呼气时抗衡力量的准备。

练习项目：

有控制地呼气。

练习提示：

从容吸气，两肋打开，小腹站定，吸气到六七成满即可，控制一两秒钟，将气息缓缓呼出，不可大撒气。呼气要均匀、有控制。此时应保持两肋的支撑感与小腹的控制感。

吸气到肺底后，两肋打开，横膈下降，吸气的同时腹壁站定。呼气时腹肌收缩，将气息缓缓顶出，但呼气过程中要保持两肋的支撑感，两肋张开，控制横膈不至于很快放松，回到原位，从而拉住上行气流,以让小腹和两肋抗衡,共同控制气息。练习中应反复体会有控制地呼气时两肋和小腹的动作感。

2.呼吸控制能力的训练

练习项目:

慢吸慢呼

可以模仿吹去桌上的浮土的动作,先吸气,然后对准目标逐渐吹气,力求吹气时间长而均匀。

练习提示:

此练习可以延长呼吸的控制时间。呼气时,将气缓缓"吹"出,要求气流匀速、缓慢、量小而集中。可锻炼吸气肌拉住气息的能力。

练习项目:

慢吸快呼

保持慢吸的正确状态吸气之后,用一口气尽量说又多又快的话。

练习提示:

用简单重复的绕口令来练习,比如"吃葡萄不吐葡萄皮儿""班干部不管班干部""红凤凰、黄凤凰、粉红凤凰花凤凰"等。

练习项目:

快吸慢呼

在前面练习的基础上,逐渐过渡到快吸慢呼的练习,即缩短吸气时间,拖长呼气时间,像准备喊突然发现的远方走来的友人似的急喘气,两肋一下子扩起,然后缓慢平稳地呼喊。

练习提示:

选择由发音响亮的音节组成的人名,假设熟人在远处,忽然发现了他(她),要喊他(她),迅速抢一口气,然后拖长腔喊他(她)。如阿毛、阿花、小兰……

绕口令:一树枣儿

出东门,过大桥,大桥底下一树枣儿。

拿着竿子去打枣儿,青的多,红的少;一个枣儿、两个枣儿、三个枣儿、四个枣儿、五个枣儿、六个枣儿、七个枣儿、八个枣儿、九个枣儿、十个枣儿、九个枣儿、八个枣儿、七个枣儿、六个枣儿、五个枣儿、四个枣儿、三个枣儿、两个枣儿、一个枣儿,这是一个绕口令,一口气说完才算好。

练习项目：

快吸快呼

可选练快板、戏曲、曲艺说白的贯口段子，例如：

满天星

天上看，满天星，地下看，一个坑，坑里看，

冻着冰，冰上看，长着葱，葱上看，落着鹰，

屋里看，点着灯，墙上看，钉着钉，钉上看，

挂着弓，山前看，一位僧，山后看，一本经。

看着看着花了眼，西北乾天刮大风，

刮散了，满天星，刮平了，地下坑，

刮化了，坑里冰，刮倒了，冰上葱，

刮飞了，葱上鹰，刮灭了，屋里灯，

刮掉了，墙上钉，刮翻了，钉上弓，

刮走了，山前僧，刮乱了，僧前经。

只刮得：星散、坑平、冰化、葱倒、鹰飞、灯灭、钉掉、弓翻、僧走、经乱。

练习提示：

要求呼吸控制急而不促、快而不乱、长而不喘。快吸，就是保持慢吸时两肋打开、腹壁站定的基本状态，只是将慢慢吸气改为在不经意间一刹那吸气，就像突然发现了某件事情后，惊讶得瞬间吸气。

由一般速度的练习开始，逐渐加快速度。气息、吐字要配合好，气息通畅不紧，吐字清晰利落，感情有起伏变化。

练习项目

a-音延长音的练习

保持音量适中,发单音 a- 的延长音,要气流均匀、声音稳定,小腹从开始到最后都不放松控制。

练习提示:

下巴放松,气流集中,声挂前腭,发 a-音的延长音。刚开始练习发这个音时,可能会由于呼吸肌肉群力量较弱,不能很好地控制气流,容易气流不稳、声音发散,延长音也不会持续太长,经过训练后会逐渐稳定,有较为集中、持续的气流支持,注意发音到最后都不放松控制。

练习项目:数数儿

吸一口气数数儿或者数葫芦,中途不换气、不补气,并保证数字间匀速、语音规整、音高一致、力度一致、声音圆润集中。

练习提示:

出声则出气,不出声不漏气;开头的数字气不冲声不紧,末尾的数字气不憋声不噎;气歇则声停。注意在开始练习时,声带喉头保持正常发声的通畅感,不要扼喉,并且不要单纯追求所数数字的多少,重点应在锻炼呼吸发声的控制力上。数葫芦的呼吸控制及用声要求和上一个练习基本相同。一般达到一口气能数 15 至 20 个葫芦即可。数葫芦的难度较大,但是练好了更容易结合话筒前用声用气的实际控制状态。

练习项目:

练唱舒缓、抒情的歌曲,锻炼随旋律、乐句延长呼气发声的能力。

练习提示:

这个练习是为了训练呼吸控制能力,歌唱时用本声、中低音、接近通俗唱法进行练习。比如《草原之夜》《赞歌》《走上这高高的兴安岭》《美丽的草原我的家》等。

三、气息的调节练习

1. 结合声调调节气息

汉语是有声调的语言,随着音节声调的变化,气息运动状态会有较大变化,体现在气息的流量、力度、方向、支点等各个方面。结合夸张四声练习,对阴平、阳平、上声、去声的单音节、双音节、四音节词语作较为夸张的练习,分别体会不同声调下呼吸控制的特点。

练习提示:

同声韵四声夸张训练,可以帮助学生随音高变化调整气流量、气流力度、呼吸支点上下通畅移动等呼吸控制运动。

练习材料:

巴	拔	把	爸	搭	答	打	大	非	肥	匪 费
些	鞋	写	泄	出	除	楚	处	汪	王	枉 忘
坡	婆	叵	破	因	南	报	难	猫	毛	卯 冒
拎	林	凛	吝	跟	哏	艮	茛	多	夺	朵 剁
科	咳	可	克	圈	全	犬	劝	家	颊	甲 价
妞	牛	扭	拗	七	其	起	气	先	闲	显 现
株	竹	煮	住	充	虫	宠	冲	枪	强	抢 呛
声	绳	省	剩	星	行	醒	性	嚷	瓤	壤 让

练习提示:

用比日常说话稍微夸张的音域发一组夸张四声四音节词语,做到音程长、声调全、气息有较大幅度的运动变化。四个声调调值要有相对高度变化。小幅度夸张时呼吸控制要有细微的变化,要有意识地使呼吸控制有所变化,这种变化又体现在腹肌的吃力程度上。用高低音的极限音域发夸张的四声声调音节。音高逐渐降低或升高发夸张四声的四音节词语,一直降或

练习一:顺序组合——阴、阳、上、去

兵强马壮	阶级友爱	山穷水尽	山明水秀
山盟海誓	千锤百炼	飞檐走壁	风调雨顺
心怀叵测	心直口快	心明眼亮	瓜田李下
发凡起例	光明磊落	妖魔鬼怪	优柔寡断
安常处顺	阴谋诡计	花团锦簇	鸡鸣狗盗
鸡鸣犬吠	妻离子散	呼朋引类	金迷纸醉
积年累月			

练习二:逆序组合——去、上、阳、阴

逆水行舟	妙手回春	热火朝天	兔死狐悲
驷马难追	信以为真	背井离乡	遍体鳞伤
步履维艰	万古流芳	倒果为因	地广人稀
调虎离山	奋起直追	叫苦连天	救死扶伤

升到自己音域的极限。

具体而微　刻骨铭心　量体裁衣　镂骨铭心
墨守成规　木已成舟　暮鼓晨钟　弄假成真
弄巧成拙

2.结合古诗词调节气息

练习提示：

用较慢的语速来播读古体诗，体会呼吸的控制要求，体会在较慢的语速中，小腹拉住上行气流、两肋控制气息的平稳感。

注意在较慢的语速中声调的发音，特别是韵尾声调发音要到位，注意声调发音过程中气息控制的变化。

在读出规范性的同时，注意读出古体格律诗的意境，结合诗歌的情景、情绪，以情带声，做到情景再现、积极交流、语流自然，达到朗诵中规范性与自然流畅、变化性的统一。

练习材料：

春夜喜雨
杜甫

好雨知时节，当春乃发生。
随风潜入夜，润物细无声。
野径云俱黑，江船火独明。
晓看红湿处，花重锦官城。

枫桥夜泊
张继

月落乌啼霜满天，江枫渔火对愁眠。
姑苏城外寒山寺，夜半钟声到客船。

望天门山
李白

天门中断楚江开，碧水东流至此回。
两岸青山相对出，孤帆一片日边来。

闻官军收河南河北
杜甫

剑外忽传收蓟北，初闻涕泪满衣裳。
却看妻子愁何在，漫卷诗书喜欲狂。
白日放歌须纵酒，青春作伴好还乡。
即从巴峡穿巫峡，便下襄阳向洛阳。

钱塘湖春行
白居易

孤山寺北贾亭西，水面初平云脚低。
几处早莺争暖树，谁家新燕啄春泥。
乱花渐欲迷人眼，浅草才能没马蹄。
最爱湖东行不足，绿杨阴里白沙堤。

3.结合新闻稿件调节气息

练习提示：

新闻是对新近发生事实的报道，播音者作为国家、媒体的代言人和新闻发布者，要求新闻用声语音规范清晰、字正腔圆，音色质朴大方，语势稳健、节奏明快，声音运用自然、朴实，在自如中声区的基础上有较为稳健的胸腔共鸣支撑，气息控制通畅、呼吸稳健有力。

新闻的书面语的写作手法很多，新闻句子较口语也更长，这要求播报者能够呼出更长的气流，并对气流进行持续稳健的控制，使语句自然流畅并且语势长扬，避免由于呼吸肌疲劳导致的句尾下滑。同时注意换气、偷气、就气等换气技巧的运用。

运用新闻稿件练习呼吸控制不失为一种有效的练习方法，但是要明确，练习呼吸控制技巧是为了更好地服务于语言表达，因此要内在带动外在，以情带声、气随情变是练习的最终目的。

练习材料：

央视网消息：当地时间7日，国家主席习近平在美国佛罗里达州海湖庄园同美国总统特朗普举行中美元首第二场正式会晤。两国元首就中美双边重要领域务实合作和共同关心的国际及地区问题深入交换意见。双方认为，这次两国元首会晤是积极和富有成果的。双方同意共同努力，扩大互利合作领域，并在相互尊重的基础上管控分歧。

习近平指出，中美元首这次海湖庄园会晤对中美关系发展具有特殊重要意义。我同总统先生进行了长时间深入沟通，加深了彼此了解，增进了相互信任，达成了许多重要共识，建立起良好工作关系。双方要不断巩固已建立起来的关系，深化友好合作，推动中美关系向前发展，更好地造福两国和两国人民，为促进世界和平、稳定、繁荣尽到我们的历史责任。

习近平强调，中美已经互为第一大贸易伙伴国，两国人民都从中受益良多。中国正在推进供给侧结构性改革，不断扩大内需，服务业占国民经济比重不断提高。中国经济将保持良好发展势头，中美加强经贸合作前景广阔。

新华社北京12月14日电：在中国经济转型升级的重要关口，阵痛和风险如影随形。"防范化解重大风险"被列为打好决胜全面小康三大攻坚战的首位。

走过2017年，中国经济在守住风险底线中平稳运行。展望2018年，风险挑战依旧存在，确保中国经济巨轮从容前行，必须坚持底线思维，筑牢风险防控网。

杠杆率过高,是中国经济面临的突出风险之一。今年7月召开的全国金融工作会议提出,要把国有企业降杠杆作为重中之重。实施负债规模管控、推进市场化债转股、压降过度授信多措并举之下,9月末中央企业平均资产负债率比年初下降0.2个百分点。近日召开的中央政治局会议提出,防范化解重大风险使宏观杠杆率得到有效控制,金融服务实体经济能力增强,防范风险工作取得积极成效。中国防范风险的举措得到国际社会肯定。

4.利用强控制与弱控制训练调节气息

调节腹肌的发力状态,是实现控制气流变化、影响声音色彩变化的重要手段。能灵活地调节腹肌,便会有活力地控制气息,形成强弱之间的多层次变化。

强控制:腹肌的支持力较强,通过与膈肌的对抗使胸腔内的气息压力加大,发出较高、较强的声音,这种呼吸控制方式,我们称之为强控制。强控制善于表现较为大气磅礴、雄浑粗犷、激烈悲壮、张扬外放的较为强烈的思想感情,与用声环境也有一定关系。强控制练习要求气要吸得深并保持一定量,胸廓弹性较大,上胸松弛,腹肌控制力度较强,呼气压力较大,喉头承受压力较大但要保持松弛,气息运动状态通畅、灵活,声音富有弹性,变化较大。

练习提示:

李白的名篇《将进酒》表现人生如黄河之水奔流入海一去不复返。全诗气象不凡、大起大落、气势奔放、语言豪迈,表现出放纵不羁的性格与文风。朗诵时注意情感的张力与声音的力度,在狂放基调下不乏沉着。朗诵时注意声音和气息的较强控制与较大幅度的变化。

练习材料:

将进酒

李白

君不见,黄河之水天上来,奔流到海不复回。
君不见,高堂明镜悲白发,朝如青丝暮成雪。
人生得意须尽欢,莫使金樽空对月。
天生我材必有用,千金散尽还复来。
烹羊宰牛且为乐,会须一饮三百杯。
岑夫子,丹丘生,将进酒,杯莫停。
与君歌一曲,请君为我倾耳听。

钟鼓馔玉不足贵,但愿长醉不复醒。
古来圣贤皆寂寞,惟有饮者留其名。
陈王昔时宴平乐,斗酒十千恣欢谑。
主人何为言少钱,径须沽取对君酌。
五花马,千金裘,呼儿将出换美酒,
与尔同销万古愁。

练习提示:

这是纪录片里的一段演讲。演讲一般是在公共场合之下进行的,在大庭广众之下传达观点、感染受众。练习时要考虑到对象与场合,注意腹肌用较大的力度支持。演讲中语言要清晰,声音要集中有力,这样才能把观点、态度传达出来并感染别人。

练习材料:

自由是美国的精髓,我们指的是言论自由、集会自由、远离恐惧的自由、宗教自由。马丁·路德·金说美国本质上是一个梦,那就是自由、平等之梦。自由是获得平等的前提,没有自由,美国就不是美国。在我们的每个历史转折点上做出的决定都是出于自由的考虑。自由使这个国家变得伟大,自由允许我们面对我们所面临的每个挑战。如果自由被剥夺,我们会变成什么样,我们会失去什么?不幸的是,我再也不用去想象了,这种事正在发生,我们正在失去自由,在我们最重要的社会领域,那就是科学。我一直认为科学家可以自由地提出任何问题,可以提出任何疑问而不用害怕受到报复,但是最近我发现事实并非这么简单。

弱控制:腹肌支持的力量较弱,使胸腔内的气息压力减少,发出较低、较弱的声音,这种呼吸控制方式,我们称之为弱控制。话筒前自然的口语交流状态应该是弱控制的呼吸状态,表现较为温柔细腻、含蓄内敛的思想感情一般用弱控制呼吸状态。强控制训练为弱控制技巧打下坚实基础,弱控制是具有一定难度的、精细的控制,与纯自然的声音有着本质的区别。

练习提示：

泰戈尔的《告别》以丰富的联想和想象表现出孩子天真烂漫的童真世界，表现美丽和谐的母子之爱，让我们似乎感受到了一幅幅生动的画面，这画面充满祥和、诗意和温情。练习时用声要温柔细腻，需要声音的精细控制。

练习材料：

告别

泰戈尔

是我走的时候了，妈妈；我走了。当清寂的黎明，你在暗中伸出双臂，要抱你睡在床上的孩子时，我要说道："孩子不在那里呀！"——妈妈，我走了。

我要变成一股清风抚摸着你；我要变成水中的涟漪，当你沐浴时，把你吻了又吻。大风之夜，当雨点在树叶上淅沥时，你在床上会听见我的微语；当电光从开着的窗口闪进你的屋里时，我的笑声也偕了他一同闪进了。如果你醒着躺在床上，想你的孩子直到深夜，我便要从星空向你唱道："睡呀！妈妈，睡呀。"

我要坐在各处游荡的月光上，偷偷地来到你的床上，乘你睡着时，躺在你的胸上。我要变成一个梦儿，从你眼皮的微缝中钻到你的睡眠的深处。当你醒来吃惊地四望时，我便如闪耀的萤火似的，熠熠地向暗中飞去了。

练习提示：

这篇小散文运思缜密，自备一种清新婉丽的韵味，给人美好的情绪感染，透露出对大自然的热爱和作者内心的喜悦。此文文字清新、描写细腻，朗读时声音运用应清柔优美、虚实相间、吐字轻巧、刻画细腻。

练习材料：

知春（电视散文）

在溪边，偶然地发现几粒细碎的小白花，那便是春之信号罢。流水依然无声地冷，悄然流去，不理不睬岸边的一切，怪道人说"流水无情"哩。冬天里的风，却有了这细细碎碎微不足道的春天的花。"城中桃李愁风雨，春在溪头荠菜花"，那词人在久远的宋朝，就已曾看见溪边这白花了。百千年过去，荠菜花仍是野地里的报春信使，但城中桃李倒是欢乐起来，似乎不再有风雨中的忧愁。

春之端倪，竟绽在这小小的荠菜花上？你或许怀疑，或许认定古人那诗词多少有些牵强附会。但你认真想一下，当那小白花绽开之后，随之而来的不就是漾漾无边草色？人们以一叶知秋，当然也会以一花知春了的。荠菜花和春天是有着某种潜在的机缘，还是并不相干的偶然巧合？

思考题

1. 简述胸腹联合式呼吸方法的呼吸原理。
2. 胸腹联合式呼吸方法吸气和呼气的要领是什么？
3. 播音发声呼吸控制中换气要领有哪些？

第八章　喉部控制

人体中,介于咽和气管之间的部分称为喉,俗称的"喉咙"包括口咽、下咽与喉部,本章专门讨论喉部。喉部具有呼吸功能,是呼吸的通道,正常情况下声门是空气出入肺部的必经之路。喉部还具有发音功能,喉是发音器官,发音时声带向中线移动,声门闭合,肺内呼出的气流冲击声带产生声波,再经咽、口、鼻等腔共鸣作用成悦耳之声。肺部呼出的气流由喉部通过时,使其中的声带发生振动,形成供共鸣器官调节音量、音色,供咬字器官加工语音的原始材料——喉原音。

喉的具体形态和健康状况、播音人员在发声过程中对它的支配能力和支配技巧,不仅决定音色特征和声音质量,影响语言表达效果,而且也影响着这一重要发音器官自身的艺术寿命。播音员、节目主持人仅仅依凭良好的先天条件和自然能力,是远远不能满足播音工作需要的。因此,作为一名专业人员,还必须在了解喉的功能的基础上,运用系统科学的练声方法休整、调整自己的嗓音,将这部分器官的潜在能力尽可能地发掘出来。

第一节　喉部的构造

喉部是靠一些肌肉韧带组成的一个可动的结构,喉由软骨作支架,关节和韧带连在一起,喉部肌肉负责运动,上接咽部,下连气管,上部略成三角形,下部略成圆形,前面比较突出的部分是喉结,它位于颈的中前部。

一、喉软骨

喉部的支撑架构由十一块软骨组成,其中最主要的是甲状软骨、环状软骨、杓状软骨、会厌软骨。软骨之间由各种膜及韧带相连接,再加上复杂的肌肉与黏膜,构成了复杂、精细且能够活动的喉部结构。

1. 环状软骨

环状软骨是喉的基础软骨,在喉器的最下面,上接甲状软骨,下接气管,形状像一枚带印章的戒指,前部低窄,后部高阔,成为喉的底座,为喉软骨中唯一呈环形的软骨,对于支撑呼吸道、保持呼吸道畅通有极为重要的作用,环状软骨下缘借韧带与气管软骨环相连。

2. 甲状软骨

甲状软骨因为形状如盾甲而得名,是喉软骨中最大的一块,位于环状软骨的上前方,构成喉的"前壁"。甲状软骨的两个软骨板在中线相连,男性的交角为 51 度至 90 度,女性的则呈 80 度至 120 度相交,由正前方观之,是喉部最突出的部分。声带就位于此软骨之内。

3. 杓状软骨

左右各一块,呈不规则的三面锥形体,底部朝下与环状软骨板上缘的关节面构成环杓关节。底部向前伸出的突起有声韧带附着,称为声带突,使软骨能开能拢、能转能移,对声门的开闭起关键作用。

4. 会厌软骨

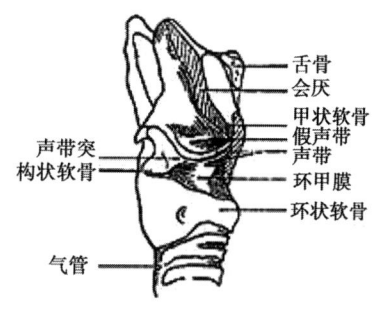
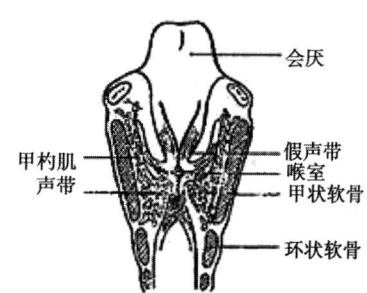

图 8-1 喉部软骨示意图

会厌软骨在气管开口的上方,舌根的后下方,能够做上抬和后倾活动,它的形状像一片树叶,通过韧带附着于甲状软骨,也很像一个盖子,上宽下窄,负责吞咽时遮蔽喉口,不使食物进入气管,呼吸及发声时则打开。在人们做呼吸动作时,会厌软骨就会向上抬起,让空气自由地出入气管,保持呼吸道的畅通。

二、喉腔与声带

喉腔是喉的软骨支架内部的空腔。喉腔上起喉入口,下达环状软骨下缘并接气管。被室带与声带分隔为三区:声门上区、声门区、声门下区。

1. 声门上区

声门上区位于室带(假声带)之上,其上口通喉咽部,呈三角形,被称为喉入口。

2. 声门区

声门区位于室带与声带之间,包括三部分:室带、声带和喉室。室带,又称假声带,左右各一,位于声带上方并与声带平行,由室韧带、肌纤维及黏膜组成。声带,位于室带下方,左右各一,由声韧带、声肌及黏膜组成。两声带间的空隙称为声门裂,简称声门。声带张开时呈等腰三角形形状,是喉腔中最狭窄的部分。喉室,是开口于声带与室带之间的椭圆形空隙。

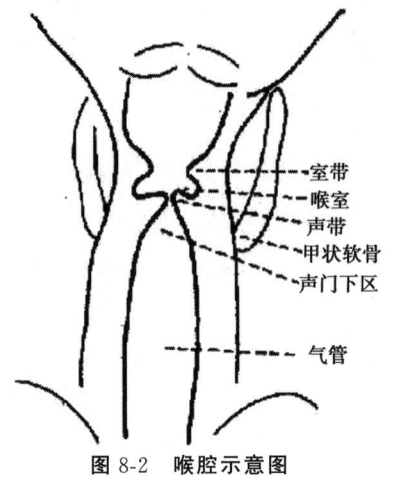

图 8-2 喉腔示意图

声带与发声关系最密切,其结构复杂,它分为上皮层、黏膜下固有层、肌肉层。上皮层与黏膜下表浅层称为覆膜,中间及深层黏膜下层称为转变层,肌肉层称为主体,这精妙的构造使得气流通过声门时,声带的黏膜得以产生如海浪般的波动,称为喉脉冲波。

3. 声门下区

声门下区指声带下缘至环状软骨缘以上的喉腔,上部较扁窄,向下逐渐扩大为圆锥形。

三、喉的发育

喉的发育在1至3岁比较明显,3岁以后到青春期前比较迟缓,男女之间也没有明显的区别,所以男女童声都比较接近。在青春期,男女都要经历一个变声期。变声期出现时间的早晚受多种因素的影响。一般来说,男孩的变声期在13至15岁之间,女孩的变声期在12至14岁之间。通常男生的变声期的时间较女生长,少则几个月,多则需近1年的时间,而女生大约6至10个月即可完成变声。这时呼吸系统发生了非常大的变化,喉迅速发育,喉腔迅速增大,喉结前突,声带增长,声带宽度和厚度加大。女生的声带从幼童时的6毫米至8毫米逐渐增长到15毫米至18毫米。男孩增长得较多,可增长到20毫米至24毫米。声带在厚薄宽窄上的变化也比较明显。变化后的声带振动幅度比原来增大,频率相应降低,这些变化导致了男女青少年的声音出现显著改变,稚嫩的童声逐渐消失了。男孩的发音频率低,声调变得粗且低沉;女孩的发音频率高,声调变得高且尖细。有些男孩的变声非常强烈,以致声音一度变得嘶哑。一旦出现这种情况,不必过于焦虑,这是暂时现象,当喉部发育完善后,声音一般就会恢复正常。人在年老以后,声音质量会突然出现变坏的情况,因为机体的衰老是不可避免的。但是值得指出的是,很多基本功扎实、德艺双馨的老艺术家的声音风采仍不减当年,这也说明了科学用声、基本功训练的重要性。

第二节　喉的制声原理

一、声音的产生

喉的制声过程,会使呼出气流的气体动力的能量被转换成音响的能量。如果把人的发声比作一件乐器,那么喉就是乐器中起振动作用的部分。人在平静状态下单纯呼吸而不发出声音时,喉部肌肉放松,声门也放松,并由前至后呈等腰三角形打开,气流由此顺利通过,不产生摩擦和阻碍,也不发出声音。

当人想要发出声音时,大脑发出的指令通过神经脉冲传给喉部和器官。喉部肌肉开始向内收缩。在喉肌的作用下,声带由半内收状态移至中线处并靠拢、拉紧,当两侧的声带达到必要的紧张度时声门缩小或完全关闭。与此同时,储存在肺里的空气在呼气肌肉群的作用下受到挤压,开始向外输送,沿气管上升的气流在声门形成压力,当这个压力大于声门的闭合力时,气息将声带冲开。在声带被冲开的瞬间声门压力迅速下降,同时由于声带自身的弹力与喉肌的作用,声门又恢复到原先的闭合状态,声门的气息压力又再一次升高。就这样,在气息由下向上的定向输送过程中,声门产生了一开一闭、周而复始、连续高速的运动,空气产生了一疏一密的变化,声波由此产生。由声带振动形成的声音叫作"喉原音",它包含大量泛音,但未经声道作用之前,音量极小。当这个"喉原音"经过声道的各种共鸣

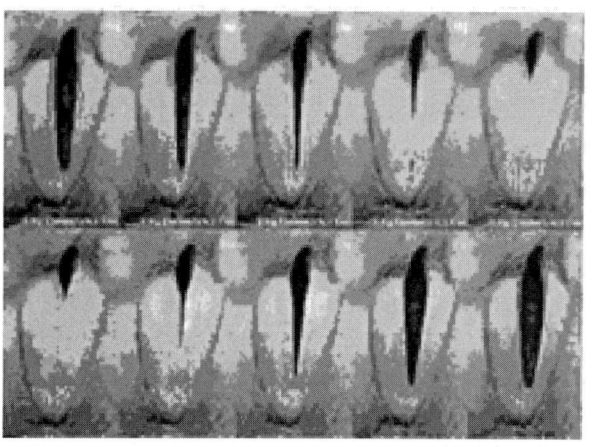

图 8-3　喉的制声过程中声带的变化状态

腔放大、美化以及口腔的节制以后,才成为语音。

在人的发音器官发出声音的过程中,喉部对元音的发音起着重要作用,对喉的发声机制的认识应以通过喉部发出元音的状态和过程为基础。声带在发声时向内关闭声门产生阻力,呼吸系统负责提供稳定的气流来对抗此阻力,以使声带产生振动。这里提到的声带振动产生音波是针对母音(或称元音字母)的产生而言,对子音(或称辅音字母)而言,不一定需要声带振动,大多数情况下,它们的产生是在声门开启的状态下,由呼吸系统提供足够的气流,使口咽等部位产生一定阻碍并破除这些阻碍而产生声音。

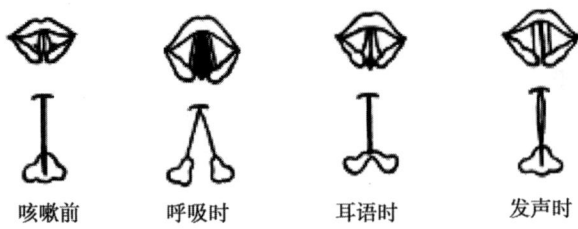

咳嗽前　　呼吸时　　耳语时　　发声时

图 8-4　不同情况下声门的变化状态

二、声音的变化

声带振动产生的声波,和其他声音一样具有物理属性,都具有音高、音量、音色、音长等几种声学特性,而且声带振动的特性与声带振动的状态有密切关系。喉内各种肌肉、关节、韧带的不同的组合作用,可以调整声带的张力、长度、形状以及弹性,达到改变音高、音量、频率及音色的目的。

1.喉主动变化引起的声音变化

人声音的高低变化与声带张力、振动质量以及气息压力有关。声带张力越大,声音可能越高,相反声音可能越低。这和琴弦的松紧与音高的关系是一样的。声带参与振动的质量与音高也有直接的关系,质量越大声音可能越低,相反声音可能越高。这和一般物体的振动体积与音高之间的关系是一样的。一般来说,较大、较长、较厚的发音体振动慢,频率低,发出声音的音高就比较低;较小、较短、较紧、较薄的发音体振动快,频率高,发出的声音就高。人生来发音器官不同,声带的长短薄厚以及喉腔、咽腔等共鸣腔体的大小不同,因此每个人的发音器官都有正常发音时应有的音高范围。但是人们往往由于不良用声习惯,使说话的音高脱离了自然音高,用声过高或过低,造成压喉、吞音或发尖、发飘、单薄等不自然、不健康的音色。作为学习语言艺术的专业人员,只依赖于自然发声能力所展现的音域是不能适应有声语言表达需要的,应该多训练以扩展音域。播音是话筒前的语言艺术,播音对音高及音高的变化要求与声乐艺术或舞台上的语言艺术不同,其训练的重点是声区偏低部分。要扩展音域需要增强对声带的控制能力。音高由声带的长短变化控制,拉紧或放松声带,配合科学的呼吸方式和不同的共鸣方式,是改变音高的主要措施。音高练习的目的,一是让不良用声习惯、发声偏高或偏低的人,通过练习找到适合播音的常用音高;二是增强声带伸缩的肌肉力量和对声带长度变化的控制能力,在扩展音域的同时,能灵活运用音高变化,加强语言表现能力。

人的嗓音音色取决于声带和声道所固有的形态特征。音色变化是丰富语言表现力、准确表达感情色彩的重要因素,音色的虚实、明暗变化是声门开合变化形成的。创作中要表达的思想感情千变万化,作为可感材料的声音,理应有与之相适应的色彩变化。声音色彩主要表现为声音的虚实变化。实声是声带较为紧密靠拢时发出的声音,虚声是声带较为松弛、声门适度开启时发出的声音。丰富的虚实变化与多层次的音高、音量、音长的变化相配合,形成了丰富多彩的声音样式。播音用声是以"实声为主,虚实结合"的音色为基本色彩声音的,听众听起来声音结实又不过分明亮、柔和又不显虚空。发这种声音时声带张弛适度。要通过练习对声带的活动状态有正确的感觉,学会运用不同音色。要克服日常口语中单一的消极发音习惯,增强自己的发声能力。

2.喉被动变化引起的声音变化

音量指声音的强弱,指物体振动时声音的客观量,听者的主观感受则被称为响度。音量取决于声带承受气息压力的大小,声带在同一状态下承受的气息压力越大,引起的振动幅度就越大,声音就越强,反之则越弱。胸腹联合式呼吸方法所产生的均衡有力的气息对声带的冲击使声带产生振动,声带振幅的大小是由气息的强弱决定的。不同播音表达方式的音量变化幅度不同,对音量大小变化的控制能力在播音用声中也很重要。在发高音、强音、低音、弱音时要加强呼吸控制以保证发声器官的健康,并保证发声质量。

音长指声音的长短,即声音的时值,它取决于发声体振动的时间。计算音长以毫秒为单位。人耳对音长的感应能力比较迟钝。

第三节　喉部控制

一、喉部控制的重要意义

对于播音员和节目主持人来说，发音时对喉部进行控制具有重要的意义。平常我们常说这个人嗓子好，那个人嗓子不好，这个"嗓子"具体一点说，指的就是喉。喉头内的声带作为振动器官，在有声语言的发声中占有重要位置。它的振动状况直接影响发出声音的质量。有些人认为嗓子好坏是天生的，这个话也对，也不对。喉部构造确实是天生的，比如声带的长短、薄厚等，它决定了一个人发声的特征。但是，即使是同一个人，由于发声的时候使用的方法不同，发出的声音的质量也有很大的差异，而使用方法是后天可以通过训练改善的。没有经过发声训练的播音员、节目主持人往往在喉部控制方面存在一些问题，比如发音的时候喉部紧张、用力，或是发音的时候挤压嗓子，发出的声音过紧；播音用声过实、过虚，超出了语言表达需要的范围和程度，等等。这些都会影响播音质量的提高，甚至影响喉部的发音能力，缩短播音寿命。

正常人的喉部构造差异不大，但使用方法的不同却会造成声音质量有很大差别。没有经过发声训练的播音员，在用声方面常常会遇到这样那样的问题。喉部缺乏控制或控制不当的毛病在许多播音员用声当中表现得尤为明显。用声中，许多人常常会出现嗓子捏挤过分用力、用声过实或过虚、尾音控制不好有嘶哑的声音等多种用声弊病。这样不仅会影响播音的质量，影响语言的表现力，而且对喉部的健康也不利。嗓音工作者因为用声不当、喉部缺乏控制而引起声带小节、声带边缘不齐等病变的例子屡见不鲜。通过对喉部发声机制的了解，可以看到声带这个发音器官比较娇嫩。怎样保护声带、延长艺术寿命，怎样在播音发声的学习中把握喉部控制技巧，并且使喉部控制与其他发声动作和技巧有效配合，提高播音的声音质量并保证嗓音的健康使用等问题，都需要学习者明晰。

播音创作对声音质量有较高的要求，在声音色彩上要求有较为丰富的色彩变化，以表达不同的态度和思想情感，刚柔并济、虚实相间、变化自如是播音声音的重要特点。喉部的发音状态、声带的闭合状态、声带的张力与气息、吐字、共鸣等各种技巧相互配合，才能让音色产生丰富的色彩变化。这些都是需要训练并加以精密控制才能达到的。

二、喉部发音控制要领

1.认清条件、准确定位

发声主体的声音运用要符合自身的嗓音条件,用声者对自身嗓音的生理特点、物理属性、音色特性要有一定程度的思考、认识与理解,这种认识的正确与否直接关系到用声者是否能科学有效地进行训练,关系到声音运用是否恰切和成功。由于每个人的生理条件不同,声带的长短、宽窄、厚薄、闭合的状态及人的共鸣腔体长短、大小不同,发出的声音音色、音质、音量、音域也就有着各自不同的特色。例如在声区划分上,有高音、次高音、中音、低音的区别;而"大小号儿"是根据音量大小和音色的宽窄等常用的、直观的综合声音形象来作为划分声音类别的标准,这种划分也带有很大的模糊性。不同的声音类型和不同的声部类别,本身无高低优劣之分。不同先天条件的声音都有自己的特点和特色,各有千秋。"小嗓儿"音量不大,音域不宽,但音色甜美、细腻、婉转;宽音大嗓声音宽阔洪亮、慷慨激昂、磅礴大气、掷地有声;深沉厚重的嗓音则显得含蓄内敛。

主体声音运用中,追求的嗓音音色特点往往与其对声音的个人喜好有关。如喜欢高音的人就喜欢用高嗓门儿说话,喜欢低音的人就有意压低声音。人们总是习惯把自己喜欢的声音当作唯一正确的声音来加以追求,而不顾自己的客观条件,这就使声音的音色追求带有很强的主观色彩,对自己条件认识错误轻者会使声音进展缓慢,严重者则损害嗓子。在分析自己先天条件时要抱着客观理性的态度,不轻易模仿他人。

2.高低适中、虚实结合

日常生活中有的人说话声音音高较高,有的人音高较低,这是人们在用声中习惯不同导致的音高上的差异。说话习惯较好的人一般用音高最自然的中间部分,即中声区。中声区不是一个绝对值,是因人而异的。中声区声音没有紧张感,听感舒服放松。声乐艺术中常常把声区分为三个,即低声区、中声区和高声区。在声区的划分上,我们常把接近于人的自然声区的音高区域称为中声区,中声区是发声的基础,所以也被视为基础声区,是人最自如,并且富于色彩的声区。中声区的声音不强求音量,而是要自然自如,要求音色优美、声音具有灵活性。播音用声总体接近口语发声,音高适中、音色柔和、音量不大,用声时间较长。播音发声中声区的运用要做到呼吸自然又有力度,喉头放松稳定,声音集中。初学者总是从这一声区开始训练,然后逐渐向上训练高声区、向下训练低声区,逐步拓展音域。在中声区打好基础,有利于扩展音域和统一声区。播音发声中确定中声区可以运用音阶方式,用键盘乐器把音高标出,选择其中声音偏中低的区域。也可运用对比方式,拿一篇稿件播读一遍,然后运用日常口语方式说一遍,对比二者看哪一遍发音更舒服。

声带在气流冲击下形成一开一闭的振动,经过训练的专业人士在发声过程中,声带参与振动的部分就会产生良好的关闭状态,而良好的关闭是体现发声效率的一项重要指标。如果关闭不良,将有一部分气流漏出,就降低了发声的效率,声音质量暗、哑,同时造成呼吸肌的疲劳,消耗了发音人的精力。在实践中我们看到,扎实的音色源于良好的声门闭合度,声门良好的关闭是训练时要特别注意的。

音色类型和声带状态有密切关系。大体说来,音色类型分为实声、虚声、虚实声、气声几种类型。实声声音音色较为明亮,声门闭合较为紧张,声门中间气流摩擦声小;虚实声声门较为放松,声门中略有缝隙;虚声声门闭合不太好,有缝隙,气流摩擦声较大,声音发虚;气声声门大开,缝隙较大,振动不好,气流不是很强,摩擦声强,没有明亮的音色。播音用声音色以实声为主,虚实相间,音色柔和、结实,声带张弛适度。实际发音中容易存在用声偏实或偏虚的问题。用声偏实时声带闭合过于紧张,声音明亮而缺少变化,用声偏虚时声音黯淡无力。虚实相间的音色结实又不过分明亮,柔和又不显得虚空,是播音用声主要运用的音色。当然音色运用与发音主体的性格、用声环境都有关系,发音主体应具备不同音色的发音能力,根据感情变化而灵活使用各种音色。声音变化是感情的自然流露,不要卖弄技巧。

3.相对放松、相对稳定

(1)喉头相对放松

播音发声的时候,两条声带不是紧密闭合的,而是轻松靠拢的。从感觉上来讲,喉部是放松的。在这种情况下,喉部肌肉能够自如灵活地运动,这样才能比较好地和由肺部呼出的气流协调配合,完成发音过程。喉部放松应该是发音时最基本的感觉,要想提高发音效率,发出悦耳的声音,就要放松喉部。

如果声门闭合过紧,冲开紧闭的声门就需要更大的气息量,而当机体吸入更大的气息量时,声门闭合力就会反射性地更加紧闭。如此机体就会陷入一种恶性循环之中。这时声带所承受的压力是比较大的,而且声音质量也会僵直、缺乏弹性,气息也感到难以控制。声门呼出气流也会过强,呼吸肌群难以控制,不仅声带压力太大,而且气流过强,声带上方的假声带也会迅速靠拢并下压以阻挡气流,这样还会妨碍声带的自如振动。而且为冲破紧闭的声带,气息量和强度还要继续增加,从而给声带造成更大的磨损,长期如此会引起声带的病变。

放松的感觉是喉部发音的基本感觉。只有在放松的状态下,声带才能自如振动,并产生丰富的泛音;只有在放松的状态下,喉室才能不挤不捏,使喉原音产生良好的喉腔共鸣;也只有在放松的状态下,气息才能较为轻松地冲开声带,达到良好的声气配合状态。放松是喉部控制的前提和基础。

(2)喉头相对稳定

喉头的位置和在发声时的活动状态,与呼吸深浅、共鸣腔的调节都有密切的关系,它会影响声音的音质、音色、音强等特征。喉头上抬发出的声音窄、亮、尖,缺乏弹性,喉头过分下压发出的声音空闷滞重。喉头如果不稳定,随着声音上下移动,会使发声状态紊乱,声音不统一。所谓喉头位置相对稳定,是指发声时的喉头始终处于自然、自如、颈部肌肉放松、易于发出优美声音的稳定状态。

人的喉头位置和活动状态总是有差异的,有的喉头位置适中,在中低音区发音都很稳定,有的人喉头位置偏高,发高音时很自然。喉头位置与声道的共鸣作用关系密切。在一定的范围内,喉头偏高,高频泛音增加,音色脆亮;喉头偏低,低频泛音增加,音色偏低。喉头相对稳定,就是在不论什么样的音高变化情况下,喉头的位置都要保持相对稳定。

未经训练的人在发较高的音时,喉头会自然上提,音色多带有挤、卡的感觉;而在发较低的音时,喉头又会不自主地下压,喉头多带有空、浑的音色。喉头的不稳定,不管提喉还是压喉,都会使音色不统一,有阻塞感或挤压感,喉头生理上消耗也比较大,容易引起嗓音疾病。喉头的稳定,就是要在发高音时保持喉头向下的控制力,在发低音时,使喉头有向上的控制力,从而保持喉头的相对稳定。

4.两头配合、释放中间

喉部控制与呼吸控制、口腔控制配合,解放喉头,给声带以宽松的活动余地。我们通过对喉部发声机制的了解,认识到气息对声门的压力是客观存在的,发音时要使气息压力冲开闭合的声门,喉原音正是通过这两种力的对抗而形成的。对喉部的控制,就是要解决喉部的压力以及气息与喉部控制的协调等问题。由于人体存在的神经反射功能,声带闭合力和声门下压力是一种互为因果的关系,喉部声带与呼出气流要配合起来发音。理想的声气配合要使声门保持有控制的、一定强度的气息压力。如果呼出气流量过小,声带闭合不好,声音容易沙哑、发飘。要运用有控制的、稳定的气息流量,要使稳健的呼吸肌的控制与较为放松的喉部肌肉配合发音。

口腔控制的配合非常重要。喉部发出声音,口腔节制形成不同的语音。口腔中吐字集中有力,有利于喉部肌肉的放松,如果吐字松散,喉部难免用力。在发音过程中

"抓两头,放中间"指的就是注重呼吸与吐字,为喉部发音创造良好、放松的环境。

三、注意事项

1. 积极运用中的嗓音保护

嗓音的保护指的是积极的保护,是使用中的保护。好的嗓音是在运用中得到的,而不是在一声不吭中保护出来的。在这里,我们强调的是"用"的积极的一方面。积极要从两个方面进行:一方面是努力、客观地认识、评价自己的声音特点;另一方面是要积极、科学、合理地使用自己的嗓音。

2. 克服不良发声习惯和动作

养成科学的用声习惯,找到自己的中音区,用声不要偏高或偏低;声带运用虚实相间,不要偏实或偏虚,避免使声音过于明亮,不要追求虚声;不要不适当地长时间加大音量,也不要过长时间用声。

3. 形成良好的生活习惯

为了保护嗓音,我们还要养成良好的生活习惯,比如保证充足的睡眠时间,不吸烟,少饮酒,少吃生冷油腻以及刺激性食物;注意锻炼身体,增强体质;保护牙齿。发音器官有了疾病应及早治疗,应及时请耳鼻喉科大夫治疗;女性经期时注意减少发声。

4. 心情愉悦

著名京剧表演艺术家梅兰芳在谈到嗓音保护时说了这样几句话:"精神畅快,心平气和。饮食有节,寒暖当心。起居以时,劳逸均匀。练嗓保健,都贵有恒。由低升高,量力而行。五音饱满,唱出剧情。""精神畅快,心平气和"看来是健康用声的前提。现实生活中人都有七情六欲,而且不同的人会表现出不同的个性和情绪。有的人遇到事情大悲大喜,表现激烈;有的人则无动于衷,冷漠麻木。我们要注意过分的情绪波动会影响到嗓音的健康。艺术语言工作者,要注意在生活中加强个人修养,注意心理健康和嗓音保护。在生活中保持良好的心情,有助于嗓音的健康。

第四节　喉部控制训练

一、音高变化的训练

练习提示：

1. 音域扩展练习

通过向声音的高低两个方向扩展，扩大音域范围。

阶梯式升高、降低练习：首先用平时说话的自然音高读右侧音节、词组和句子，然后进行逐渐降低和升高音调的发音练习。注意：语句练习在保持合理语势的情况下，整体提高或降低音调。训练时注意与呼吸配合。注意发高音时避免过实用声，尽量使用柔和的音色；低音容易出现喉部过紧的喉音，练习时应尽量避免，注意声门稍开，尽量使用柔和的音色，避免对喉部造成伤害。

螺旋式上绕、下绕练习：从说话的自然音高中的某一个音开始，持续发音，逐渐"环形上绕"，即向高音扩展，而后再由刚才达到的、力所能及的音高逐渐"环形下绕"，周而复始，循序渐进。

练习材料：

a　o　e　i　u　ü　ai　ei　ao　ou　ia　iu
ie　ua　ei　uo　an　en　in　ang　eng
ong　ing　ueng　uang　iang　uen

安然　邯郸　烂漫　彩排　海涵
昂扬　浪漫　黄河　常见　长江
吹灰　垂危　黑煤　蓓蕾　妹妹
意义　漆器　比翼　弟弟　嬉戏

发奋图强　金碧辉煌　痴人说梦
敝帚自珍　望风而逃　微不足道
垂涎三尺　相反相成　如数家珍
流离失所　谨言慎行　打草惊蛇

注意：这首小诗，在用声上注意用较实的声音表现"飘、高"的情绪，飘而不虚、高而不炸。

白云飞，白云飘。
飘上黄山九重霄。
山越高来景越美，
最高峰上谁在笑！
啊！黄山的云啊，
你那样洁白，那样崇高。

白云飞，白云飘，
飘上悬崖松树梢，
崖越陡来松越俏，

2.确立适当的音高

由高到低,分几个高度播读右侧练习材料,然后进行比较,找出自己满意的、适合播音的音高,把这一音高与自己常用的音高进行比较,看是否存在习惯性发音偏高和偏低的问题。在单元音单音节的练习之后,再扩展到语句段落练习,即在保持合理、自然语势的情况下,整体提高或降低音调。练习注意循序渐进,和呼吸控制配合起来训练。

最陡的崖上谁在笑!
啊!黄山的云啊,
你那样美丽,那样骄傲。

练习提示:

运用对比方式将右侧稿件播读一遍,然后运用日常口语方式说一遍,对比二者看哪一遍更舒服,并判断声音紧张度,用声偏高或偏低时,声音紧张度都比较大。

特别注意播读中起声的重要性,即一句话开始时的发声状态,包括声门开闭和声带紧张度,起声高度往往会影响到整篇稿件的表达。

练习材料:

在国内消费市场,商品零售价和出厂价差别较大的现象很普遍,多数是流通环节成本过高所致。在河南漯河,大白菜的地头收购价约为每公斤1元;而到了上海杨浦区的菜市场,每公斤大白菜的价格接近2元。统计数据显示,我国蔬菜类农产品流通成本占售价的50%～60%,甚至更高。在山东济南,高新区某超市一袋5公斤装东北大米的零售价为49元,每公斤约合5元。而在东北大米产区,每公斤大米一般不到3元。国家粮食局负责人介绍,我国粮食流通成本偏高,比发达国家平均水平高1倍多。

练习提示:

看到壮丽的山河景色,心中涌现历朝历代的英雄人物,并想到今天的历史舞台谁是真正的英雄,要充满雄浑壮美之气。

练习材料

沁园春·雪

毛泽东

北国风光,千里冰封,万里雪飘。
望长城内外,惟余莽莽,

在朗诵中要把握这种大的情怀,声音运用随景物、情感变化而有高低起伏的变化,力求收放自如,表现出"还看今朝"的自信。

大河上下,顿失滔滔。
山舞银蛇,原驰蜡象,
欲与天公试比高。
须晴日,看红装素裹,分外妖娆。
江山如此多娇,
引无数英雄竞折腰。
惜秦皇汉武,略输文采;
唐宗宋祖,稍逊风骚。
一代天骄,成吉思汗,
只识弯弓射大雕。
俱往矣,数风流人物,
还看今朝。

二、音强变化训练

练习提示:

声音的强弱,是由声波的振幅大小决定的。一定频率的声波,振幅大声音就强,振幅小声音就弱。声带振幅的大小是由气息的强弱决定的。

音强变化的训练不要求绝对值的训练,但要求相对有层次的变化。在发高音、强音与低音、弱音等非自然音高时要加强呼吸控制,以保证发声器官的健康,并保证发声质量。

为锻炼对音量大小变化的控制能力,可以采取不同播音表达方式的训练。对右侧的训练材料,可以依照交谈式—播讲

练习材料:

(1)运用不同的表达方式:"交谈式—播讲式—宣读式—朗诵式"来训练以下内容

小小的消费券推动大消费,谁也想不到小小的消费券近期居然成为市场的"明星",旅游消费券、购物消费券,甚至购房消费券……伴随着全国各地形形色色的消费券不断出炉,"消费券现象"不仅牵动了老百姓的视线,也引起了今年"两会"代表的强烈关注。

为什么小小的消费券居然能产生如此重大的影响呢?因为受金融危机影响,以往拉动经济增长的"三驾马车"中,出口严重受阻,投资信心不足,这样刺激内需、拉动消费无疑是最快捷、最有效的手段,它反过来又可以有目的地推动投资。正因如此,"欧元之父"、诺贝尔经济学奖获得者蒙代尔曾在多个场合建议中国政府发放消费券。他认为,中国如果在1个季度内发放1万亿元消费券,将带动每人消费800元,可

式—宣读式—朗诵式等不同表达方式逐次加大音量变化以及幅度变化。播音音量变化呈多层次分布,略大于日常言语的变化幅度,明显小于唱歌的变化幅度。

也可以设想在播讲时不同的听众人数、不同的交流距离,采用不同的表达方式来训练不同的音高变化。

拉动3个月GDP增长。

(2)设想在播讲时不同的听众人数、不同的交流距离来训练

李克强对广大海外华侨华人提出殷切期望。一是在参与创新发展中抢占先机。中国正在实施创新驱动发展战略,加快培育发展新动能,改造提升传统动能。放管服改革、为企业减税降费持续推进,大众创业、万众创新蓬勃发展,新产业、新业态、新模式迅速兴起。希望华商充分发挥资金、技术、管理、商业网络和人才优势,积极投身国内创新发展热潮。二是在推动中外经贸合作中再创佳绩。中国将推动新一轮高水平对外开放,进一步放宽外资市场准入,创造更加公平便利的营商环境,对外开放的大门会越开越大。希望华商充分发挥联通中外、汇聚资源的独特优势,积极参与"一带一路"建设和中国同世界各国的经贸合作,拓展三方合作,更好地实现互利共赢。

三、音长变化训练

练习提示:

音长指声音的长短,取决于发声体振动的时间。人声音长短的变化是由声带振动时间长短决定的。

音节的发音长短有时也成为重要的表达方式,比如在为了突出或强调某个意思时,有时可以不单纯运用加强音强、提高音高的方式,也可以采取拉开字

练习材料:

运用不同的音长朗读下列材料:

ai(稍短)——ai(稍长)

bai(稍短)——bai(稍长)

ei(稍短)——ei(稍长)

bei(稍短)——bei(稍长)

ao(稍短)——ao(稍长)

bao(稍短)——bao(稍长)

黄河(稍短)——黄河(稍长)

长江(稍短)——长江(稍长)

雾霾(稍短)——雾霾(稍长)

腹、拖长音长的方式。因此有必要在发音中利用单个音节的音长变化起到特定的表意作用。

山盟海誓(稍短)——山盟海誓(稍长)
思前想后(稍短)——思前想后(稍长)
瘦水寒山(稍短)——瘦水寒山(稍长)
万马齐喑(稍短)——万马齐喑(稍长)
多才多艺(稍短)——多才多艺(稍长)
今非昔比(稍短)——今非昔比(稍长)
习以为常(稍短)——习以为常(稍长)

练习提示：

《乡愁四韵》中的几种形象和联想一环套一环，层层推进，步步深入，反复咏唱，发人深省，耐人寻味。主题不断深化，充分揭示了乡愁深沉厚重、悠远绵长的特点。

"一瓢长江水，一张海棠红""一片雪花白""一朵腊梅香"等意象中饱含深情，朗读中要注意形象性与情感性的统一，用声音刻画出形象并抒发情感。

语速放慢，一唱三叹，注意拉开音节，在吐字中突出意象特征。

练习材料：

乡愁四韵

余光中

给我一瓢长江水啊长江水
酒一样的长江水
醉酒的滋味
是乡愁的滋味
给我一张长江水啊长江水
给我一张海棠红啊海棠红
血一样的海棠红
沸血的烧痛
是乡愁的烧痛
给我一张海棠红啊海棠红
给我一片雪花白啊雪花白
信一样的雪花白
家信的等待
是乡愁的等待
给我一片雪花白啊雪花白
给我一朵腊梅香啊腊梅香
母亲一样的腊梅香
母亲的芬芳
是乡土的芬芳
给我一朵腊梅香啊腊梅香

练习提示：

试图运用拉长音节音长的方式来播读这篇稿件。在时政新闻中，为增强语气的分量，不一定非要加强音节音强与吐字力度，也可采用拉长音节音长的方式。

吐字有力完整，特别是在某些关键性的音节上，刻意拉长音节，如"十二届""五次会议""民主、团结、求实、奋进""全体""新进展""新成就"……在新闻稿件的播读中，拉长音节显得庄重而从容。

练习材料：

第十二届全国人民代表大会第五次会议，发扬"民主、团结、求实、奋进"的精神，在全体代表的共同努力下，圆满完成了各项预定任务。

会议高度评价在以习近平同志为核心的党中央坚强领导下，党和国家各项事业取得的新进展新成就。会议审议批准了政府、"人大"等工作报告，审议通过了民法总则、代表选举等法律文件，明确了2017年工作目标任务、部署安排。会议期间，代表们肩负人民的重托，代表人民的意志，履行宪法法律赋予的职责，同心协力，认真审议。会议达到了统一思想、坚定信心、凝聚力量、砥砺前行的目的，会议成果充分体现了党的主张和人民意志的统一，充分反映了全国各族人民的共同愿望。

2017年，中国共产党将召开第十九次全国代表大会，这是党和国家政治生活中的头等大事。我们要坚持稳中求进的工作总基调，践行新发展理念，坚持以人民为中心的发展思想，全面做好稳增长、促改革、调结构、惠民生、防风险各项工作，圆满完成今年经济社会发展各项任务，促进经济平稳健康发展和社会和谐稳定，以优异成绩迎接党的十九大胜利召开。

四、音色变化训练

练习提示：

音色虚实、明暗变化是声门开合变化形成的。实声是声带较为紧密靠拢时发出的声音，虚声是声带较为松弛，声门适度开

练习材料：

发气泡音，体会声带活动状态：声门闭合，气流从中均匀通过，发出一连串的气泡似的声音。

单元音、词语音色变化对比：

a（实声）——a（虚实声）——a（虚声）

o（实声）——o（虚实声）——o（虚声）

e（实声）——e（虚实声）——e（虚声）

启时发出的声音。

音色由虚到实的训练:吸一口气,保持吸气时喉部的状态,此时声门打开,开始发音,然后声音逐渐产生由柔和到明亮的变化,声门由打开逐渐转为关闭,体会喉部的发音感觉。

音色由实到虚的训练:吸一口气,然后屏住气,让声门保持闭合状态,开始发音,此时声音是响亮的实声,然后逐渐打开声门,声音由明亮变为柔和,体会喉部的发音感觉。

应明确的是,播音以"以实为主,虚实结合"的音色为基本色彩,所有播音音色都是在此基础上的变化。这种音色不过分明亮,柔和又不虚空,是在声带张弛适度的情况下发出的。

播音运用的音色应该与稿件的要求一致,能根据稿件的变化来自如运用不同的音色发音。一篇作品在运用有声语言表达时肯定是色彩纷呈,绝非一种样式,用简单的虚实难以表达。扎实的基本功是丰富色彩表现的基础。

音色的变化最直接地反映思想感情的运动状态,对稿件深刻的理解是表现的基础,切不可以声造情,虚情假意,虚声假气。每个人都应该有自身的理解和表达

i(实声)——i(虚实声)——i(虚声)
ai(实声)——ai(虚实声)——ai(虚声)
ei(实声)——ei(虚实声)——ei(虚声)
大海(实声)——大海(虚实声)——大海(虚声)
野花(实声)——野花(虚实声)——野花(虚声)
白云(实声)——白云(虚实声)——白云(虚声)
太阳(实声)——太阳(虚实声)——太阳(虚声)

望庐山瀑布

李白

日照 香炉 生 紫烟,遥看 瀑布 挂 前川。
(实虚—虚—实—虚) (虚实—实—虚—实)
飞流 直下 三 千尺,疑是 银河 落 九天。
(实虚—虚—实—虚) (虚实—实—虚—实)

分别用实声、虚声、虚实声三种音色播读:

游子吟

孟郊

慈母手中线,游子身上衣。
临行密密缝,意恐迟迟归。
谁言寸草心,报得三春晖。

春夜喜雨

杜甫

好雨知时节,当春乃发生。
随风潜入夜,润物细无声。
野径云俱黑,江船火独明。
晓看红湿处,花重锦官城。

方式,音色的变化决不能强求一律。

练习提示:

借白杨树不平凡的形象,赞美了在中国共产党领导下坚持抗战的英雄群体形象,歌颂了质朴、坚强、团结向上的精神和意志,情绪激昂振奋,声音运用有力而坚实,运用较明亮的实声。吐字有力,在细节描写刻画时字音清晰有力,追求语言内在的力量。

练习材料:

那是力争上游的一种树,笔直的干,笔直的枝。它的干通常是丈把高,像加过人工似的,一丈以内绝无旁枝。它所有的丫枝一律向上,而且紧紧靠拢,也像加过人工似的,成为一束,绝不旁逸斜出。它的宽大的叶子也是片片向上,几乎没有斜生的,更不用说倒垂了。它的皮光滑而有银色的晕圈,微微泛出淡青色。这是虽在北方风雪的压迫下却保持着倔强挺立的一种树。哪怕只有碗那样粗细,它却努力向上发展,高到丈许,两丈,参天耸立,不折不挠,对抗着西北风。

练习提示:

夜晚的景色由于光线的原因往往给人特殊的心理感受,如朦胧、神秘、诗意。朗读中在描绘夜晚的自然景色时,注意音色一般也略显晦暗,声带应偏虚声处理,偏虚、稍暗的音色会使描写更有诗意。

练习材料:

将圆未圆的明月,渐渐升到高空。一片透明的灰云,淡淡地遮住月光,田野上面,仿佛笼起一片轻烟,朦朦胧胧,如同坠入梦境。晚云飘过之后,田野上烟消雾散,水一样的清光,冲洗着柔和的秋夜。

夜,太静了,而且月光又像朦胧的银纱织出的雾一样,在树叶上,廊柱上,藤椅的扶手上,人的脸上,闪现出一种庄严而圣洁的光。海似乎也睡着了,我听到轻柔的浪花拍在沙滩上的微语。

练习提示：

月光下的荷塘，一片朦胧，比起白天别有一番景致。景物描写虚实结合、浓淡相宜，用声也要注意虚实间的对比变化，注意作者的情感变化与自然景物变化的关系，以及声音变化之间的关系。

练习材料。

荷塘的四面，远远近近，高高低低都是树，而杨柳最多。这些树将一片荷塘重重围住；只在小路一旁，漏着几段空隙，像是特为月光留下的。树色一例是阴阴的，乍看像一团烟雾；但杨柳的丰姿，便在烟雾里也辨得出。树梢上隐隐约约的是一带远山，只有些大意罢了。树缝里也漏着一两点路灯光，没精打采的，是渴睡人的眼。这时候最热闹的，要数树上的蝉声与水里的蛙声；但热闹是它们的，我什么也没有。

练习提示：

月光下有现实的景色，也有心灵的虚幻的景色。现实是小小的茅屋，心中却是波澜壮阔的大海。朗读中注意用声的虚实对比，来体现出现实与虚幻的差别。虚声效果便于营造苍茫的意境，给人以想象的空间。虚声不意味着懈怠和无力，此文中的"波涛汹涌的大海"的虚声与有力吐字的结合处理会使大海充满神秘感与力量感。

练习材料。

一阵风把蜡烛吹灭了。月光照进窗子来，茅屋里的一切好像披上了银纱，显得格外清幽。贝多芬望了望站在他身旁的穷兄妹俩，借着清幽的月光，按起琴键来。皮鞋匠静静地听着。他好像面对着大海，月光正从水天相接的地方升起来。微波粼粼的海面上，霎时间洒满了银光。月亮越升越高，穿过一缕一缕轻纱似的微云。忽然，海面上刮起了大风，卷起了巨浪。被月光照得雪亮的浪花，一个连一个朝着岸边涌过来……皮鞋匠看看妹妹，月光正照在她那恬静的脸上，照着她睁得大大的眼睛，她仿佛也看到了，看到了她从来没有看到过的景象，在月光照耀下的波涛汹涌的大海。

思考题

1. 简述喉部的构造以及喉的发声机制。
2. 播音发声喉部控制的意义和喉部控制的要领是什么？
3. 嗓音保护中的常见用声问题有哪些？

第九章　共鸣控制

发音体之间的共振现象叫作共鸣。人体发声的共鸣是指喉部的声带发出的声音，经过声道共鸣器官，引起它们的共振而扩大，声音变得洪亮。我们都有这样的体会，越在嘈杂的地方，尤其是人多的时候，为了让别人听到我们的声音，我们不自觉地就提高了嗓门，并且加大音量，结果声嘶力竭，嗓子累得要命，甚至有"失声"的感觉。科学的用声，能尽量避免较强的气流对声带造成冲击，且要非常注重控制发音器官的形状和运动，也就是注重共鸣的控制。共鸣控制是播音发声中的重要一环，区别于其他艺术语言发声，是独具特色的一环。播音发声中共鸣的作用是：第一，对声音进行扩大和美化。声带发出的喉元音很微弱，通过共鸣才能得到扩大、美化。共鸣控制与音量、音高、音长、音色都有密切关系。第二，共鸣腔的调节直接参与语音创作，在调节过程中形成不同的语言，形成表情达意的不同的声音色彩。

一个人的发音器官是天生的、无法改造的，只能从使用方法上想办法。而人体发音的共鸣腔也是先天的，无法改变，但我们可以通过共鸣的调节，经过后天的训练加以改善。掌握共鸣调节是扩大发声效率、改善声音质量、提高声音色彩表现力的重要环节。在产生共鸣的过程中，共鸣器官把发自声带的原声在音色上进行润饰，使声音圆润、优美。科学调节共鸣器官可以丰富或改变声音色彩，同时起到保护声带的作用，延长声带的寿命。一般提到的共鸣腔有头腔、鼻腔、口腔、胸腔。胸腔共鸣能使声音浑厚、洪亮；口腔共鸣能使声音结实、明亮；鼻腔共鸣能使声音明丽、高亢。播音发声多采用中声区，而中声区主要形成于口腔上下，这就决定了用声的共鸣重心在口腔上下，以口腔共鸣为主。对播音员、主持人来说，我们主张采取"口腔为主，胸腔为辅，三腔共鸣"的方式。在播音发声中，除了口腔共鸣为主之外，胸腔共鸣是基础，再发挥一点鼻腔、头腔的作用更好。用这样的共鸣方式发出的声音，不仅洪亮浑厚、圆润丰满，而且朴实自然、清晰真切，并且有弹性，刚柔适度，能适应内容以形成各种不同的色彩。

第九章 共鸣控制

第一节　共鸣原理

　　共鸣是指当外力频率与某些具有相同频率的物体结合时产生的一种谐振现象。共鸣有两种：一是感应性振动，是当某个物体被置于与其固有振动频率相同的发声体的声场内，在接收来自发音体的振动后所产生的自体振动。语言发声共鸣、歌唱共鸣等就属于这一类型。二是受迫振动，是某个物体与发音体直接接触时，发音体将自身振动直接传导给该物体使其产生相应振动而形成的共鸣振动。比如演奏弦乐器时，琴弦的振动就是通过受迫振动形成的。感应性振动与受迫振动的最大区别就在于振动传导方式的差异，感应性共鸣振动的形成不涉及原振动物体与感应性振动物体的直接接触形成的直接振动传递，而受迫振动则是原振动物体与共鸣振动物体的直接接触形成的直接振动传递，通常情况下，促成感应性共鸣振动的中间介质是空气。共鸣的形成有三个必要的条件：振动体、发生体、共鸣体。任何乐器的共鸣器都有固定不变的形状、结构，而人声共鸣器最为重要的部分是具有不固定性和可调节性的个性特征，这使得人声共鸣器的操作、控制具有更多的灵活性。声道共鸣的作用是任何其他乐器共鸣器所无法比拟的，它一方面产生了不同的语音，另一方面还能使声音具有各种不同的色彩。善于控制声道共鸣，是使语音清晰、声音美化、色彩多变的重要因素。

　　声道发出的每一个声音都具有基音和范围很宽的一套泛音，形成一定的频谱。声道，这个由若干腔体构成的充气管道，有着它自己的若干自然频率。构成声道的大部分腔体是可以变形的。声道的每一个特定形态都有它自己的一套自然频率，能够使接近它自然频率的声波振幅扩大，使这部分声音加强，出现一套特定的共振峰，其他频率的声波则受到抑制而减弱。声道的形状一变，共振情况也随之变化。这样，一方面产生了不同的元音音色；另一方面，在同一语音音色范围内还有色彩的差异。可以说，声波在进入口腔以前，声波共鸣的作用主要是扩大与美化声音；而在进入口腔后，则是在形成特定语音音色的基础上加以美化、扩大。由此可见，声带振动状况决定特定声音的基音和泛音；声道的形状决定这个声音的哪些成分强，哪些成分受到削弱，也就是决定它的共振峰值。声道是一个整体，其内部结构互相关联。比如喉口肌肉的收缩会带动咽肌的收缩，而口腔内的舌高点则把口腔后部与咽部连成一个腔体，舌的动作直接影响口咽部的形状。声道各部分也有自己在共鸣方面的特殊作用，从不同方面影响声音的质量。

第二节　共鸣器官及调节

喉以上的共鸣器官有喉腔、咽腔(喉咽、口咽、鼻咽)、口腔、鼻腔(鼻窦、蝶窦、额窦);喉以下的有气管、胸腔。人的共鸣腔有的是可以调节的(如喉腔、咽腔、口腔),有的是不可调节的(如鼻腔、胸腔),其中口腔的变化最灵活,鼻腔共鸣可通过软腭的上下运动及声束冲击硬腭的不同位置来调节。

一、喉腔

喉腔上起自喉入口,下达环状软骨下缘并接气管。由室带与声带分隔为声门上区、声门区、声门下区三区。声门区位于室带与声带之间,包括室带、声带、喉室。喉腔容积虽小,但是作为喉原音发出的第一个共鸣腔,喉腔状况直接影响声音质量。喉腔共鸣内部形状与舌根、喉头位置等都有密切关系。舌根后缩、下压会造成会厌反转,局部掩盖喉口,舌根放松抬起,喉口扩张。而喉头可在一定幅度内上下运动,升高时,声道缩短,有利于高频泛音共鸣,下降时,声道拉长,有利于低频泛音共鸣。但喉头的运动易于使喉部肌肉变得紧张,使声音变紧、变僵。播音发声中强调喉头的放松及位置的相对稳定。

二、咽腔

咽是一个上宽下窄、前后略扁的漏斗形器官,上端附着于颅底,下端续于食管,全长约 12 厘米。后壁平整,前壁不完整,与鼻腔、口腔和喉腔相通。咽腔可分为鼻咽部、口咽部和喉咽部。硬腭以上的咽部称鼻咽,也称上咽,前方通入鼻腔;口咽前方与口腔相通;喉咽也称下咽,前方通喉腔。咽腔处于声道由垂直向水平方向转弯的部位,形状可以改变,是重要的共鸣腔。

播音发声中强调后咽壁在发声中的积极、正直作用,脊柱的伸展可以带动附于其上的咽后壁,使咽后壁保持正直,有利于声波的通过。要发挥咽腔共鸣的作用同时强调软腭抬起的积极状态,软腭适当抬起能使口咽上部弯道适中,避免因软腭上抬过度而使声波折回或因软腭抬起不够造成的鼻化音。舌根的放松、不后缩以及适当降低都有利于保持后咽壁的畅通。

三、口腔

口腔位于面颜的下部,是发声活动中最灵活、最复杂的腔体。前壁以口唇为界,两侧被双颊包围,上界的前三分之二为硬腭,后三分之一为软腭,下界由口腔底部的肌肉组成,后界借咽峡与咽相通。口腔器官既是消化器官、呼吸器官,又是共鸣器官、咬字吐字器官,是典型的多功能器官。在口腔器官的活动中,唇可做开合、圆展的动作,上下颌关节的开合可使口腔内的容积扩大或缩小,舌的形状变化可改变口腔容积并把口腔划分为若干小的腔体;软腭的抬起和放松同样可以改变口腔容积。

口腔的形状对共鸣有重要影响,是非常重要的共鸣腔。口腔共鸣对言语发声至关重要。没有口腔活动就不能产生言语,不适当地发挥口腔共鸣的作用,就不可能使字音圆润动听;没有口腔共鸣,喉腔、咽腔以至鼻腔共鸣、胸腔共鸣就无法发挥效用。播音发声以口腔共鸣为主,其他腔体共鸣必须在口腔取得良好共鸣的基础上实现。口腔共鸣又称中音共鸣、中部共鸣。播音发声强调口腔共鸣要打开牙关、提起颧肌、挺起软腭、放松下巴,要打开口腔,使口腔在发声过程处于积极状态。同时强调咬字器官的力量集中,尤其是唇舌力量的集中,舌位要准确、鲜明,动作要流畅、完整。

四、鼻腔

鼻是呼吸和嗅觉器官。鼻腔的内表面为黏膜,均由上皮和固有层构成。黏膜深部与软骨膜、骨膜或骨骼肌相连。根据结构和功能的不同,鼻黏膜可分为前庭部、呼吸部和嗅部。鼻腔由鼻中隔分为左右对称的两部分,底部是硬腭,外面是鼻甲。鼻腔前方通过鼻孔与外界相连,是除口腔呼吸之外的另一条通道,后方通向鼻咽腔。鼻腔有固定的容积,属于不可调节共鸣腔。鼻窦是鼻腔周围骨骼中的小的空洞腔体,是鼻腔向周围骨质膨出的若干含气骨质腔体,均有小孔与鼻腔相连,大多处于面额前部,可分为额窦、筛窦、上颌窦和蝶窦。鼻窦由于腔体很小,对高频声波共鸣作用明显,发声时在高音区会产生头面部的振动感。艺术语言发声把鼻腔以上的共鸣称为头腔共鸣,也称上部共鸣。上部共鸣产生特定部位的振感,这种振感发生在面额的前部。鼻腔和鼻窦都有固定的形状,它们的体积、结构也都不能改变,属于不可调节共鸣腔。

播音发声中鼻腔共鸣的作用主要通过以下三种方式实现:一是在发鼻辅音时,软腭下垂,鼻腔通路打开,声波随气流通过鼻腔透出,产生鼻腔共鸣;二是发鼻化元音时,软腭下垂,声波随气流分两路,分别由口腔、鼻腔透出,产生鼻腔共鸣色彩;三是在发声过程中声波在口腔冲击硬腭,由骨传导产生鼻腔共鸣。播音发声强调,首先,要处理好鼻腔共鸣区分鼻音与非鼻音这一意义的作用。其次,鼻腔共鸣要适度,带有微量鼻腔共鸣可使音色柔和、华丽;鼻腔共鸣过度,会降低语音的清晰度,使音色浑浊,有堵、腻的感觉。

五、胸腔

胸腔共鸣器官由气管、支气管、肺和胸廓组成。气管、支气管的形态、结构和内部容积相对固定,不易改变,肺可以在呼吸机制的作用下,因肺内空气的储量的多少而使体积有较大变化。胸廓内的容积虽因肺内的充气程度和膈肌的升降程度不同而有相应变化,但相对固定的胸廓肋骨支架形态、结构,却在一定程度上限制了胸廓的运动,因此胸腔共鸣是固定共鸣腔体。胸腔共鸣分为两个基本部分:其一为由声带振动声波作用于气管、支气管中的空气柱而生成的感应性共鸣振动;其二为借助骨传导振动而引发的胸廓和肺部生成的受迫共鸣振动。如果呼吸太浅、相关呼吸肌紧张都不易于产生胸腔空气的共振,科学的呼吸方式(胸腹联合式呼吸方式)、相关呼吸肌肉的协调放松都是胸腔共鸣产生的必要条件。

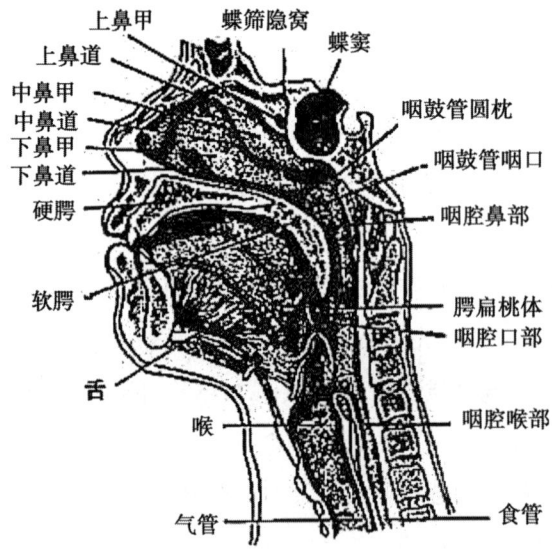

图 9-1　头正中矢状断面右侧观

第三节 播音共鸣特点

一、以口腔共鸣为主,以胸腔共鸣为基础,以微量的鼻腔共鸣构成的声道共鸣方式

声道腔体的构成可粗略划分为头腔、口腔、胸腔。头腔中共鸣腔体体积小,对频率较高、波长较短的声音共鸣效果显著。口腔由于腔体适中,因此对频率、波长适中的声音共鸣效果明显。而胸腔由于体积较大,对频率较低、波长较长的声音共鸣效果明显。口腔共鸣使声音明亮结实,字音圆润清晰。播音发声的共鸣效应最主要的是口腔共鸣,其他腔体的共鸣必须在口腔取得良好共鸣的基础上实现,没有口腔活动就不可能产生言语,不能适当发挥口腔共鸣的作用,字音就不可能圆润、动听。播音发声不可追求头腔共鸣,以免声音过于明亮、尖厉、刺耳;也不可过多运用胸腔共鸣,以避免声音过于低沉、浑浊、闷塞、含混、压抑。播音发声的共鸣要以口腔共鸣为主,以胸腔共鸣为基础,以微量的鼻腔共鸣构成声道共鸣方式。

二、上部、中部、下部三腔共鸣协调统一

播音共鸣的控制调节,可以使声音具有高低、强弱、圆展等不同变化,有助于达到情感与声音色彩的统一。但是一定要注意,这种调节应该具有整体观念,也就是说,共鸣器官是一个整体,各种共鸣器官是根据声带发出的具有不同频率的基音产生共鸣的。同时,声音在各种共鸣腔中扩大和美化,这种作用又是相互影响的。任何一种声音的发出都少不了高、中、低三种共鸣效应,它们的差别仅仅在于多少而已,要把它们分清楚是不可能的。采用混合统一共鸣,发出的声音自然、均匀、流畅,为扩展音域、丰富语言表现力打下了良好基础。要通过调节、控制取得丰富的口腔共鸣,善于运用胸腔共鸣,以使声音浑厚、结实、有力。

播音发声对共鸣的控制,是一种综合的控制,要保持呼吸控制、口腔控制、喉部控制与共鸣控制的协调一致,让它们彼此互相支持。

三、共鸣服从于吐字的需要

播音发声的口腔共鸣是在吐字过程中完成的,它不能脱离吐字存在。播音发声要

求在保证字音清晰的前提下对声音进行美化,播音的共鸣要服从吐字的需要,应服从内容的需要,要求声音朴实、大方、自然。

同时要感觉到经口腔发出的声束沿上颚中纵线前行,向硬腭前部流动冲击,从而有声音"挂"在硬腭穹隆上的感觉,使声音明朗、润泽、集中、发音有力。

播音发声对共鸣的控制首先体现在发声的精神状态上,要保持积极的状态,以使各共鸣腔尤其是口腔腔壁舒展、积极,加强声波的反射能力,以加强共鸣的产生。播音发声对共鸣的控制还体现在,在形成字音的过程中,共鸣腔的调节过程要保持顺畅、明确。这样发出的声音传送较远、可塑性大。要想声音圆润集中,需要改变口腔共鸣条件。发音时双唇集中用力,下巴放松,打开牙关,喉部放松,提颧肌、颊肌、笑肌,在它们共同运动时,嘴角上提。可以通过张口吸气或用"半打哈欠"的感觉体会喉部、舌根、下巴的放松,这时的口腔共鸣会加大。在打开口腔的时候,同时注意唇的收拢。

第四节 共鸣控制训练

一、共鸣的基础训练

1.口腔共鸣基础训练

练习提示:

注意发音姿势:脊背挺直、舒展,颈要正,不前探,不后挫;放松颈部肌肉,保持咽道通畅;两肩自然下垂。

适当打开口腔,下巴放松,打开牙关。从容地发复韵母 ai、ei、ao、ou,读时注意体会声束沿上颚中线前滑,挂在前腭的感觉。

唇齿贴近,提高声音明亮度。发音时有翘唇习惯的人,音色大多较暗且浑浊,缺乏明亮、清晰的特点。训练时收紧双唇,使其贴近上下齿。改善 u、o 的音色。唇齿靠近,减少

练习材料:

通过下列练习大家可以体会一下,基本都是以开口元音为主练习。

ba   da   ga   pa   ta   ka
bai pai mai lai tai hai
bei pei mei hei gei shei
bao pao mao hao gao shao
bu   pu   lu   mu   tu   hu   shu   gu
bo   po   he   le   mi   li   xi   qi

马达	哈哈	哈达	喇嘛	恰恰
婆婆	婆娑	啰唆	锅盔	火炬
苛刻	赫赫	舍得	各国	科教
逼近	皮包	谜底	地极	体力
步步	铺路	呼噜	雇主	书录

突起。

提颧肌,消除消极音色。有的人发音时面部表情过于严肃,嘴角下垂,不善于表现欢乐、积极的感情色彩。做到"提颧肌",声音色彩就会有变化。

发声的时候鼻咽要关闭,不产生鼻泄漏。软腭挺起,关闭鼻腔通道。调节颈部姿态,竖起后咽部,发韵母a、o、e、i、u,读时注意体会上下贯通的共鸣感觉。

拍卖　摆卖　彩排　筛糠　豺狼
号啕　寥寥　薄薄　泡泡　牢牢
某某　抖擞　兽头　走狗　收手

2.胸腔共鸣基础训练

练习提示:

(1)体会胸腔共鸣

胸部不要故意挺出,要自然放松,吸气不要过满。用较低的声音发ha音,声音不要过亮,逐渐降低音高,找到从胸腔发出的感觉。从胸腔发出的声音较为浑厚,如果感觉不明显,可以逐渐加大音量并降低音高。也可由低到高一声声地弹发,体会胸部响点的上移和下移。

用手轻按胸部,用a做练习音,从高到低、从实到虚发长音,也可适当加大音量,体会哪一段声音胸腔振动强烈,然后在这一声音阶段做胸腔共鸣训练,一般说来,较低又柔和的声音易于产生胸腔共鸣。

选一句话,在音域范围内,发音由低到高,再由高到低,体会胸腔共

练习材料:

"a"元音直上、直下、滑动练习。体会胸腔的振动。

朗读下列含有a音的词:
反叛　散漫　武汉　计划　到达　白发
百炼成钢　翻江倒海　白雪皑皑
南征北战　百步穿杨　哀鸿遍野

小柳树,满地栽,金花谢,银花开。

用适当的低音朗读《春晓》,句尾是上声,要注意加强韵脚的胸腔共鸣。

春晓

孟浩然

春眠不觉晓,处处闻啼鸟。
夜来风雨声,花落知多少。

鸣的加强。

(2)适当增强胸腔共鸣

找到胸腔共鸣较多的音色后,用这一段声音练习含有 a 音的词。

胸腔的空间及共鸣能量大,发出的声音有深度、有宽度,声音更浑厚、宽广。

意境雄浑的诗词在朗诵时要注意胸腔共鸣的运用。

出塞

王昌龄

秦时明月汉时关,万里长征人未还。

但使龙城飞将在,不教胡马度阴山。

蓝蓝的天上白云飘,白云下面马儿跑,

挥动鞭儿响四方,百鸟齐飞翔。

3.鼻腔共鸣基础训练

练习提示:

(1)体会鼻腔共鸣

用 i、a 练习,利用软腭下降将元音部分鼻化,体会鼻腔共鸣。

交替发口音 a 和鼻音 ma。发口音时软腭上挺,堵住鼻腔通路,体会口腔共鸣;发鼻音时,软腭下垂,打开鼻腔通路。反复练习,体会软腭上挺或下垂的不同感觉。

(2)鼻腔共鸣练习

一般说来,a 音的舌位低,鼻腔共鸣弱,鼻腔共鸣时软腭下降幅度可稍大些。i、u 音舌位高,口腔通路窄,气流容易进入鼻腔,因此,软腭不可下降过多,否则会使元音鼻化,产生鼻音。

(3)减少鼻音色彩

有鼻音习惯的人,在发音时常常出现韵母的元音部分完全鼻化的现象。可用手捏住鼻子,用练习材料中的音节来检查是否过分使用鼻腔共

练习材料:

(1)体会鼻腔共鸣

ma　mi　mu　na　ni　nu

妈妈　骂名　麻木　迷茫　盲目
慢慢　渺茫　苗木　命名　弥漫
男女　年内　牛奶　南宁　泥泞
能耐　忸怩　喃喃　囡囡　美妙
茫茫　娘娘　浪漫　拼命　民盟

(2)不要提前鼻化

黄昏　郯郯　濒临　拼力　行长
哼哼　冷落　登陆　能力　耕垦
盈利　兵营　平平　零星　平行
渊源　传唤　间断　光芒　荒凉
湘江　中堂　中央　荒唐　海航

鸣。如果鼻腔从元音开始就共振,表明鼻腔共鸣使用过度,应减少元音的鼻化程度。

二、共鸣控制综合训练

练习提示:

《白雪》虽然是一首小诗,但用声有虚实、强弱、明暗、刚柔的变化,在细节的刻画上注意声音的细腻运用。比如用虚声表现轻盈的姿态,鼻腔共鸣的加入令声音有喜悦的亮色,要轻巧而有力地吐字,以展现活泼的仪态。在情感的抒发时,直抒胸臆,真诚表达,适当的胸声有利于表现白雪的美丽和质朴。

练习材料:

白雪

佚名

像柳絮,像飞蝶,情绵绵,意切切,
我爱这人间最美的花朵,
白雪飘飘,飘飘白雪。
看她那晶莹的花瓣,铺满了天边的原野,
看她那轻盈的舞姿,催开了红梅的笑靥。
呵,白雪飘飘,飘飘白雪,
她赠给大地一片皎洁,
她撒向人间多少欢悦。
是她用纯真的爱情,
滋润着生命的绿叶,
是她把热烈的追求,
献给那美好的季节。
呵,白雪飘飘,飘飘白雪,
她带给人间多少向往,
她纵情欢呼新的岁月。

练习提示:

《山坡上的野花》以野花这种微小的生命来表现人们对生命的热爱和对个体生命的思考,野花的美丽和凋零的过程使人感到时间的痕迹和压力,生命是美好的,生命又是短暂、

练习材料:

山坡上的野花

刘晖

野花开放,这满山遍野的花朵,
像春天的嘴唇朝向天空。
一个少年唱着一支歌,
谁能听清那含糊的歌词?

易逝、一去不返的。我们能感受到诗人面对生命沉落的无奈,同时也能感受到诗人执着的信念。

这首诗的文字描写形象、具体且细腻,注意口腔共鸣及鼻咽腔共鸣的调节,刻画声音细节,吐字轻巧、用声轻柔、刻画细腻。全文运思缜密,朗读时共鸣与声音处理得当会使诗歌独具一种清新、凄婉、迷离的韵味。

山坡上的野花,这小小的,碎的颜色,
仿佛时光中的碎片,
从春天的缝隙中流出来,这令人心碎的美,
甚至美得有些偏僻。
阳光下的野花,雨中的野花,
在这座高山上,
自生自灭,无怨无悔。
谁看见了这一景象?
如果他在漫游中无所安慰,
如果他在痛苦中越来越轻,
面对这一山坡上的野花,
谁还能没有羞愧?
风吹过来了。风里交织着阳光的声音。
谁不被万物的鞭子鞭打?
那逝去的将永远逝去,
而我仍然要在大地上继续旅行。
到底谁知道野花的秘密?
当它们很快就要消失,
我的眼泪怎能不夺眶而出?

练习提示:

《临江仙》借叙述历史兴亡抒发人生感慨,基调慷慨悲壮,读来意味无穷,荡气回肠。

朗读时音色雄浑厚重,气息深沉有力,共鸣时需要胸腔共鸣的有力支撑才能表现出诗词的宏大意境。

练习材料:

临江仙

杨慎

滚滚长江东逝水,
浪花淘尽英雄。
是非成败转头空。
青山依旧在,几度夕阳红。
白发渔樵江渚上,
惯看秋月春风。
一壶浊酒喜相逢。
古今多少事,都付笑谈中。

练习提示：

诗人借登山望海所见到的自然景物刻画出一代政治家眼中的壮美河山，并表现出诗人的雄心壮志与豪迈情怀。全诗意境雄浑、豪迈，起音不高，音量不大，但需要加入胸腔共鸣，使气息深沉有力，声音不可过于单薄。诗的开头可适当增加虚声成分，表现苍茫浩瀚的意境氛围，而后由静而动，由弱而强，波澜壮阔。

观沧海

曹操

东临碣石，以观沧海。
水何澹澹，山岛竦峙。
树木丛生，百草丰茂。
秋风萧瑟，洪波涌起。
日月之行，若出其中。
星汉灿烂，若出其里。
幸甚至哉，歌以咏志。

练习提示：

这首诗歌赞颂了长江的宏伟、壮丽，表达了对长江的热爱、依恋之情。

全诗气势雄伟、大气磅礴，朗诵时气息要充沛，声音要有力，共鸣要浑厚。注意读到两部分写实与象征意义时的不同声音对比的运用，在对仗的语言中始终要有虚实、强弱、刚柔的对比。

长江之歌

你从雪山走来，春潮是你的丰采；
你向东海奔去，惊涛是你的气概。
你用甘甜的乳汁，哺育各族儿女；
你用健美的臂膀，挽起高山大海。
我们赞美长江，你是无穷的源泉。
我们依恋长江，你有母亲的情怀。

你从远古走来，巨浪荡涤着尘埃；
你向未来奔去，涛声回荡在天外。
你用纯洁的清流，灌溉花的国土。
你用磅礴的力量；推动新的时代。
我们赞美长江，你是无穷的源泉；
我们依恋长江，你有母亲的情怀……
啊，长江！

思考题

1. 人体共鸣器官有哪些？
2. 播音发声共鸣有什么特点？

第十章　情声气相关综合概念

第一节　协调

人的语音发声需要众多生理器官和肌体组织的积极参与，我们把发声器官分为动力器官、发音器官、吐字器官、共鸣器官。这些生理器官的生理功能各不相同，它们在发声活动中的作用也各不相同。在语音发声中，这些生理器官和肌体组织相互作用、相互配合，形成统一的协作关系，才能完成发声活动。一个有机体的总和不大于其个体的总和，只靠分别研究各个发音器官的结构与功能是远远不够的。我们前面的教学偏重对单一发声器官的研究，如呼吸器官、共鸣器官，在建立发声器官协调的互补的概念中，我们可能会被表面上似乎矛盾的不同观念所迷惑。

如果由于分解的学习过程使我们对局部的机制过于重视，而忽视各器官之间的协作，那就不可能达到我们学习的目的。在实际的发声过程中，发声的各个要素紧密联系在一起，是看似矛盾又相互统一的关系。比如，呼吸系统与喉头的关系，呼吸器官可为发声提供动力支持，呼吸器官的运动产生的气流使声带产生振动，发出了原声，没有呼吸器官的支持就不可能发出声音，因此增加呼吸能力似乎就成为需要解决的问题。然而被很多人忽视的是，过强过猛的气息往往会使声带承受过大的压力和冲击，声带和喉头肌肉都会非常紧张，但是如果气息不够，声带不会产生良好闭合，又会使声音沙哑无力，因此处理好呼吸与喉头声带的协调关系甚于单纯重视呼吸的训练。发声与吐字的关系应该是以字带声、字中有声、声中有字，一味追求音色的动听，而忽视吐字技巧的重要作用，只能是本末倒置，不可能起到好的作用。吐字与共鸣器官也是对立统一的关系，吐字过紧会影响共鸣效应，吐字过松会产生"声包字"，字音会不清晰。

由此可见，要想更好地发挥这些器官和肌体组织在发声中的功能，最重要的就是协调与平衡,只有在各发声器官间建立一个良好的发声生理运动关系,才能获得整体的协调、平衡。而我们在前面学习的对机理的分析知识像一座摩天大厦的地基,表面上并不显露,但它是我们学习发声中不可或缺的基础。

第二节 技巧

用声"技巧"是由用声"技能"的熟练而形成的。所谓技能,就是通过练习巩固起来的动作方式,它使比较复杂的动作方式变得较为完善。"技巧"是指各个环节的动作经过练习后,达到自动化的程度。借助发声技巧,主体就可在发声实践中顺利地完成指定任务,当构成行为方式的前一部分完成,就会自动进行下一部分,动作就会自动完成。"自动化"的形成需要一个过程。自动化的稳固程度,是由对发声动作、技能的多次重复练习以及实践的熟练掌握而决定的。用声技巧的形成需要大量的发声训练和实践,要使每个动作步骤完善化并自动化,在大脑皮层中形成新的条件反射系统。

播音用声技巧包括:呼吸控制技巧、喉部控制技巧、口腔控制和吐字归音技巧、共鸣技巧,以及在此基础上形成的声音色彩的多样对比和无穷变化。呼吸控制技巧就是熟练运用胸腹联合式呼吸方法得到稳劲、持久、灵活的气息;喉部控制技巧要求在发声过程中能对喉部肌肉活动进行调节和协调,使喉部放松自如;口腔控制技巧为发音器官创造更大的活动空间,获得较好的口腔共鸣;吐字归音技巧指在发声中对字音处理得当,使字头出字有力,字腹拉开立起,字尾到位弱收;声音共鸣技巧要求以口腔共鸣为主,附以胸腔和头腔共鸣,使声音丰满圆润。

用声的基本技巧在较为简单的动作的基础上逐渐完善,最后达到熟练并形成自动化。播音主体只有通过科学的训练,形成用声的基本技巧,才能满足播音工作对声音的要求。对于不同的创作主体,由于各种主客观原因,技巧的形成过程有长有短。只有经历了这个过程,播音员才能顺利地通过这个声音技巧的"必然王国"进入有声语言表达的"自由王国"的境地。

艺术语言发声的呼吸虽然是一种由意识控制的动作,但却不是一种临时用意识就直接可以做好的简单动作。艺术语言发声不是一个单纯的动作,而是由许多个别动作联合,成为服从某一个发音任务的一种有整体性的复杂行为。它不由人的意志直接控制,而是由大脑皮层有关发音的各中枢相互联系共同完成。无论学习什么技巧,在最初阶段,每个动作必须经过意识的直接控制,经过有意识的控制,动作才能正确,学习到一定阶段以后,一切就会脱离意识的直接控制而走上自动化。到了这个地步,各种技巧动作就可以只用"半意识"控制,即只要兴起完成这个技巧的意念,动作就会自然开始,而不用靠意识控制每个动作。

第三节 声音弹性

一、声音弹性及其表现

弹性一词是从物理学中借来的,一般用以比喻事物具有可多可少、可大可小的伸缩性、可变性。声音弹性是指播音时声音形式对于人们变化着的思想感情的适应能力,即声音随感情变化而表现出的伸缩性、可变性。一个人的声音对于不断变化着的思想感情的适应力强,我们就说这个人的声音富于弹性;一个人的声音对于变化着的思想感情的适应力弱,我们就说这个人的声音弹性差。在这里,"弹性"是一个和"僵持"相对立的概念。人们的思想感情总是在不停地运动变化,播音创作中,播音员的思想感情是随节目内容的进展而运动变化的,这种思想感情的运动状态是播音创作的内在动力。它要求气息、声音随之产生变化,以声音的形式来体现其所感受到的一切。这实际就是播音表达的过程。由此可见,播音表达要求播音员的声音对于运动变化着的思想感情有极强的适应能力和造型能力,也就是说,播音表达需要富于弹性的声音,我们发声训练的目的,也正是为了取得声音弹性。

声音弹性的表现有如下特点:

第一,表现为声音的可变性,主要是气息状态的变化和声音色彩的变化。

第二,声音变化呈现出对比性。弹性是在对比中呈现的,这种对比项目很多,其中主要有:气息的深浅、徐急,声音的高低、强弱、虚实、明暗、刚柔、厚薄以及声音的收纵。

第三,这种对比具有层次性,在每一对比项目中都有众多的层次,层次之间有着细微的差别。控制水平越高,层次间的差别越细致。

第四,声音的弹性变化不是以单项对比的形式出现的,而是以多种对比项目的复合形式出现的。

由于复合的成分不同,各种成分的强度、浓度不同,因而产生了变化万端的声音色彩。

二、如何获得声音弹性

首先,人的思想情感在一定的语言环境中是不断变化的;其次,人的声音通过调节是可变的。这两条是取得声音弹性的必要条件。

思想情感的运动是取得声音弹性的内在依据。要根据栏目、节目、稿件、话题的内容，深切体会感情运动中的细腻变化而将之形之于声。所以声音弹性训练也绝不能脱离一定的语言环境去训练音高、音强、音色、音长等。

要使声音富于弹性，要注意气息随感情的运动。气息是发声的动力，是由情及声的桥梁。

发声能力的扩展也有利于声音弹性的加强。

在发声的各个环节中，对发声的调节、控制都要留有余地，这样才能有利于声音弹性的表现。在任何一个环节上表现出运动的极限，都是形成声音弹性的障碍。音量过大、过小，声调过高、过低，口腔开度过大、过小，口腔控制过松、过紧，声音的过度偏前、偏后，进气量过多、过少，这些都是发声控制达到极限的表现。在这种情况下难以发出具有弹性的声音。

同时，对各种声音色彩对比的训练一定要有针对性，针对自己存在的问题选择练习材料，扬长避短，为综合控制打好基础。声音色彩对比不仅表现在声音的可变性上，而且表现在声音的对比性的对比层次上。因此，加强声音的对比训练是提高声音弹性和丰富声音色彩的有效途径。声音弹性对比训练包括：强弱、高低、刚柔、明暗、厚薄、粗细、前后……这种对比不只是以单项对比的形式出现，而且常常以复合形式出现。

第四节　声音色彩

声音色彩是感情的外部体现，声音色彩与感情色彩之间有一定的对应关系，如人在心情愉快时声音是明朗的，而在抑郁不欢时声音就比较黯淡。如果没有这种对应关系，就不可能用声音传达情感信息，也就无从引起对方情感上的共鸣。但是在运用声音色彩进行表达时，不能采用简单的"对号入座"的办法，即见喜用喜声，见怒用怒声。这是因为，声音色彩只不过是感情色彩的外部体现，如果失去感情运动变化这一声音色彩变化的内在依据，声音就失去了活力，成了空洞、僵滞的东西。感情色彩变化无限丰富细致，可以说无一瞬间相同，没有完全相同的感情色彩；因而与其相适应的声音色彩的变化也必须是生动丰富的。因此，我们坚决反对那种追求固定声音模式、"情不够，声来凑"的蹩脚表达，鼓励坚持从理解感受入手，"以情带声""以声传情"的正确途径。

是不是思想感情运动起来，气息、声音就自然会产生相应的变化而达到情声一致的境界呢？我们的回答既有肯定的方面，也有否定的方面。"肯定"就是说，在思想感情处于运动状态时，气息、声音总是会有些变化，日常生活中谈话的情形就是鲜明的例证。"否定"的含义是指，播音时思想感情的运动状态不同于日常生活，它比日常生活的感情变化更集中、更鲜明，因而要求更加鲜明、丰富的声音色彩变化，而这种变化能力却不是大多数未经训练的人能轻易掌握的。因此，为了适应播音创作思想感情多变的要求，必须加强声音弹性的训练。播音员的声音像画家手中的调色板，色彩变化越丰富、越细致，它对感情色彩的适应性就越强。弹性训练的目的就是扩展以声音色彩为主的声音变化的能力。

第五节　情声气的关系

言语是传递信息和交流思想感情的工具，存在于人际交流中的有声语言、情感和气息，是一个系统当中的几个方面。

"情"：播音员服务于播讲目的，由具体稿件或话题引发，并由有声语言表达出来，始终运动着的情感。它是我们进行播音创作的依托。

"声"：播音员依据稿件和话题，使用发声器官，运用播音技巧所发出的表达思想感情，包容大量信息，并通过电声设备进行传播，经过科学训练的，规范化、艺术化的有声语言。

"气"：在播音过程中，为使有声语言传情达意，播音员使用胸腹联合式呼吸法所获得的发声动力。

那么播音发声对情声气有哪些具体的要求呢？"情"要具备最丰富的，并且能随时调动起来的思想感情。一方面播音员、节目主持人要不断地加强自己的修养，锻炼和培养自己的艺术素质，使自己具备宽广的胸怀、纯真的情操、美好的憧憬、深邃的境界、蓬勃的志趣、灵动的活力等。另一方面调动起来的运动着的思想感情，一定要服从于稿件或者是话题的界定，服务于播讲目的。对"声"的要求是能够充分表达各类不同稿件所确定的不同层次、不同色彩的情感，能清晰明确地传递稿件带有的所有信息，并且具有各自声音形象的特点。播音发声对"气"的要求是能够符合播音员进行播音创作要求，有一定的力度、呼吸控制自如、完美地配合发声需要，并且能够保护发声器官、美化声音的气息。总之，"情"要取其高，"声"要取其中，"气"要取其深，以达到字正腔圆、清晰持久、刚柔自如、声情并茂的境地。

那么情声气之间的关系应该是怎样的呢？大家都知道，除了事物、事理的意义之外,语言总是带有一定的感情色彩,这种感情色彩赋予语言以情态意义。一定的情态意义靠一定的声音形式来表现,情态意义越丰富,声音形式的变化也就越多。语言本身具有极大的灵活性,它可以在不同的环境下,在不同的气氛、心理状态还有情绪和声调当中赋予不同的思想内容和感情色彩。情声气之间的关系应该说"情"是内涵,是依托;"声"是形式,是载体;"气"是基础,是动力。由此我们可以得出结论:情是主导,是思想感情运动状态指导着气息的运动,并且组织发声器官协同动作,这样才能发出表情达意的声音来。气随情动,声随情出,气生于情而融于声。

所以我们在播音发声当中要以情代声、以声传情,决不能本末倒置。在这里,"情"我们又可以理解为感情、情义、情境,甚至理解为某种意境,这个"意境"指的是包含限定情感范围程度的语言环境和心理环境。在生活语言当中,我们有许许多多的词语可以概括情声气的关系。比如从"声"的角度来讲,有慷慨陈词、娓娓道来、慢言细语、甜言蜜语、轻声慢语、豪言壮语、直言快语等。从"气"的角度来讲,有忍气吞声、有气无声、粗声粗气、敛声屏气、唉声叹气、奶声奶气等。从"情"的角度来讲,有情真意切、情至意尽、情意绵绵、虚情假意、真情实意等。我们进行播音创作的时候,往往是依据稿件、话题托物起兴、见景生情,把自己的主观世界也当作艺术表现的对象,把自己的主观世界对象化、客观化,把思想文字化为有声语言,把自己内在的精神世界表现出来,使受众能够具体地感受到、体验到、听得到、看得见。

在播音员、节目主持人进行创作的时候,声音是唯一的,或者是很重要的一部分表现形式。情需要通过声音和气息才能表达出来。情声气结合要追求的境界应该是情声气交融、主客观的高度统一。人的精神生活是极其复杂的,我们常说"可以意会,不可言传",指的是感受到了、领悟到了,但是难于用语言、用概念作出具体的描述,特别是某种情绪、情怀或某种复杂的感受体验等,大多是属于情态领域里的一些东西。比如像愤怒、高兴、爱等,我们用来划分层次的程度副词相比之下显得太少了,比如像有点儿、一些、比较、挺、很、太、非常、极点。我们可以说有点儿愤怒、有一些愤怒、比较愤怒、挺愤怒、很愤怒、太愤怒、非常愤怒、愤怒到极点,但是大家可以数一下,这也不过几个层次而已。这些用书面语言没法再往深层次划分的情绪,用我们的有声语言、用我们符合稿件、话题所提供的所有条件,情声气结合就能恰如其分地进行表达。这正是我们播音发声之所长。

情声气结合需要注意哪些问题?首先是气息。运动的气息来源于不停变化的控制。其次是声音的运用。要注意声音色彩的对比,一定要用够、用活,要客观地认识自己的声音,抓住自己声音的特色,逐步确立自己的声音形象。最后要注意实践性。在由备稿到播出的整个过程中,要根据稿件、话题提供的线索,不断地挖掘新的内容,找出新的感受以促进思想感情的运动，要做到这些就一定要动真情。

　　播音发声必须动之以情，但是并非随便什么感情的注入、泛滥或激情的表露都是好的，表面的强烈不等于真实情感，而质朴中常常饱含着火一样的激情。这里主要要看有没有内涵、有没有内蕴、是不是发自内心。如果离开内心的真情而无病呻吟、忸怩作态，艺术的感染力就会一去无踪影。故意做作出来的假感情，它以迎合低俗之所好为满足，只能感人一时而不能真正感染人，不能使人"过耳不忘"。即使是真挚的感情也不能一概而论，要做出具体的分析和对待。人的感情是被社会实践所规定的一种意识形态，是建立在一定的思想基础之上，并且受世界观所制约的。尽管喜怒哀乐、七情六欲人皆有之，但是同一事物对于不同的人来说，所引起的感情反应不可能没有差异。这里边有积极健康和消极颓废之分，前者和人民群众的感情息息相关，符合时代精神，这样的真实情感和善是相统一的，因而是美的；而后者则是凭一己之所好，投合少数人的趣味，与时代精神相背，即使是真实的也是有害的。感情被现实所激起，还必须被思想所提高，这是问题的一个方面；另一个方面，同是积极健康高尚的感情，也是丰富多彩、千差万别的，它的表达方式和表现形态也是多种多样的。歌德曾经说过："一棵树上很难找到两片形状完全一样的叶子，一千个人中也很难找到两个在思想感情上完全协调一致的人。"这又体现了每个播音员、节目主持人都有其特定的感情、气质和个性，也就是不同的格调和风貌。

　　由此可见，感情是使播音作品寓于个性和创造性的潜在的推动力量。每个播音员、节目主持人完全可以按照自己的个性来发展不同的才能，用自己的辛勤劳动开拓一片崭新的天地，这就需要在时代精神的感召下，不断培养、充实和提高我们的情感素质，并且以此来作为我们进行播音创作的基石和艺术探索的起点。播音员、节目主持人在播音发声这个领域，要是能够做到情、声、气高度的统一这一步，已经可以说是进入了一个进行高层次播音创作的阶段。

第六节　情声气综合训练

　　声音弹性表现在声音的可变性、对比性上。加强对比训练是提高声音弹性、丰富声音色彩的有效途径。

一、古诗词朗诵训练

练习提示：

此乃苏轼被谪黄州时，游赤壁而作的一首词。此词写景抒情，充满人生的感慨。朗诵过程中要在心理上体会作者的人生处境和人生境界，在声音运用上要气息充沛，吐字有力，声音坚实雄浑。注意上阕写景与下阕"遥想"在音色运用上的细微差别。

练习材料：

念奴娇·赤壁怀古

苏轼

大江东去，浪淘尽，千古风流人物。
故垒西边，人道是，三国周郎赤壁。
乱石穿空，惊涛拍岸，卷起千堆雪。
江山如画，一时多少豪杰。

遥想公瑾当年，小乔初嫁了，雄姿英发。
羽扇纶巾，谈笑间，樯橹灰飞烟灭。
故国神游，多情应笑我，早生华发。
人生如梦，一樽还酹江月。

练习提示：

作品写的是作者居官闲猎之事，上阕写打猎，下阕抒怀。表现了词人伟大的爱国情怀。

朗诵时注意打猎的氛围营造与当时作者心情的表现。朗诵者朗诵时也应心胸开阔，胸中充满豪迈之气，在声音运用上做到刚健有力、收放自如。

练习材料：

江城子·密州出猎

苏轼

老夫聊发少年狂，
左牵黄，右擎苍。
锦帽貂裘，千骑卷平冈。
为报倾城随太守，亲射虎，看孙郎。

酒酣胸胆尚开张。
鬓微霜，又何妨！
持节云中，何日遣冯唐？
会挽雕弓如满月，西北望，射天狼。

练习提示:

这是苏轼的一首怀念亡妻王弗的词,感情浓烈真挚。上阕描写思念亡妻的悲痛心情,音色沧桑沉重;下阕描写梦境中遇到亲人的情境,音色有明快、轻柔的变化,在结尾处又回到现实,音色变得较为坚实。

练习材料:

江城子·乙卯正月二十日夜记梦

苏轼

十年生死两茫茫,
不思量,自难忘。
千里孤坟,无处话凄凉。
纵使相逢应不识,
尘满面,鬓如霜。

夜来幽梦忽还乡,
小轩窗,正梳妆。
相顾无言,惟有泪千行。
料得年年肠断处,
明月夜,短松冈。

练习提示:

此词上阕写春天的景色,下阕描写了一种情境,很有情趣。全词寓情于景,蕴藉有味。朗诵中声音要明朗、柔和、虚实相间。吐字要清晰巧妙,注意字音的刻画。由于是生活中小情景的描写,在气息和口腔运用上要讲求细节,力求细腻精巧,而不像雄浑的诗歌那样从总体上追求一种气势。

练习材料:

蝶恋花·春景

苏轼

花褪残红青杏小。
燕子飞时,绿水人家绕。
枝上柳绵吹又少
天涯何处无芳草。

墙里秋千墙外道。
墙外行人,墙里佳人笑。
笑渐不闻声渐悄,
多情却被无情恼。

练习提示：

这首词是追忆年少青春时的生活情景。在回忆的场景中，主人公天真、欢乐、无忧无虑，尽情感受自然的美感和生命的活力。朗诵时要感情投入、情绪连贯，要读出诗中的陶醉感。注意中高共鸣及口腔、鼻腔的调节和运用，以增加欢快和明快的音色。

练习材料：

如梦令·常记溪亭日暮

李清照

常记溪亭日暮，
沉醉不知归路。
兴尽晚回舟，
误入藕花深处。
争渡，争渡，
惊起一滩鸥鹭。

二、现代诗歌朗诵训练

练习提示：

全诗勾勒出一个真实、沉重的历史情境。全诗用词准确简洁，意象鲜明，历史的苦难如同手推车的独轮沉沉地碾压在心灵上。诗的沉重感，不是失败者的绝望和哀伤，而是一个战士痛切的感情和奋起的决心。

朗诵时音色基调要深沉，节奏缓慢、沉重，情绪推进时语势要爬坡有力，注意重点词汇的重音处理，吐字要准确有力，气息沉稳拉住。

练习材料：

手推车

艾青

在黄河流过的地域
在无数的枯干了的河底
手推车
以唯一的轮子
发出使阴暗的天穹痉挛的尖音
穿过寒冷与静寂
从这一个山脚
到那一个山脚
彻响着
北国人民的悲哀

在冰雪凝冻的日子
在贫穷的小村与小村之间
手推车
以单独的轮子
刻画在灰黄土层上的深深的辙迹

穿过广阔与荒漠
从这一条路
到那一条路
交织着
北国人民的悲哀

练习提示:

通过不同形象的排列、比较、递进、反复,诗人借助具体而深刻的时间与空间体验,抒发乡愁之思绪。诗中分别列出了四个鲜明的意象所代表的四个人生阶段的空间体验,全诗充满了音乐的美感,回环往复、一唱三叹。"小时候""长大后""后来""现在",这几个词在诗的结构中虽在同一位置,但朗诵处理时应区别对待,体现出递进关系。前三节情感由低到高越来越浓烈,声音形式上也可在音高上加高,第四节忽而转低,情感却越加深厚、绵长。

练习材料:

乡愁

余光中

小时候
乡愁是一枚小小的邮票
我在这头
母亲在那头

长大后
乡愁是一张窄窄的船票
我在这头
新娘在那头

后来啊
乡愁是一方矮矮的坟墓
我在外头
母亲在里头

而现在
乡愁是一湾浅浅的海峡
我在这头
大陆在那头

练习材料:

雨巷

戴望舒

撑着油纸伞,独自
彷徨在悠长、悠长
又寂寥的雨巷

练习提示:

本诗既写实又写虚,既具体又朦胧。诗中撑着油纸伞的"我"心中有莫名的忧伤,在具体的、细微的环境中烘托了一个丁香一样的结着愁怨的姑娘,颇有象征意味。这是"实"与"虚"的结合、交融。想象中的邂逅,引发少男少女的心灵共鸣,是诗意化、形象化的多愁善感,是极为现代的诗歌情境。既有西洋油画的写实意味,又透出中式绘画的朴素、简约的意境。极富音乐的美感,复沓、叠句、重唱等手法,造成了回环往复的旋律和宛转悦耳的乐感。诗的节奏感恰到好处,好像字、词、形象、情绪的共舞,仿佛乐章一样,有呈示、展开、再现,有主题旋律的发展,有乐思的重复与递进,给人以美好的、飘逸的、抒情的想象空间。

朗读时应表现出朦胧而又幽深的美感,用声不宜过实,要虚实相间,用声力度不宜过大。情取其深,整体色彩深沉凄婉。朗读时要打破诗行和标点符号的限制,随诗中的情绪让语言行云流水。

我希望逢着
一个丁香一样的
结着愁怨的姑娘
她是有
丁香一样的颜色
丁香一样的芬芳
丁香一样的忧愁
在雨中哀怨
哀怨又彷徨
她彷徨在这寂寥的雨巷
撑着油纸伞
像我一样
像我一样地
默默彳亍着
冷漠,凄清,又惆怅
她静默地走近
走近,又投出
太息一般的眼光
她飘过
像梦一般的
像梦一般的凄婉迷茫
像梦中飘过
一枝丁香地
我身旁飘过这女郎
她静默地远了,远了
到了颓圮的篱墙
走尽这雨巷
在雨的哀曲里
消了她的颜色
散了她的芬芳
消散了,甚至她的
太息般的眼光

丁香般的惆怅
撑着油纸伞,独自
彷徨在悠长,悠长
又寂寥的雨巷
我希望飘过
一个丁香一样的
结着愁怨的姑娘

练习提示:

康桥,即英国著名剑桥大学所在地。全诗充满了对康桥的留恋之情、惜别之情和理想幻灭后的伤感之情,具有缠绵悱恻的诗意,同时又怀着淡淡的忧伤。

全诗基调优美且富有诗意,透露出淡淡的哀伤但并不显灰暗。

全诗形式不拘一格,舒缓的节奏,轻盈的动作,语调抑扬顿挫、节奏优美,具有音乐的美感,读起来朗朗上口,听起来也有独特的审美快感。

朗诵时要注意诗人飘逸潇洒、真挚天然的个性特征,注意诗歌真挚的语气、挥洒的语势、舒张有致的节奏,做到收放自如,给人以独特的审美快感。

练习材料:

再别康桥

徐志摩

轻轻的我走了,
正如我轻轻的来;
我轻轻的招手,
作别西天的云彩。

那河畔的金柳,
是夕阳中的新娘;
波光里的艳影,
在我的心头荡漾。

软泥上的青荇,
油油的在水底招摇;
在康河的柔波里,
我甘心做一条水草。

那榆荫下的一潭,
不是清泉,是天上虹;
揉碎在浮藻间,
沉淀着彩虹似的梦。

寻梦?撑一支长篙,

向青草更青处漫溯；
满载一船星辉，
在星辉斑斓里放歌。

但我不能放歌，
悄悄是别离的笙箫；
夏虫也为我沉默，
沉默是今晚的康桥！

悄悄的我走了，
正如我悄悄的来；
我挥一挥衣袖，
不带走一片云彩。

练习提示：

"文革"后的一段时间里，一些青年人当中弥漫着一种"悲观"的空气，北岛的这首诗《一切》就表现了一种心如死灰的情绪，发出了绝望的嚎叫：一切都是命运/一切都是烟云/一切都是没有结局的开始/一切都是稍纵即逝的追寻……/一切希望都带着注释/一切信仰都带有呻吟/一切爆发都有片刻的宁静/一切死亡都有冗长的回声。当时就有人批评说北岛的诗感情颓废、不健康，充满绝望、悲观主义、虚无主义。舒婷的《这也是一切》是对否定一切的质疑，是对绝对否定的相对化，是对绝否定情绪的一种理性反思。从而将我们的目光引向那深藏在否定废墟下的希望的光亮上。

练习材料：

这也是一切

舒婷

不是一切大树，
都被风暴折断；
不是一切种子，
都找不到生根的土壤；
不是一切真情，
都流失在人心的沙漠里；
不是一切梦想，
都甘愿被折断翅膀。
不，不是一切，都像你说的那样！

不是一切火焰，
都只燃烧自己，
而不把别人照亮；
不是一切星星，
都仅指示黑暗，
而不报告曙光；

诗中运用一连串的否定，在否定中表现自己的观点。对表面现象否定的背后是内心坚实的价值体系和对生活的信心。朗诵中要呼吸稳健、吐字有力，在表明自己观点的时候要把持"有理不在声高的原则"，从语气和吐字上给语言以力量。

不是一切歌声，
都只掠过耳旁，
而不留在心上。
不，不是一切，都像你说的那样！

不是一切呼吁都没有回响；
不是一切损失都无法补偿；
不是一切深渊都是灭亡；
不是一切灭亡都覆盖在弱者头上；
不是一切心灵，
都踩在脚下、烂在泥里；
不是一切后果，
都是眼泪血印，而不展现欢容。
一切的现在都在孕育着未来，
未来的一切都生长于它的昨天。
希望，而且为它斗争，
请把这一切放在你的肩上。

练习提示：

有人说这是一首抒情诗，有人说这是一首爱情诗，有人说这是一首哲理诗。对诗的理解不同，在朗诵时处理整体风格与具体段落的方法都会有所不同。把它当情诗来处理，在朗诵时就要注意情感的抒发；把它当哲理诗处理，就要注意语句中的理性思考。本诗借助木棉与橡树的形象将诗人的爱情观表达出来，颇有托物言志的味道。朗诵时情感要蕴藉深沉，在情感中有思考。

练习材料：

致橡树

舒婷

我如果爱你，
绝不像攀援的凌霄花，
借你的高枝炫耀自己；
我如果爱你，
绝不学痴情的鸟儿，
为绿荫重复单调的歌曲；
也不止像泉源，
常年送来清凉的慰藉；

在思辨中孕育着深情。而不能一昧地盲目抒情,在语气上与对象的交流要达到一种平等与尊重,才不违背作者的创作初衷。

全诗开头语势不要太高,读出"爱"也要读出"如果",表明这是一种假设。从这个假设切入,开始表明自己的观点——爱情观。这个观点不是一时的情感用事,而是冷静思考的结果,充满理性,在陈述与表达过程中又表现出一种真挚、炙热又深沉的爱。

建议朗诵时呼吸起伏不要太大,注重吐字力度,清晰地表达观点,融情于字。在声音形式上做到刚柔相济、外柔内刚,体现出女性的柔美与自尊。

也不止像险峰,
增加你的高度,
衬托你的威仪。
甚至日光,
甚至春雨。
不,这些都还不够!
我必须是你近旁的一株木棉,
作为树的形象和你站在一起。
根,紧握在地下,
叶,相触在云里。
每一阵风过,
我们都互相致意,
但没有人,
听懂我们的言语。
你有你的铜枝铁干,
像刀,像剑,
也像戟;
我有我的红硕花朵,
像沉重的叹息,
又像英勇的火炬。
我们分担寒潮、风雷、霹雳;
我们共享雾霭、流岚、虹霓。
仿佛永远分离,
却又终身相依。
这才是伟大的爱情,
坚贞就在这里:
爱——
不仅爱你伟岸的身躯,
也爱你坚持的位置,脚下的土地。

练习提示:

诗歌中有许多不同意象的叠加和重复的节奏,从低沉缓慢走向高亢迅疾,最后在我们心里形成了祖国的形象。

在中国这片土地上,我们曾见过许多令人悲伤的形象和场景。苦难的人民、恶劣的生存环境,这些都曾经发生过,这些都是我们祖国的历史。朗读时注意各种词语的情态和吐字力度,注意各种形象呈现的各种苦难。

中国的形象不仅仅是苦难,年轻的新中国充满活力,充满希望。诗歌后半段热情奔放、充满活力,节奏由深沉低缓转为激越豪迈。最后是把自我的小火融入祖国的大火之中,诗歌在高潮中结束。

练习材料:

祖国啊,我亲爱的祖国

舒婷

我是你河边上破旧的老水车,
数百年来纺着疲惫的歌;
我是你额上熏黑的矿灯,
照你在历史的隧洞里蜗行摸索,
我是干瘪的稻穗,是失修的路基,
是淤滩上的驳船,
把纤绳深深,
勒进你的肩膊。
——祖国啊!
我是贫困,
我是悲哀,
我是你祖祖辈辈,
痛苦的希望啊,
是"飞天"袖间,
千百年来未落到地面的花朵。
——祖国啊!
我是你簇新的理想,
刚从神话的蛛网里挣脱;
我是你雪被下古莲的胚芽,
我是你挂着眼泪的笑窝,
我是新刷出的雪白的起跑线,
是绯红的黎明,
在喷薄。
——祖国啊!
我是你十亿分之一,
是你九百六十万平方的总和;
你以伤痕累累的乳房,
喂养了,

迷惘的我,深思的我,沸腾的我。
那就从我的血肉之躯上,
去取得,
你的富饶,你的荣光,你的自由;
——祖国啊,
我亲爱的祖国!

练习提示:

此诗表达经历十年浩劫后人们对新生活的期望。诗歌借用一个孩子的眼光来看这个世界,这是发自儿童内心的呼唤,朗读时要运用孩童般的天真语气来唤醒人们麻木的内心。

身份感的确立使音色偏于童真,气息不可过于深沉迟滞,要突出孩童的语言和声音特点。

练习材料:

雪白的墙

梁小斌

妈妈,
我看见了雪白的墙。
早晨,
我上街去买蜡笔,
看见一位工人,
费了很大的力气,
在为长长的围墙粉刷。
他回头向我微笑,
他叫我,
去告诉所有的小朋友:
以后不要在这墙上乱画。

妈妈,
我看见了雪白的墙。
这上面曾经那么肮脏,
写有很多粗暴的字。
妈妈,你也哭过,
就为那些辱骂的缘故,
爸爸不在了,
永远地不在了。

比我喝的牛奶还要洁白,

还要洁白的墙，
一直闪现在我的梦中，
它还站在地平线上，
在白天里闪烁着迷人的光芒，
我爱洁白的墙。
永远地不会在这墙上乱画，
不会的，
像妈妈一样温和的晴空啊，
你听到了吗？
妈妈，
我看见了雪白的墙。

练习提示：

诗人说这是她写给自然的一首情诗，有的读者把这首诗理解为爱情诗，也是一种理解和诠释。

朗诵中感情要深沉真挚、充满深情，节奏要舒缓，用声要轻柔但语气坚定，吐字要有力，以表现诗歌中的"我"那强大的内心和对真情的执拗。

练习材料：

一棵开花的树

席慕蓉

如何让你遇见我
在我最美丽的时刻
为这
我已在佛前求了五百年
求佛让我们结一段尘缘
佛于是把我化作一棵树
长在你必经的路旁
阳光下 慎重地开满了花
朵朵都是我前世的盼望
当你走近 请你细听
那颤抖的叶 是我等待的热情
而当你终于无视地走过
在你身后落了一地的
朋友啊 那不是花瓣
是我凋零的心

第十章 情声气相关综合概念

练习提示：

全诗充满对青春远逝的无限感慨和对生命短暂的无限哀伤。但是在哀伤与幽怨中，我们读出了作者对生命与生活的坚定追求和执着求索。

朗诵此诗时，内心的感慨与淡淡的哀伤中须透出对青春的眷恋与赞美，语言要清新、流畅，语气要真挚而坚定，声音运用吐字轻弹，重音要有力。

练习材料：

青春

席慕蓉

所有的结局都已写好
所有的泪水也都已启程
却忽然忘了是怎么样的一个开始
在那个古老的不再回来的夏日
无论我如何地去追索
年轻的你只如云影掠过
而你微笑的面容极浅极淡
逐渐隐没在日落后的群岚
遂翻开那发黄的扉页
命运将它装订得极为拙劣
含着泪 我一读再读
却不得不承认
青春 是一本太仓促的书

练习提示：

这是鲁迅最著名也最深刻的作品，作者自我心境的抒发，与历史、现实、人性的反思深深地结合在一起，浑成浩大而沉郁悲凉的意境。

这是高难度的朗诵篇章，底蕴深且广，最重要的是要将作者的悲凉、沉痛、哀愁、无奈以及绝望与希望的交织浑然一体地吟唱出来。气息的变化要随着情绪、情境和诸多形象的再现而呈现。由于作品内涵特别深刻，反倒不宜字雕句琢——陷入细节的雕饰中会显得小气，要把握整体，表现出鲁迅先生深刻的悲凉沉痛以及悲天悯人的情怀。

练习材料：

希望

鲁迅

我的心分外地寂寞。

然而我的心很平安，没有爱憎，没有哀乐，也没有颜色和声音。

我大概老了，我的头发已经苍白，不是很明白的事么？我的手颤抖了，不是很明白的事么？那么我的魂灵的手一定也颤抖着，头发也一定苍白了。

然而这是许多年前的事了。

这以前我的心也曾充满过血腥的歌声：血和铁，火焰和毒，报复和报仇。而忽然这些都空虚了，但有时故意地填以没奈何的自欺的希望。希望,希望,用这希望的盾,抗拒那空虚中的暗夜的袭来。虽然盾后面也依然是空虚中的暗夜。然而就是如此,陆续地耗尽了我的青春。

我早先岂不知我的青春已经逝去了?但以为身外的青春固在:星、月光,僵坠的蝴蝶,暗中的花,猫头鹰的不祥之音,杜鹃的啼血,笑的渺茫,爱的翔舞……虽然是悲凉漂渺的青春罢,然而究竟是青春。

然而现在何以如此寂寞?难道连身外的青春也都逝去,世上的青年也多衰老了么?

我只得由我来肉搏这空虚中的暗夜了。我放下希望之盾,我听到 Petofio Sandor(裴多菲 1823—1849)的"希望"之歌。

……

倘使我还得偷生在不明不暗的这"虚妄"中,我就还要寻求那逝去的悲凉漂渺的青春,但不妨在我的身外。因为身外的青春倘一消灭,我身中的迟暮的青春也即凋零了。

然而现在没有星和月光,没有僵坠的蝴蝶以至笑的渺茫,爱的翔舞。然而青年们很平安。

我只得由我来肉搏这空虚中的暗夜了,纵使寻不到身外的青春,也总得自己来一掷我身中的迟暮。但暗夜又在哪里呢?现在没有星,没有月光以至笑的渺茫和爱的翔舞;青年们很平安,而我的面前又竟至于并且没有真的暗夜。

绝望之为虚妄,正与希望相同!

练习提示：

这是海德格尔的美学名篇，灵感出自著名画家梵高的画作。透过对农鞋形象的刻画，展示出大地的广博、存在的深远，传达出极为深刻的哲思。表面上是对器具的细节描述，却逐步借助想象和还原，带出时间、空间、处境和人的具体生存状况。

朗读时要特别注意言外之意，言有尽而意无穷，由眼前所见的，想到所不见的，由当下的，想到过去和未来，由局部的，想到无限深广……呼吸要配合主体的感受，以传递深沉而悠远的哲理。

练习材料：

农鞋（节选）

海德格尔

从鞋具磨损的内部那黑洞洞的敞口中，凝聚着劳动步履的艰辛。这硬邦邦、沉甸甸的破旧农鞋，聚集着那双步履的坚韧和滞缓。寒风料峭中，那双步履迈动在一望无际、永远单调的田垄上。鞋皮上粘着湿润而肥沃的泥土。暮色降临，这双鞋底孤零零地在田野小径上踽踽独行。在这鞋具里，回响着大地无声的召唤，显耀着大地对成熟的谷物的宁静的馈赠，表征着大地在冬闲的荒芜田野里的朦胧的冬冥。这双器具浸透着对面包的稳靠性的无怨无艾的焦虑，以及那战胜了贫困的无言的喜悦，隐含着分娩阵痛时的哆嗦，死亡逼近时的颤栗。这器具属于大地，它在农妇的世界里得到保存。正是由于这种保存的归属关系，器具本身才得以出现而得以自持。

然而，我们也许只能在这个画出来的鞋具上才能看到所有这一切。相反，农妇就径直穿着这双鞋。

三、散文朗诵练习

练习材料：

济南的冬天

老舍

对于一个在北平住惯的人，像我，冬天要是不刮风，便觉得是奇迹；济南的冬天是没有风声的。对于一个刚由伦敦回来的人，像我，冬天要能看得见日光，便觉得是怪事；济南的冬天是响晴的。自然，在热带的地方，日光是永远那么毒，响亮的天气，反有点叫人害怕。可是,在北中国的冬天,而能有温晴的天气,济南真的算个宝地。

设若单单是有阳光,那也算不了出奇。请闭上眼睛想:一个老城,有山有水,全在天底下晒着阳光,暖和安适地睡着,只等春风来把它们唤醒,这是不是理想的境界?

小山整把济南围了个圈儿,只有北边缺着点口儿。这一圈小山在冬天特别可爱,好像是把济南放在一个小摇篮里,它们安静不动地低声地说:"你们放心吧,这儿准保暖和。"真的,济南的人们在冬天是面上含笑的。他们一看那些小山,心中便觉得有了着落,有了依靠。他们由天上看到山上,便不知不觉地想起:明天也许就是春天了吧?这样的温暖,今天夜里山草也许就绿起来了吧?就是这点幻想不能一时实现,他们也并不着急,因为这样慈善的冬天,干什么还希望别的呢。

最妙的是下点小雪呀。看吧,山上的矮松越发地青黑,树尖上顶着一髻儿白花,好像日本看护妇。山尖全白了,给蓝天镶上一道银边。山坡上,有的地方雪厚点,有的地方草色还露着;这样,一道儿白,一道儿暗黄,给山们穿上一件带水纹的花衣;看着看着,这件花衣好像被风儿吹动,叫你希望看见一点更美的山的肌肤。等到快日落的时候,微黄的阳光斜射在山腰上,那点儿薄雪好像忽然害羞,微微露出点粉色。就是下小雪吧,济南是受不住大雪的,那些小山太秀气。

古老的济南,城内那么狭窄,城外又那么宽敞,山坡上卧着些小村庄,小村庄的房顶上卧着点雪,对,这是张小水墨画,或者是唐代的名手画的吧。

那水呢,不但不结冰,反倒在绿藻上冒着点热气。水藻真绿,把终年储蓄的绿色全拿出来了。天儿越晴,水藻越绿,就凭这些绿的精神,水也不忍得冰上;况且那长枝的垂柳还要在水里照个影儿呢。看吧,由澄清的河水慢慢往上看吧,空中,半空中,天上,自上而下全是那么清亮,那么蓝汪汪的,整个的是块空灵的蓝水晶。这块水晶里,包着红屋顶,黄草山,像地毯上的小团花的小灰色树影。这就是冬天的济南。

练习提示:

朗诵者感悟到作者所要表现的济南冬天的平凡的美时,有声语言便有了美的方向,不是浓墨重彩的,不是激情四溢的,没有大起大落、大悲大喜,而是自然质朴、温暖惬意的。在舒缓、自然的口语中蕴含丰富细腻的音色变化,以表现平凡事物带来的感动。

朗读《济南的冬天》时,应保证自然流畅,运用口语化表达,即贴近生活的朗读方式。老舍的文字没有华丽的辞藻,没有难解的句子,但就像一位老者在拉家常、讲故事,让人觉得亲切备至。在朗读时要避免读得生硬或高昂的调子,始终要侃侃而谈、娓娓道来,要做到情感真挚、语言质朴,而不要拿腔拿调。起调不要高,用声要柔和。长短句间隔调配,句式整齐,注意读出韵律感和节奏感。

练习材料：

住的梦

老舍

不管我的梦想能否成为事实，说出来总是好玩的：春天，我将要住在杭州。二十年前，我到过杭州，只住了两天。那是旧历的二月初，在西湖上我看见了嫩柳与菜花、碧浪与翠竹。山上的光景如何？没有看到。三四月的莺花山水如何，也无从晓得。但是，由我看到的那点春光，已经可以断定杭州的春天必定会教人整天生活在诗与图画中的。所以，春天我的家应当是在杭州。

夏天，我想青城山应当算作最理想的地方。在那里，我虽然只住过十天，可是它的幽静已拴住了我的心灵。在我所看见过的山水中，只有这里没有使我失望。它并没有什么奇峰或巨瀑，也没有多少古寺与胜迹，可是，它的那一片绿色已足使我感到这是仙人所应住的地方了。到处都是绿，而且都是像嫩柳那么淡，竹叶那么亮，蕉叶那么润，目之所及，那片淡而光润的绿色都在轻轻的颤动，仿佛要流入空中与心中去似的。这个绿色会像音乐似的，涤清了心中的万虑，山中有水，有茶，还有酒。早晚，即使在暑天，也须穿起毛衣。我想，在这里住一夏天，必能写出一部十万到二十万的小说。

假若青城去不成，求其次者才提到青岛。我在青岛住过三年，很喜爱它。不过，春夏之交，它有雾，虽然不很热，可是相当的湿闷。再说，一到夏天，游人来的很多，失去了海滨上的清静。美而不静便至少失去一半的美。最使我看不惯的是那些喝醉的外国水兵与差不多是裸体的，而没有曲线美的妓女。秋天，游人都走开，这地方反倒更可爱些。

不过，秋天一定要住北平。天堂是什么样子，我不晓得，但是从我的生活经验去判断，北平之秋便是天堂。论天气，不冷不热。论吃食，苹果，梨，柿，枣，葡萄，都每样有若干种。至于北平特产的小白梨与大白海棠，恐怕就是乐园中的禁果吧，连亚当与夏娃见了，也必滴下口水来！果子而外，羊肉正肥，高粱红的螃蟹刚好下市，而良乡的栗子也香闻十里。论花草，菊花种类之多，花式之奇，可以甲天下。西山有红叶可见，北海可以划船——虽然荷花已残，荷叶可还有一片清香。衣食住行，在北平的秋天，是没有一项不使人满意的。即使没有余钱买菊吃蟹，一两毛钱还可以爆二两羊肉，弄一小壶佛手露啊！

冬天，我还没有打好主意，香港很暖和，适于我这贫血怕冷的人去住，但是"洋味"太重，我不高兴去。广州，我没有到过，无从判断。成都或者相当的合适，虽然并不怎样和暖，可是为了水仙，素心腊梅，各色的茶花，与红梅绿梅，仿佛就受一点寒冷，也颇值得去了。昆明的花也多,而且天气比成都好,可是旧书铺与精美而便宜的小吃食远不及成都的那么多,专看花而没有书读似乎也差点事。好吧,就暂时这么规定:冬天不住成都便住昆明吧。

在抗战中,我没能发了国难财。我想,抗战结束以后,我必能阔起来,唯一的原因是我是在这里说梦。既然阔起来,我就能在杭州,青城山,北山,成都,都盖起一所中式的小三合房,自己住三间,其余的留给友人们住。房后都有起码是二亩大的一个花园,种满了花草;住客有随便折花的,便毫不客气地赶出去。青岛与昆明也各建小房一所,作为候补住宅。各处的小宅,不管是什么材料盖成的,一律叫作"不会草堂"——在抗战中,开会开够了,所以永远"不会"。

那时候,飞机一定很方便,我想四季搬家也许不至于受多大苦处的。假若那时候飞机减价,一二百元就能买一架的话,我就自备一架,择黄道吉日慢慢地飞行。

练习提示:

每个中国人都有一个关于居住的梦想,老舍的文章《住的梦》发表于1945年,老舍在抗战期间,由于战火连绵,居无定所,居住条件非常艰苦,因此有了关于居住的梦想,憧憬着战争结束以后的平静且充满诗意的生活,这也成了在战火中的人们对于美好生活的梦想。作者憧憬并描绘了战争结束后自己应该去居住的地方,正如他自己说的:"不管这样住的梦想能否成为事实,说出来总是好玩的。"文章想象丰富,生动有趣。朗读时整体基调轻松愉快,如同把自己展开的奇思妙想饶有兴趣地与人畅谈。朗读时节奏要舒缓、声音要柔和,可随情感变化而加快节奏与语速,力求一气呵成。

练习材料:

紫藤萝瀑布

宗璞

我不由得停住了脚步。

从未见过开得这样盛的藤萝,只见一片辉煌的淡紫色,像一条瀑布,从空中垂下,不见其发端,也不见其终极。只是深深浅浅的紫,仿佛在流动,在欢笑,在不停地生长。紫色的大条幅上,泛着点点银光,就像迸溅的水花。仔细看时,才知那是每一朵紫花中的最浅淡的部分,在和阳光互相挑逗。

这里春红已谢,没有赏花的人群,也没有蜂围蝶阵。有的就是这一树闪光的、盛开的藤萝。花朵儿一串挨着一串,一朵接着一朵,彼此推着挤着,好不活泼热闹!

"我在开花!"它们在笑。

"我在开花!"它们嚷嚷。

每一穗花都是上面的盛开、下面的待放。颜色便上浅下深,好像那紫色沉淀下来了,沉淀在最嫩最小的花苞里。每一朵盛开的花像是一个小小的张满了的帆,帆下带着尖底的舱,船舱鼓鼓的,又像一个忍俊不禁的笑容,就要绽开似的。那里装的是什么仙露琼浆?我凑上去,想摘一朵。

但是我没有摘。我没有摘花的习惯。我只是伫立凝望,觉得这一条紫藤萝瀑布不只在我眼前,也在我心上缓缓流过。流着流着,它带走了这些时一直压在我心上的焦虑和悲痛,那是关于生死谜、手足情的。我浸在这繁密的花朵的光辉中,别的一切暂时都不存在,有的只是精神的宁静和生的喜悦。

这里除了光彩,还有淡淡的芳香,香气似乎也是浅紫色的,梦幻一般轻轻地笼罩着我。忽然记起十多年前家门外也曾有过一大株紫藤萝,它依傍一株枯槐爬得很高,但花朵从来都稀落,东一穗西一串伶仃地挂在树梢,好像在试探什么。后来索性连那稀零的花串也没有了。园中别的紫藤花架也都拆掉,改种了果树。那时的说法是,花和生活腐化有什么必然关系。我曾遗憾地想:这里再看不见藤萝花了。

过了这么多年,藤萝又开花了,而且开得这样盛,这样密,紫色的瀑布遮住了粗壮的盘虬卧龙般的枝干,不断地流着、流着,流向人的心底。

花和人都会遇到各种各样的不幸,但是生命的长河是无止境的。我抚摸了一下那小小的紫色的花舱,那里满装生命的酒酿,它张满了帆,在这闪光的花的河流上航行。它是万花中的一朵,也正是一朵朵花,组成了万花灿烂的流动的瀑布。

在这浅紫色的光辉和浅紫色的芳香中,我不觉加快了脚步。

练习提示:

作者宗璞一家,在"文化大革命"中受到严重迫害,压抑、痛苦的情绪一直压在作者的心头。这篇文章写于1982年5月,当时作者的小弟弟身患绝症,作者非常悲痛,徘徊于庭院中,忽然见一树盛开的紫藤萝花,自然的生命给了作者极大的安慰和感动,作者观察这一树花,内心似乎得到顿悟,看到这花儿的生命过程,感悟到人生如同一个自然的生命一样,有盛有衰,作者内心顿时像得到某种释怀,睹物释怀,转悲为喜。紫藤萝瀑布,是新时期之初枯木逢春的写照,作者的心曲正是那时候人们的心声。

文章首尾呼应,过渡自然,意境深远。朗读中,节奏舒缓,语气平实而坚定。文章第二、第四两个自然段写紫藤萝花的色彩,朗读时要抓住其繁茂和蓬勃的特点加以表现,朗读第二自然段时节奏可稍快,表现出作者的喜悦和赞美之情,朗读第三自然段的回忆部分时语气应该低沉、悲伤,朗读第四自然段时语速应放慢,表现作者的感慨之情,同时注意文中抒情和议论的处理,达到画龙点睛、突出中心的目的,使之听起来耐人寻味,引人深思。

练习材料:

丑石

贾平凹

　　我常常遗憾我家门前的那块丑石呢:它黑黝黝地卧在那里,牛似的模样;谁也不知道是什么时候留在这里的,谁也不去理会它。只是麦收时节,门前摊了麦子,奶奶总是要说:这块丑石,多碍地面哟,多时把它搬走吧。

　　于是,伯父家盖房,想以它垒山墙,但苦于它极不规则,没棱角儿,也没平面儿;用錾破开吧,又懒得花那么大气力,因为河滩并不甚远,随便去捡一块回来,哪一块也比它强。房盖起来,压铺台阶,伯父也没有看上它。有一年,来了一个石匠,为我家洗一台石磨,奶奶又说:用这块丑石吧,省得从远处搬动。石匠看了看,摇着头,嫌它石质太细,也不采用。

　　它不像汉白玉那样的细腻,可以凿下刻字雕花,也不像大青石那样的光滑,可以供来浣纱捶布;它静静地卧在那里,院边的槐荫没有庇覆它,花儿也不再在它身边生长。荒草便繁衍出来,枝蔓上下,慢慢地,竟锈上了绿苔、黑斑。我们这些做孩子的,也讨厌起它来,曾合伙要搬走它,但力气又不足;虽时时咒骂它,嫌弃它,也无可奈何,只好任它留在那里去了。

　　稍稍能安慰我们的,是在那石上有一个不大不小的坑凹儿,雨天就盛满了水。常常雨过三天了,地上已经干燥,那石凹里水儿还有,鸡儿便去那里渴饮。每每到了十五的夜晚,我们盼着满月出来,就爬到其上,翘望天边;奶奶总是要骂的,害怕我们摔下来。果然那一次就摔了下来,磕破了我的膝盖呢。

　　人都骂它是丑石,它真是丑得不能再丑的丑石了。

　　终有一日,村子里来了一个天文学家。他在我家门前路过,突然发现了这块石头,眼光立即就拉直了。他再没有走去,就住了下来;以后又来了好些人,说这是一块陨石,从天上落下来已经有二三百年了,是一件了不起的东西。不久便来了车,小心翼翼地将它运走了。

　　这使我们都很惊奇!这又怪又丑的石头,原来是天上的呢!它补过天,在天上发过热,闪过光,我们的先祖或许仰望过它,它给了他们光明,向往,憧憬;而它落下来了,在污土里,荒草里,一躺就是几百年了?!

奶奶说:"真看不出!它那么不一般,却怎么连墙也垒不成,台阶也垒不成呢?"

"它是太丑了。"天文学家说。

"真的,是太丑了。"

"可这正是它的美!"天文学家说,"它是以丑为美的。"

"以丑为美?"

"是的,丑到极处,便是美到极处。正因为它不是一般的顽石,当然不能去做墙,做台阶,不能去雕刻,捶布。它不是做这些玩意儿的,所以常常就遭到一般世俗的讥讽。"

奶奶脸红了,我也脸红了。

我感到自己的可耻,也感到了丑石的伟大,我甚至怨恨它这么多年竟会默默地忍受着这一切,而我又立即深深地感到它那种不屈于误解、寂寞的生存的伟大。

练习提示:

这篇借物说理的散文,借助了一个平凡的对象——一块石头,来突出文章的主题。作者通过强烈的对比,揭示出一个道理,外表看似平凡甚至丑陋的事物往往蕴含着超出一般事物的巨大价值。这篇散文没有任何华丽的辞藻,平淡地讲述了一个真实的故事。但故事的结尾出人意料,并给人以强大的震撼。它不是一篇给人带来轻松愉悦的散文,而是一篇包含极为深刻的人生哲理的散文,给人震撼,引人深思,带来回味。

文章语言质朴平实。朗读时要掌握作者感情发展的脉络,才能正确处理朗读中的语气变化。要注意作者对丑石态度的变化,从不喜欢它嫌弃它到惊喜地发现它的价值,从而自己产生羞愧的心理,真正明白了在这世界上丑到极处即是美到极处的道理。作者的表达方式是欲扬先抑,最后展现出深刻的哲理,朗读时注意平实语气的揭示性,以揭示耐人寻味的深意。

练习材料:

看云识天气

朱泳燚

天上的云,真是姿态万千,变化无常。它们有的像羽毛,轻轻地飘在空中;有的像鱼鳞,一片片整整齐齐地排列着;有的像羊群,来来去去;有的像一床大棉被,严严实实地盖住了天空;还有的像峰峦,像河流,像雄狮,像奔马……它们有时把天空点缀得很美丽,有时又把天空笼罩得很阴森。刚才还是白云朵朵,阳光灿烂;一霎间却又是乌云密布,大雨倾盆。云就像是天气的"招牌":天上挂什么云,就将出现什么样的天气。

经验告诉我们:天空的薄云,往往是天气晴朗的象征;那些低而厚密的云层,常常是阴雨风雪的预兆。

那最轻盈、站得最高的云,叫卷云。这种云很薄,阳光可以透过云层照到地面,房屋和树木的光与影依然很清晰。卷云丝丝缕缕地飘浮着,有时像一片白色的羽毛,有时像一块洁白的绫纱。如果卷云成群成行地排列在空中,好像微风吹过水面引起的鳞波,这就成了卷积云。卷云和卷积云都很高,那里水分少,它们一般不会带来雨雪。还有一种像棉花团似的白云,叫积云。它们常在两千米左右的天空,一朵朵分散着,映着灿烂的阳光,云块四周散发出金黄的光辉。积云都在上午出现,午后最多,傍晚渐渐消散。在晴天,我们还会偶见一种高积云。高积云是成群的扁球状的云块,排列很匀称,云块间露出碧蓝的天幕,远远望去,就像草原上雪白的羊群。卷云、卷积云、积云和高积云,都是很美丽的。

当那连绵的雨雪将要来临的时候,卷云在聚集着,天空渐渐出现一层薄云,仿佛蒙上了白色的绸幕。这种云叫卷层云。卷层云慢慢地向前推进,天气就将转阴。接着,云层越来越低,越来越厚,隔了云看太阳或月亮,就像隔了一层毛玻璃,朦胧不清。这时卷层云已经改名换姓,该叫它高层云了。出现了高层云,往往在几个钟头内便要下雨或者下雪。最后,云压得更低,变得更厚,太阳和月亮都躲藏了起来,天空被暗灰色的云块密密层层地布满了。这种云叫雨层云。雨层云一形成,连绵不断的雨雪也就降临了。

夏天,雷雨到来之前,在天空先会看到积云。积云如果迅速地向上凸起,形成高大的云山,群峰争奇,耸入天顶,就变成了积雨云。积雨云越长越高,云底慢慢变黑,云峰渐渐模糊,不一会,整座云山崩塌了,乌云弥了天空,顷刻间,雷声隆隆,电光闪闪,马上就会哗啦哗啦地下起暴雨,有时竟会带来冰雹或者龙卷风。

我们还可以根据云上的光彩现象,推测天气的情况。在太阳和月亮的周围,有时会出现一种美丽的七彩光圈,里层是红色的,外层是紫色的。这种光圈叫作晕。日晕和月晕常常产生在卷层云上,卷层云后面的大片高层云和雨层云,是大风雨的征兆。所以有"日晕三更雨,月晕午时风"的说法。说明出现卷层云,并且伴有晕,天气就会变坏。另有一种比晕小的彩色光环,叫作"华"。颜色的排列是里紫外红,跟晕刚好相反。日华和月华大多产生在高积云的边缘部分。华环由小变大,天气趋向晴好。华环由大变小,天气可能转为阴雨。夏天,雨过天晴,太阳对面的云幕上,常会挂上一条彩色的圆弧,这就是虹。人们常说:"东虹轰隆西虹雨。"意思是说,虹在东方,就有雷无雨;虹在西方,将有大雨。还有一种云彩常出现在清晨或傍晚。太阳照到天空,使云层变成红色,这种云彩叫作霞。朝霞在西,表明阴雨天气在向我们进袭;晚霞在东,表示最近几天里天气晴朗。所以有"朝霞不出门,晚霞行千里"的谚语。

云,能够帮助我们识别阴晴风雨,预知天气变化,这对工农业生产有着重要的意义。我们要学会看云识天气,就要虚心向有经验的人学习,留心观察云的变化,在反复的观察中掌握规律。但是,天气变化异常复杂,看云识天气毕竟有一定的限度。要准确掌握天气变化的情况,还得依靠天气预报。

练习提示:

这是一篇科普文,作者用生动形象的语言从两个方面介绍了云和天气的关系,介绍了不同形态的云和天气的关系以及不同光彩的云和天气的关系。作者善于运用比喻和排比,把云的万千姿态描绘得非常生动形象,能够激发读者的想象。此文层次清楚,有纲有目;语言生动,运用比喻、拟人和排比等修辞手法,把云写得生动形象;运用分类别的说明方法,把云介绍得有条不紊。

朗读时要注意语言的形象感,在介绍科普知识的同时加入一定的对所介绍事物的形象感受,不要读得干巴巴。朗读时注意对象感,把看似繁复的科普知识饶有兴趣地介绍给大家,不能读得单调乏味。

练习材料:

桃花流水

采唐韵

一夜微雨之后,春天鼓着心事爬上枝头。

从陶令的篱扉里走来,一枝桃红妩媚地伸展开腰肢。只是不见当年桃枝下涓涓的女儿、盈盈的玉面,只有扇底的清风从陌上徐徐吹来,掀动着沉默在经年里花落如雨的往事。

"西塞山前白鹭飞,桃花流水鳜鱼肥"。风斜斜、雨细细。芦芽正短,蒌蒿满地。一弯溪水流过桃林,不小心映出了枝头含苞的心事。这样盎然的春意,这样美妙的时节,将桃花嫁于流水的,不仅是张志和的渔歌,还有李白的幽情,王维的田园。从此,一抹嫣红流韵横生,直染得春日里风情万种。桃花的粉面含春、流水的明碧温软,真的是郎情妾意、相得益彰了。

"桃红复含宿雨,柳绿更带春烟"。这样的暖,这样的绿,什么样的心事会不发芽呢。才子佳人的故事永远是春天里不可或缺的主角。"人面桃花相映红"的崔护,扇舞春风,轻叩篱门,打开了一幅不朽的春日画卷。人面因桃花妩媚,桃花因玉面生情,更有那多情公子柴门边一声寥落的叹惋,让春光、让桃花从此记取,一段美丽的轻愁。

"春日游,陌上谁家少年足风流……"杏花落,桃花开的时节,风流少年从韦庄的词中走来。陌上柳风摇绿,少年白衣翩翩。春风正得意,踏花马蹄香。此时,怎是无心也动情,怎不教人"将身嫁与一生休。纵被无情弃,不能羞"呢?

如果没有流水,桃花是否依然妩媚?如果没有桃花,春天是否真的来过?如果没有爱情,生命是否还会缤纷?

春暖花开是一种诱惑。我们都无法拒绝春天的诱惑,正如无法拒绝桃花的妩媚,流水的多情,我们无法拒绝爱情的到来。春天来了,在暖暖的空气里,在复苏的泥土里,在无声潜入的细雨里,再沉淀的心事也会发芽。如此的良辰美景,谁是像花儿一样正在舒展沐浴春光的人呢,她是否也是像花儿一样幸福呢?只是当年二八闺中,住在春天的时候,我曾那样地不屑风中桃花的脂粉,陌上少年的风流,懵懂地错过了那样丰盈的季节、青翠的心情。而今春去春来,只能远远地看着春天,却再也走不进去了。春天是他们的,我什么也没有。

春去春来,季节可以轮回,我们的生命没有轮回,爱情不能重新来过。正所谓"年年岁岁花相似,岁岁年年人不同"。美丽永远是刹那的,美丽没有力量能够延续。所以我们只能无休止地在回忆中去找寻定格的美丽刹那。流水有情承花落,春风无力挽芳菲。当芳菲散尽,付与流水当是最好的归宿。"质本洁来还洁去,强于污淖陷渠沟"。想当年将桃花嫁与流水的诗人,最是懂得怜香惜玉之心了。桃花是不是春天的爱情?我想正是因为有了桃花的开放,才会有了年年春日的绚丽。

练习提示:

此文借着描写桃花和爱情,感叹生命和爱情的美好,对春光、爱情、生命发出无限的赞美,同时感叹青春易逝、人生苦短,在赞美中又带着无限怅惘。文章分为三个层次,逐渐递进来抒发自己的情感:第一、二、三自然段,描写桃花给春天带来无限风情,勾起人的千万情丝;第四、五、六自然段,描绘桃花让爱情在春季发芽,爱情让生命充满缤纷。第七、八自然段,感叹春光易逝、青春短暂和青春的惆怅及对青春的眷恋。

此文的调子,如春天般温暖,如春风般和煦,似乎在春风中诉说,在春天的阳光里畅想。但是,要注意此文的作者的年龄感,作者是在人到中年后写下如此这般回首青春的散文,在朗读时不宜太过清新、明快,要带上中年人的语气、语调,特别是散文最后的部分,对青春和生命无限赞美的同时也带有无限伤感,朗读时要注意这种复杂的感情所带来的基调变奏。在活泼、明快中不失深沉,在温暖、和煦中不失深刻,既表现青春爱情的美好,又表现人生苦短的怅惘。散文没有大起大落,但细腻感人,在语言的美好婉转中传达深藏的忧伤。

四、新闻稿件训练

练习材料：

7日，记者从北京新机场商业资源招商发布会上了解到：共计有9家客运航空公司和1家货运公司与首都机场集团签署相关协议确定入驻北京新机场。这10家航空公司分别是：南航、东航、首都航、河北航、春秋航、中联航、奥凯航、吉祥航、东海航、邮政航。北京新机场计划于2019年10月建成通航。

招商会上，北京新机场的商业布局初显。购物方面，国内进出港混流区，在简化旅客抵离程序、节省旅客出行时间的前提下，形成了东、西商业广场，不但突出了中华文化特色，更有国际流行风尚。同时，为了满足大众日益蓬勃的出境度假、亲子休闲、海外求学等新需求，新机场将引入便捷的出境服务、丰富的家庭娱乐服务，利用遍布航站楼的个人金融、旅游租赁、娱乐体验等资源区块，提供更具文化关怀和前沿科技的服务体验。

练习提示：

叙事清楚是对新闻播报的最基本的要求。播读中注意加强语句之间的关联，避免总是归零再由零起步的雷同语势。主体部分从"购物方面"到"流行风尚"，在内部处理时要注意层次内部的关联，注意语势的关联变化。"同时"一词后的语气既要表现出两个层次内容的差异，又不能丢掉两个层次间的内容联系。

练习材料：

近日，河北省人民政府印发通知，因芦台经济技术开发区西部园区未完成国务院印发的"水十条"规定的工业集聚区水污染治理任务，撤销其省级开发区资格。

据介绍，工业集聚区污水成分复杂，污染因子多，如得不到有效处理，将严重破坏生态环境。按照"水十条"规定，新建、升级工业集聚区应同步规划、建设污水、垃圾集中处理等污染治理设施；2017年年底前，工业集聚区应按规定建成污水集中处理设施，并安装自动在线监控装置，京津冀等区域要提前至2016年年底前完成，逾期未完成的一律暂停审批，同时核准其增加水污染物排放的建设项目，并依照有关规定撤销其园区资格。截至2016年年底，河北省总体完成情况良好，但仍有少部分工业园区未完成任务。

2017年，环保部会同有关部门对未完成任务的工业园区采取暂停审批、核准新增水污染物排放建设项目的处理。

（记者 杨柳）

练习提示：

本条新闻在导语处交代了事件的大概框架，导语重心在中后部，重音应保留在"未完成、撤销"等动词上，表明该园区的事件处理走向。本条新闻主体主要分为三层：工业集聚区污水不加以处理的危害；"水十条"的规定及对京津冀地区2016年、2017年的具体规划、建设、治理要求；河北省完成现状。播音时应通过语流曲线的对比变化将重点突出，将层次内部集中，将层次的变换显露，而后再一步步走向微观落实，通过关联密切的语句关系和每一语句的准确表达实现层次内部的相对集中。结尾部分语气要过渡自然，给人以结束感。

练习材料：

京津冀民航协同发展驶入"快车道"。国家发改委、民航局近日印发《推进京津冀民航协同发展实施意见》，明确了到2020年，北京"双枢纽"机场与天津机场、石家庄机场实现与轨道交通有效衔接；到2030年，京津冀形成分工合作、优势互补、空铁联运、协同发展的世界级机场群。《意见》同时提出，京津冀将实施144小时过境免签，石家庄至雄安、邯郸等地也将有序实施城际铁路工程。

在北京南部，新机场的轮廓、跑道布局以及航站楼的整体模样已十分醒目，施工方正有条不紊地进行航站楼屋盖和玻璃幕墙安装，今年年底有望实现封顶封围。与此同时，围绕新机场的道路交通大网也正在徐徐展开，"五纵两横"的交通路网将构建起京津冀交通一体化的主骨架。

根据《意见》，京津冀民航协同发展，三地机场要分工协作、错位发展、互利共赢，提升天津、石家庄航空运输市场规模，强化民航对京津冀区域经济社会发展和对外开放的支撑带动作用。

到2020年，北京新机场建成投入使用，首都机场国际旅客占比将提高2至3个百分点，北京"双枢纽"机场与天津机场、石家庄机场实现与轨道交通等有效衔接，初步形成统一管理、差异化发展的格局；到2030年，北京"双枢纽"机场将成熟运营、协调发展、适度竞争，国际竞争力位居世界前列，天津、石家庄机场区域航空枢纽辐射能力显著增强，将形成分工合作、优势互补、空铁联运、协同发展的世界级机场群。

练习提示：

叙事要清楚,要透过稿件文字还原新闻事实,主要信息要点是"京津冀民航协同发展""京津冀形成分工合作、优势互补、空铁联运、协同发展的世界级机场群";要抓住新闻结构,在导语中突出主要信息点,如"京津冀""协同发展""快车道""双枢纽""144小时过境免签"。

练习材料：

近日,中国水稻研究所和浙江大学合作揭示了稗草通过基因簇合成防御性次生代谢化合物,用于与水稻竞争和抵御稻田病菌的遗传机制,为水稻C4育种提供了一个重要的基因遗传资源。该研究成果已在线发表于《自然—通讯》,中国水稻研究所研究员郭龙彪和浙江大学邱杰为论文共同第一作者。

据悉,该研究得到国家自然科学基金委的重点资助,前后历时6年,共有来自5个国家的16个研究团队参与研究。

水稻是我国主要的粮食作物之一,其产量事关国计民生。由于水稻生长于高温多雨环境,稻田杂草种类繁多。其中,稗草被认为是全球最严重的杂草危害之一,也是稻田最主要的杂草,严重影响水稻产量,被列为我国农田15种危害最严重杂草之首。

稗草与水稻均属于禾本科,其生长期、株型及对营养的需求等生物学特性与水稻极为相似,是水田中最难防除的伴生性杂草,农事操作不当很易造成水稻产量的重大损失。

"目前,稻田除草主要依赖于化学除草剂。如果不进行人工除草或不喷施除草剂,水稻难以与稗草竞争。"郭龙彪说,但大量使用除草剂不仅污染环境,还增加生产成本,并且由于稗草对除草剂抗性的产生,又进一步导致除草剂用量大增。因此,在辅以栽培管理措施下,选育具有抑制稗草作用的"绿色水稻",是减少化学除草剂使用的重要方式。

其中,植物化感是水稻和杂草互相作用的主要方式之一。化感作用是指植物向环境释放特定的防御性化学物质,从而影响邻近植物生长的效应。水稻与稗草之间就可以自身合成并释放化学物质来相互抑制生长,产生植物化感效应。

(记者 常理)

练习提示：

要播清、播顺、播得内行。导语对于专业名词"水稻C4育种"可以延展突出,分析确定导语的语句中心,但不要句句突出。背景的交代不要平铺直叙,充分发挥内在语的作用,为受众生动介绍,以激发受众的阅读兴趣。例如"农事操作不当很易造成水稻产量的重大损失"这句就可带有色彩,主体是新闻的核心内容部分,要通过语流的对比变化将重点突出,将层次内部集中,将层次间的语意显露。处理好句子,强化句与句间的关联至关重要。

练习材料:

国家发展和改革委员会7日透露,发改委、能源局日前发布建立煤炭最低和最高库存制度的指导意见,对煤炭的生产、加工和使用企业的最低库存和最高库存标准进行了明确。同时,建立最低最高库存"红黑名单",对于不达标企业采取惩戒措施。

根据文件规定,煤炭生产企业根据动力煤价格不同,应保持3天至7天的最低储煤量。从事煤炭加工的企业,最低库存原则上不低于上一年度3天的日常经营量,最高库存原则上不超过上一年度月均经营量。用煤企业最低库存不应低于近三年储煤平均水平,最高库存不超过两倍的最低库存量。

发改委介绍,最低库存和最高库存制度能够有效增强煤炭供应保障的稳定性,减少价格大幅波动。库存制度通过构建多层次的煤炭市场储备体系,提升社会整体库存水平,能够在一定程度上熨平产供需各环节因突发因素等引起的市场波动。当煤炭供过于求、价格下跌时,通过设立最低库存,引导煤炭价格。

煤炭产供需各方多存煤,有利于促进供需平衡;当煤炭供不应求、价格上涨时,通过设立最高库存,有利于防止产供需各方特别是中间环节囤积惜售,加剧市场失衡,造成价格剧烈波动。

据了解,当前煤炭市场供给总体平稳,价格呈现稳中趋降的态势,港口、电厂存煤均处于较高水平。截至12月4日,全国统调电厂煤炭库存近1.18亿吨,可用天数23天,加之今年各地高度重视迎峰度冬煤炭保障,重点地区的库存远高于往年同期水平,这些都为库存制度的出台和实施提供了有利条件。而政策发布与正式施行之间还预留了一定的缓冲期,为企业组织生产和调整库存留出时间。

发改委表示,对企业的存煤标准不搞"一刀切",在提出原则性要求的基础上,由各地和重点用煤行业结合实际情况制定具体规定和实施细则。并且建立红黑名单制度,强化正向激励和违规惩戒制度。对最低库存和最高库存制度执行较好的企业进行通报表扬,纳入"红名单",并在资金奖励、计划电量安排、储煤设施改造、资源运力衔接等方面给予相应支持。而一年内企业库存考核三次及以上不达标的,纳入企业信用"黑名单",依法采取惩戒措施。

练习提示：

在本篇当中，最与百姓息息相关的是煤炭供给价格，导语中应给予足够的体现。主体部分应当层次清晰，叙事清楚。播报时忌讳摆单句，应当从宏观入手，确定重点和层次，通过适当的语流曲线的对比变化将重点突出，将层次间的转换关系显露出来。背景部分用于烘托主题，播报时应注意不要喧宾夺主。本篇新闻中对煤炭市场供给形势和价格形势进行描写的一段，是对当前出台的政策的背景进行说明，播报时应注意语流变化，不应与前段相同，注意对背景的说明和对主题的烘托。结尾要注意概括，不能一盘散沙。

练习材料：

近期，北京、上海、成都、武汉等地陆续出台了新一轮住房租赁方面的扶持政策，多家银行和房企也相继发布租赁住房业务方面的发展规划。据市场机构统计，受多方利好影响，将有数千亿资金涌入住房租赁市场。

12月5日，龙湖地产和碧桂园先后宣布在住房租赁业务方面的最新动作。碧桂园集团与中国建设银行上海卢湾支行签订协议，建行上海分行为碧桂园上海区域提供200亿元人民币资金支持，在当地发展长租公寓，具体内容将涵盖住房租赁企业金融服务、承租人金融服务、资源整合、消费信贷、营销支付、客户体验、特惠服务等领域。

同日，重庆龙湖拓展公司在银行市场披露了《公开发行2017年住房租赁专项公司债券募集说明书》，重庆龙湖拓展公司拟发行50亿元住房租赁专项公司债券，其中首期发行规模不超过30亿元。

此外，北京城建集团、首开集团、亦庄控股、中粮地产与工商银行北京市分行、北京市保障性住房建设投资中心等签署住房租赁战略合作协议。未来五年，工行北京市分行将为北京住房租赁市场参与主体提供总额不少于6000亿元的融资支持，推动建立租购并举的住房制度。

针对房地产企业联合银行等金融机构深度布局住房租赁市场的现象，中国指数研究院相关负责人分析称："对银行来说，进军住房租赁市场将是商业银行转型发展的新起点，有利于重塑行业格局，促使未来长租公寓市场越来越规范化；对房企来说，与银行的合作将充分发挥建行在房源、资金以及金融服务等方面的资源优势，为企业长租公寓业务提供了强有力的保障。"

机构统计显示，根据多家银行与开发商的合作协议，未来将有数千亿资金投入租赁市场。在房企、银行携手进入住房租赁市场的同时,地方层面相关政策密集落地。中原地产研究中心的统计数据显示,目前全国已经有超过12个省份50个以上城市发布了与住房租赁相关的政策内容,主要是保护租房者和维护租赁市场稳定。中原地产首席分析师张大伟认为:"当下租赁市场的最主要痛点是供需结构紧张,特别是一二线热点城市,租金位于高位的最主要原因是租赁房源少。在银行的资金倾斜下,涉足租赁的企业可以获得资金支持,增加房源的供应量。"

"从市场趋势看,租赁作为政策鼓励的房地产发展方向,涉足的资本与开发商预计将继续大幅度增加。"张大伟表示。

（记者 高伟）

练习提示：

透过稿件文字还原新闻事实,不仅要做到知其然,还要略知其所以然。播音员应将这一新闻稿件摆在它特有的时空坐标上,上挂政策,下联实际,明确其宣传背景和宣传目的。要深刻了解新闻背景,明确针对性,明了新闻导向,在播音员自己已经看透新闻、把握新闻的前提下进行播报。播音员如果对于当前房地产市场与我国经济的内在关联、目前房地产市场出现的问题以及住房租赁市场的新举措的出台有一个较为深入的认识,就更有利于在报道中显示出自己的态度,从而运用恰当的语气,取得最佳的宣传效果。

要熟悉导语、主体、结尾的三段式结构,在较短的时间内迅速把握新闻事实。此外,新闻播音员要不断提高自身的政策水平、新闻敏感度和知识水平,用时代的新鲜气息吸引受众。

播读中要精选重音,突出语句目的,对于难理解、要理解的部分要慢读,加强控制,适当延展。对于一些难理解但不需要理解或受众一听便懂的语句要加快带过,无须拖延时间。

思考题

1.什么是声音弹性？

2.声音弹性的表现有什么特点？

3.如何获得声音弹性？

4.什么是播音发声中的情声气？

5.播音发声对情声气有哪些要求

6.情声气之间的关系是什么？

7.在播音中要获得情声气的完美结合,在发声中应该注意什么？

第十一章 综合训练材料

第一节 古诗文朗读训练材料

1.言前辙

枫桥夜泊

张继

月落乌啼霜满天,江枫渔火对愁眠。
姑苏城外寒山寺,夜半钟声到客船。

凉州词

王之涣

黄河远上白云间,一片孤城万仞山。
羌笛何须怨杨柳,春风不度玉门关。

独坐敬亭山

李白

众鸟高飞尽,孤云独去闲。
相看两不厌,只有敬亭山。

2. 江扬辙

鹿柴
王维

空山不见人,但闻人语响。
返景入深林,复照青苔上。

秋浦歌
李白

白发三千丈,缘愁似个长。
不知明镜里,何处得秋霜。

润州听暮角
李涉

江城吹角水茫茫,曲引边声怨思长。
惊起暮天沙上雁,海门斜去两三行。

3. 中东辙

题西林壁
苏轼

横看成岭侧成峰,远近高低各不同。
不识庐山真面目,只缘身在此山中。

示儿
陆游

死去元知万事空,但悲不见九州同。
王师北定中原日,家祭无忘告乃翁。

晓出净慈寺送林子方
杨万里

毕竟西湖六月中,风光不与四时同。
接天莲叶无穷碧,映日荷花别样红。

4.人辰辙

清明
杜牧

清明时节雨纷纷,路上行人欲断魂。
借问酒家何处有?牧童遥指杏花村。

九月九日忆山东兄弟
王维

独在异乡为异客,每逢佳节倍思亲。
遥知兄弟登高处,遍插茱萸少一人。

宿建德江
孟浩然

移舟泊烟渚,日暮客愁新。
野旷天低树,江清月近人。

5.发花辙

泊秦淮
杜牧

烟笼寒水月笼纱,夜泊秦淮近酒家。
商女不知亡国恨,隔江犹唱后庭花。

不第后赋菊
黄巢

待到秋来九月八,我花开后百花杀。
冲天香气透长安,满城尽带黄金甲。

山行
杜牧

远上寒山石径斜,白云生处有人家。
停车坐爱枫林晚,霜叶红于二月花。

寒食

韩翃

春城无处不飞花,寒食东风御柳斜。
日暮汉宫传蜡烛,轻烟散入五侯家。

6.怀来辙

游园不值

叶绍翁

应怜屐齿印苍苔,小扣柴扉久不开。
春色满园关不住,一枝红杏出墙来。

梅花

王安石

墙角数枝梅,凌寒独自开。
遥知不是雪,为有暗香来。

过华清宫

杜牧

长安回望绣成堆,山顶千门次第开。
一骑红尘妃子笑,无人知是荔枝来。

7.遥条辙

咏柳

贺知章

碧玉妆成一树高,万条垂下绿丝绦。
不知细叶谁裁出,二月春风似剪刀。

竹里馆

王维

独坐幽篁里,弹琴复长啸。
深林人不知,明月来相照。

塞下曲
卢纶

月黑雁飞高,单于夜遁逃。
欲将轻骑逐,大雪满弓刀。

8.梭波辙

答陆澧
张九龄
松叶堪为酒,春来酿几多。
不辞山路远,踏雪也相过。

望洞庭
刘禹锡

湖光秋月两相和,潭面无风镜未磨。
遥望洞庭山水色,白银盘里一青螺。

乱后过流沟寺
白居易

九月徐州新战后,悲风杀气满山河。
唯有流沟山下寺,门前依旧白云多。

9.油求辙

小池
杨万里

泉眼无声惜细流,树阴照水爱晴柔。
小荷才露尖尖角,早有蜻蜓立上头。

题临安邸
林升

山外青山楼外楼,西湖歌舞几时休?
暖风熏得游人醉,直把杭州作汴州。

10.乜斜辙

古怨别
孟郊

飒飒秋风生,愁人怨离别。
含情两相向,欲语气先咽。
心曲千万端,悲来却难说。
别后唯所思,天涯共明月。

从军行
陈羽

海畔风吹冻泥裂,枯桐叶落枝梢折。
横笛闻声不见人,红旗直上天山雪。

11.怀堆辙(与一七辙通押)

长歌行
汉乐府

青青园中葵,朝露待日晞。
阳春布德泽,万物生光辉。
常恐秋节至,焜黄华叶衰。
百川东到海,何时复西归。
少壮不努力,老大徒伤悲。

渔歌子
张志和

西塞山前白鹭飞,桃花流水鳜鱼肥。
青箬笠,绿蓑衣,斜风细雨不须归。

凉州词
王翰

葡萄美酒夜光杯,欲饮琵琶马上催。
醉卧沙场君莫笑,古来征战几人回。

12.一七辙

江畔独步寻花
杜甫

黄四娘家花满蹊,千朵万朵压枝低。
留连戏蝶时时舞,自在娇莺恰恰啼。

七步诗
曹植

煮豆燃豆萁,豆在釜中泣。
本是同根生,相煎何太急!

饮湖上初晴后雨
苏轼

水光潋滟晴方好,山色空蒙雨亦奇。
欲把西湖比西子,淡妆浓抹总相宜。

13.姑苏辙

芙蓉楼送辛渐
王昌龄

寒雨连江夜入吴,平明送客楚山孤。
洛阳亲友如相问,一片冰心在玉壶。

悯农
李绅

锄禾日当午,汗滴禾下土。
谁知盘中餐,粒粒皆辛苦。

早春呈水部张十八员外
韩愈

天街小雨润如酥,草色遥看近却无。
最是一年春好处,绝胜烟柳满皇都。

菩萨蛮

李白

平林漠漠烟如织,寒山一带伤心碧。
暝色入高楼,有人楼上愁。
玉阶空伫立,宿鸟归飞急。
何处是归程?长亭连短亭。

忆秦娥

李白

箫声咽,秦娥梦断秦楼月。
秦楼月,年年柳色,灞陵伤别。
乐游原上清秋节,咸阳古道音尘绝。
音尘绝,西风残照,汉家陵阙。

卜算子·咏梅

陆游

驿外断桥边,寂寞开无主。
已是黄昏独自愁,更著风和雨。
无意苦争春,一任群芳妒。
零落成泥碾作尘,只有香如故。

钗头凤

陆游

红酥手,黄縢酒,满城春色宫墙柳。
东风恶,欢情薄。一怀愁绪,几年离索。错、错、错。

春如旧,人空瘦,泪痕红浥鲛绡透。
桃花落,闲池阁。山盟虽在,锦书难托。莫、莫、莫!

诉衷情

陆游

当年万里觅封侯,匹马戍梁州。

关河梦断何处?尘暗旧貂裘。

胡未灭,鬓先秋,泪空流。

此生谁料,心在天山,身老沧州。

如梦令
李清照

昨夜雨疏风骤,浓睡不消残酒。

试问卷帘人,却道海棠依旧。

知否,知否?应是绿肥红瘦。

武陵春
李清照

风住尘香花已尽,日晚倦梳头。

物是人非事事休,欲语泪先流。

闻说双溪春尚好,也拟泛轻舟。

只恐双溪舴艋舟,载不动许多愁。

声声慢
李清照

寻寻觅觅,冷冷清清,凄凄惨惨戚戚。

乍暖还寒时候,最难将息。

三杯两盏淡酒,怎敌他、晚来风急?

雁过也,正伤心,却是旧时相识。

满地黄花堆积。憔悴损,如今有谁堪摘?

守著窗儿,独自怎生得黑?

梧桐更兼细雨,到黄昏、点点滴滴。

这次第,怎一个愁字了得!

踏莎行·郴州旅舍
秦观

雾失楼台,月迷津渡,桃源望断无寻处。

可堪孤馆闭春寒,杜鹃声里斜阳暮。

驿寄梅花,鱼传尺素,砌成此恨无重数。
郴江幸自绕郴山,为谁流下潇湘去。

鹊桥仙
秦观

纤云弄巧,飞星传恨,银汉迢迢暗度。
金风玉露一相逢,便胜却人间无数。

柔情似水,佳期如梦,忍顾鹊桥归路,
两情若是久长时,又岂在朝朝暮暮。

浣溪沙
晏殊

一曲新词酒一杯,去年天气旧亭台。夕阳西下几时回?
无可奈何花落去,似曾相识燕归来。小园香径独徘徊。

鹊踏枝
冯延巳

谁道闲情抛掷久,每到春来,惆怅还依旧。
日日花前常病酒,不辞镜里朱颜瘦。
河畔青芜堤上柳,为问新愁,何事年年有。
独立小楼风满袖,平林新月人归后。

雨霖铃
柳永

寒蝉凄切,对长亭晚,骤雨初歇。
都门帐饮无绪,留恋处,兰舟催发。
执手相看泪眼,竟无语凝噎。
念去去,千里烟波,暮霭沉沉楚天阔。
多情自古伤离别,更那堪,冷落清秋节!

今宵酒醒何处？杨柳岸，晓风残月。

此去经年，应是良辰好景虚设。

便纵有千种风情，更与何人说？

蝶恋花
欧阳修

庭院深深深几许，杨柳堆烟，帘幕无重数。玉勒雕鞍游冶处，楼高不见章台路。

雨横风狂三月暮，门掩黄昏，无计留春住。泪眼问花花不语，乱红飞过秋千去。

水调歌头
苏轼

明月几时有？把酒问青天。不知天上宫阙，今夕是何年。

我欲乘风归去，又恐琼楼玉宇，高处不胜寒。

起舞弄清影，何似在人间？

转朱阁，低绮户，照无眠。不应有恨，何事长向别时圆？

人有悲欢离合，月有阴晴圆缺，此事古难全。

但愿人长久，千里共婵娟。

青玉案·元夕
辛弃疾

东风夜放花千树，更吹落，星如雨。

宝马雕车香满路。凤箫声动，玉壶光转，一夜鱼龙舞。

蛾儿雪柳黄金缕，笑语盈盈暗香去。

众里寻他千百度，蓦然回首，那人却在，灯火阑珊处。

丑奴儿
辛弃疾

少年不识愁滋味，爱上层楼。爱上层楼，为赋新词强说愁。

而今尝尽愁滋味，欲说还休。欲说还休，却道天凉好个秋。

桃花源记

陶渊明

晋太元中,武陵人捕鱼为业。缘溪行,忘路之远近。忽逢桃花林,夹岸数百步,中无杂树,芳草鲜美,落英缤纷,渔人甚异之。复前行,欲穷其林。

林尽水源,便得一山,山有小口,仿佛若有光。便舍船,从口入。初极狭,才通人。复行数十步,豁然开朗。土地平旷,屋舍俨然,有良田美池桑竹之属。阡陌交通,鸡犬相闻。其中往来种作,男女衣着,悉如外人。黄发垂髫,并怡然自乐。

见渔人,乃大惊,问所从来。具答之。便要还家,设酒杀鸡作食。村中闻有此人,咸来问讯。自云先世避秦时乱,率妻子邑人来此绝境,不复出焉,遂与外人间隔。问今是何世,乃不知有汉,无论魏晋。此人一一为具言所闻,皆叹惋。余人各复延至其家,皆出酒食。停数日,辞去。此中人语云:"不足为外人道也。"

既出,得其船,便扶向路,处处志之。及郡下,诣太守,说如此。太守即遣人随其往,寻向所志,遂迷,不复得路。

南阳刘子骥,高尚士也,闻之,欣然规往。未果,寻病终,后遂无问津者。

爱莲说

周敦颐

水陆草木之花,可爱者甚蕃。晋陶渊明独爱菊;自李唐来,世人盛爱牡丹;予独爱莲之出淤泥而不染,濯清涟而不妖,中通外直,不蔓不枝,香远益清,亭亭净植,可远观而不可亵玩焉。予谓菊,花之隐逸者也;牡丹,花之富贵者也;莲,花之君子者也。噫!菊之爱,陶后鲜有闻;莲之爱,同予者何人;牡丹之爱,宜乎众矣。

岳阳楼记

范仲淹

庆历四年春,滕子京谪守巴陵郡。越明年,政通人和,百废俱兴。乃重修岳阳楼,增其旧制,刻唐贤今人诗赋于其上。属予作文以记之。

予观夫巴陵胜状,在洞庭一湖。衔远山,吞长江,浩浩汤汤,横无际涯;朝晖夕阴,气象万千。此则岳阳楼之大观也。前人之述备矣。然则北通巫峡,南极潇湘,迁客骚人,多会于此,览物之情,得无异乎?

若夫霪雨霏霏,连月不开,阴风怒号,浊浪排空;日星隐耀,山岳潜形;商旅不行,樯倾楫摧;薄暮冥冥,虎啸猿啼。登斯楼也,则有去国怀乡,忧谗畏讥,满目萧然,感极而悲者矣。

至若春和景明,波澜不惊,上下天光,一碧万顷;沙鸥翔集,锦鳞游泳;岸芷汀兰,郁郁青青。而或长烟一空,皓月千里,浮光跃金,静影沉璧,渔歌互答,此乐何极!登斯楼也,则有心旷神怡,宠辱偕忘,把酒临风,其喜洋洋者矣。

嗟夫!予尝求古仁人之心,或异二者之为,何哉?不以物喜,不以己悲;居庙堂之高则忧其民;处江湖之远则忧其君。是进亦忧,退亦忧。然则何时而乐耶?其必曰"先天下之忧而忧,后天下之乐而乐"乎。噫!微斯人,吾谁与归?

醉翁亭记

欧阳修

环滁皆山也。其西南诸峰,林壑尤美。望之蔚然而深秀者,琅琊也。山行六七里,渐闻水声潺潺,而泄出于两峰之间者,酿泉也。峰回路转,有亭翼然临于泉上者,醉翁亭也。作亭者谁?山之僧智仙也。名之者谁?太守自谓也。太守与客来饮于此,饮少辄醉,而年又最高,故自号曰"醉翁"也。醉翁之意不在酒,在乎山水之间也。山水之乐,得之心而寓之酒也。

若夫日出而林霏开,云归而岩穴暝,晦明变化者,山间之朝暮也。野芳发而幽香,佳木秀而繁阴,风霜高洁,水落而石出者,山间之四时也。朝而往,暮而归,四时之景不同,而乐亦无穷也。

至于负者歌于滁,行者休于树,前者呼,后者应,伛偻提携,往来而不绝者,滁人游也。临溪而渔,溪深而鱼肥;酿泉为酒,泉香而酒洌;山肴野蔌,杂然而前陈者,太守宴也。宴酣之乐,非丝非竹,射者中,弈者胜,觥筹交错,坐起而喧哗者,众宾欢也。苍然白发,颓乎其中者,太守醉也。

已而夕阳在山,人影散乱,太守归而宾客从也。树林阴翳,鸣声上下,游人去而禽鸟乐也。然而禽鸟知山林之乐,而不知人之乐;人知从太守游而乐,而不知太守之乐其乐也。醉能同其乐,醒能述其文者,太守也。太守谓谁?庐陵欧阳修也。

第二节 自由诗朗诵训练材料

出发

陈敬容

当野草悄悄透青的时候,
有个消息低声传遍了宇宙——

是什么在暗影中潜生?
什么火,什么光,
什么样的战栗的手?
哦,不要问;不要管道路
有多么陌生,不要记起身背后
蠕动着多少记忆的毒蛇,
欢乐和悲苦、期许和失望……
踏过一道道倾圮的城墙,
让那死的世纪梦沉沉地睡。

当野草悄悄透青的时候,
有个消息低声传遍了宇宙——

时间的陷害拦不住我们,

荒凉的远代不是早已经
有过那光明的第一盏灯?
残暴的文明,正在用虚伪和阴谋,
虐杀原始的人性,让我们首先
是我们自己,每一种蜕变
各自有不同的开始与完成。

当野草悄悄透青的时候,
有个消息低声传遍了宇宙——
从一个点引申出无数条线。
一个点,一个小小的原点,
它通向无数个更大的圆。
呵,不能让狡猾的谎话
把我们欺骗!让我们出发,
在每一个抛弃了黑夜的早晨。

不是再见

顾城

我们告别了两年
告别的结果
总是再见
今夜,你真要走了
真的走了,不是再见

还需要什么?
手凉凉的,没有手绢
是信么? 信?
在那个纸叠的世界里
有一座我们的花园

我们曾在花园里游玩
在干净的台阶上画着图案
我们和图案一起跳舞
跳着,忘记了天是黑的
巨大的火星还在缓慢旋转
现在,还是让火焰读完吧
它明亮地微笑着
多么温暖
我多想你再看我一下
然而,没有,烟在飘散

你走吧,爱还没有烧完
路还可以看见
走吧,越走越远
当一切在虫鸣中消失
你就会看见黎明的栅栏
请打开那栅栏的门扇
静静地站着,站着
像花朵那样安眠
你将在静默中得到太阳
得到太阳,这就是我的祝愿

邂逅
周国平

那年冬天
你围着绿色加长的围巾
站在雪花漫天的山谷
在我沉甸甸的记忆里
山谷里没有行人 没有声音
只有雪和雪中的雪白
你为什么来到这里
这是一个永远的谜
像音乐一样飘渺 像雪山一样沉静

我从你的身旁走过
带不走你身上的一片雪花
亦带不走你双眸中的一丝忧愁
然而 我没有停下脚步
就像风过 就像溪流
风过和溪流 将我带到更远的岁月

而我总是频频地回首
一次次地怀想
那无声的邂逅
那静静的山冈和雪中站立的倩影
你不知道我的名字
而我也不知道你是谁

多少年以后 我突然想到
那里正是我梦的开始 我思的源头
重回旧地 而你又在哪里
雪山依旧 层林尽染
只是多了时空 多了苍茫
多了我这零余者落寞的脚步
我静静站在那里
与雪山相融 与冰天接壤

成都，让我把你摇醒

何其芳

成都又荒凉又小，
又像度过了无数荒唐的夜的人
在睡着觉，
虽然也曾有过游行的火炬的燃烧，
虽然也曾有过凄厉的警报，
虽然一船一船的孩子
从各个战区运到重庆，
只剩下国家是他们的父母，
虽然敌人无昼无夜地轰炸着
广州，我们仅存的海上的门户，
虽然连绵万里的新的长城，
是前线兵士的血肉。
我不能不像爱罗先珂一样
悲凉地叹息了：
成都虽然睡着，
却并非使人能睡的地方，
而且这并非使人能睡的时代。
这时代使我想大声地笑，
又大声地叫喊，
而成都却使我寂寞，
使我寂寞地想着马耶可夫斯基
对叶赛宁的自杀的非难：
"死是容易的，
活着却更难。"

二

从前在北方我这样歌唱：
"北方，你这疯瘫了多年的手膀，
强盗的拳头已经打到你的关节上，
你还不重重地还他几耳光？
北方，我要离开你，回到家乡，
因为在你僵硬的原野上，
快乐是这样少
而冬天却这样长。"

于是马哥孛罗桥的炮声响了，
疯瘫了多年的手膀
也高高地举起战旗反抗，
于是敌人抢去了我们的北平，上海，南京，
无数的城市在他的踩蹄之下呻吟，
于是谁都忘记了个人的哀乐，
全国的人民连接成一条钢的链索。
在长长的钢的链索间
我是极其渺小的一环，
然而我像最强顽的那样强顽。
我像盲人的眼睛终于睁开，
从黑暗的深处看见光明，
那巨大的光明呵，
向我走来，
向我的国家走来……

三

然而我在成都，
这里有着享乐，懒惰的风气，
和罗马衰亡时代一样讲究着美食，
而且因为污秽，陈腐，罪恶，
把它无所不包的肚子装饱，
遂在阳光灿烂的早晨还睡着觉，

虽然也曾有过游行的火炬的燃烧,
虽然也曾有过惨厉的警报。

让我打开你的窗子,你的门,

成都,让我把你摇醒。
在这阳光灿烂的早晨!

第三节　白话短文播读训练材料

第一场雪

峻青

这是入冬以来,胶东半岛上第一场雪。

雪纷纷扬扬,下得很大。开始还伴着一阵儿小雨,不久就只见大片大片的雪花,从彤云密布的天空中飘落下来。地面上一会儿就白了。冬天的山村,到了夜里就万籁俱寂,只听得雪花簌簌地不断往下落,树木的枯枝被雪压断了,偶尔咯吱一声响。

大雪整整下了一夜。今天早晨,天放晴了,太阳出来了。推开门一看,嗬!好大的雪啊!山川、河流、树木、房屋,全都罩上了一层厚厚的雪,万里江山,变成了粉妆玉砌的世界。落光了叶子的柳树上挂满了毛茸茸亮晶晶的银条儿;而那些冬夏常青的松树和柏树上,则挂满了蓬松松沉甸甸的雪球儿。一阵风吹来,树枝轻轻地摇晃,美丽的银条儿和雪球儿簌簌地落下来,玉屑似的雪末儿随风飘扬,映着清晨的阳光,显出一道道五光十色的彩虹。

大街上的积雪足有一尺多深,人踩上去,脚底下发出咯吱咯吱的响声。一群群孩子在雪地里堆雪人,掷雪球,那欢乐的叫喊声,把树枝上的雪都震落下来了。俗话说,"瑞雪兆丰年"。这个话有充分的科学根据,并不是一句迷信的成语。寒冬大雪,可以冻死一部分越冬的害虫;融化了的水渗进土层深处,又能供应庄稼生长的需要。我相信这一场十分及时的大雪,一定会促进明年春季作物,尤其是小麦的丰收。有经验的老农把雪比做是"麦子的棉被"。冬天"棉被"盖得越厚,明春麦子就长得越好,所以又有这样一句谚语:"冬天麦盖三层被,来年枕着馒头睡。"我想,这就是人们为什么把及时的大雪称为"瑞雪"的道理吧。

火光

(俄)柯罗连科

很久以前,在一个漆黑的秋天的夜晚,我泛舟在西伯利亚一条阴森森的河上。船到一个转弯处，只见前面黑黢黢的山峰下面一星火光蓦地一闪。

火光又明又亮，好像就在眼前……

"好啦，谢天谢地！"我高兴地说，"马上就到过夜的地方啦！"

船夫扭头朝身后的火光望了一眼，又不以为然地划起桨来。

"远着呢！"

我不相信他的话，因为火光冲破朦胧的夜色，明明在那儿闪烁。不过船夫是对的，事实上，火光的确还远着呢。

这些黑夜的火光的特点是：驱散黑暗，闪闪发亮，近在眼前，令人神往。乍一看，再划几下就到了……其实却还远着呢！……

我们在漆黑如墨的河上又划了很久。一个个峡谷和悬崖，迎面驶来，又向后移去，仿佛消失在茫茫的远方，而火光却依然停在前头，闪闪发亮，令人神往——依然是这么近，又依然是那么远……

现在，无论是这条被悬崖峭壁的阴影笼罩的漆黑的河流，还是那一星明亮的火光，都经常浮现在我的脑际，在这以前和在这以后，曾有许多火光，似乎近在咫尺，不只使我一人心驰神往。可是生活之河却仍然在那阴森森的两岸之间流着，而火光也依旧非常遥远。因此，必须加劲划桨……

然而，火光啊……毕竟……毕竟就在前头！……

海上日出

巴金

为了看日出，我特地起了个大早。那时天还没有亮，周围是很寂静的，只有机器的声音。

天空变成了浅蓝色，很浅很浅的。转眼间天边出现了一道红霞，慢慢地扩大了它的范围，加强它的亮光。我知道太阳要从天边升起来了，便不转眼地望着那里。

果然，过了一会儿，在那里就出现了太阳的一小半，红是红得很，却没有光亮。这个太阳好像负着什么重担似的，慢慢儿，一步一步地，努力向上面升起来，到了最后，终于冲破了云霞，完全跳出了海面，那颜色真红得可爱。一刹那间，这个深红的东西，忽然发出夺目的光亮，射得人眼睛发痛，同时附近的云也添了光彩。

有时太阳走进了云堆中，它的光线却从云里射下来，直射到水面上。这时候要分辨出哪里是水，哪里是天，倒也不容易，因为只看见光亮的一片。有时天边有黑云，而且云片很厚，太阳出来，人却不能够看见它。然而太阳在黑云里放射的光芒，透过黑云的重围，替黑云镶了一道发光的金边。到后来太阳才慢慢地冲出重围，出现在天空，把一片片黑云变成了紫云或红霞。这时候光亮的不仅是太阳、云和海水,连我自己也成了光亮的了。

这不是很伟大的奇观么?

匆匆

朱自清

燕子去了,有再来的时候;杨柳枯了,有再青的时候;桃花谢了,有再开的时候。但是,聪明的,你告诉我,我们的日子为什么一去不复返呢?——是有人偷了他们罢:那是谁?又藏在何处呢?是他们自己逃走了罢:现在又到了哪里呢?

我不知道他们给了我多少日子;但我的手确乎是渐渐空虚了。在默默里算着,八千多日子已经从我手中溜去;像针尖上一滴水滴在大海里,我的日子滴在时间的流里,没有声音,也没有影子。我不禁头涔涔而泪潸潸了。

去的尽管去了,来的尽管来着;去来的中间,又怎样地匆匆呢?早上我起来的时候,小屋里射进两三方斜斜的太阳。太阳他有脚啊,轻轻悄悄地挪移了;我也茫茫然跟着旋转。于是——洗手的时候,日子从水盆里过去;吃饭的时候,日子从饭碗里过去;默默时,便从凝然的双眼前过去。我觉察他去的匆匆了,伸出手遮挽时,他又从遮挽着的手边过去,天黑时,我躺在床上,他便伶伶俐俐地从我身上跨过,从我脚边飞去了。等我睁开眼和太阳再见,这算又溜走了一日。我掩着面叹息。但是新来的日子的影儿又开始在叹息里闪过了。

在逃去如飞的日子里,在千门万户的世界里的我能做些什么呢?只有徘徊罢了,只有匆匆罢了;在八千多日的匆匆里,除徘徊外,又剩些什么呢?过去的日子如轻烟,被微风吹散了,如薄雾,被初阳蒸融了;我留着些什么痕迹呢?我何曾留着像游丝样的痕迹呢?我赤裸裸来到这世界,转眼间也将赤裸裸的回去罢?但不能平的,为什么偏要白白走这一遭啊?

你聪明的,告诉我,我们的日子为什么一去不复返呢?

一片树叶(节选)

(日)东山魁夷

人应当谦虚地看待自然和风景。为此,固然有必要出门旅行,同大自然直接接触,或深入异乡,领略一下当地人们的生活情趣。然而,就是我们住地周围,哪怕是庭院的一木一叶,只要用心观察,有时也能深刻地领略到生命的含义。

我注视着院子里的树木,更准确地说,是在凝望枝头上的一片树叶,而今,它泛着美丽的绿色,在夏日阳光里闪耀着光辉。我想起当它还是幼芽的时候,我所看到的情景。那是去年初冬,就在这片新叶尚未吐露的地方,吊着一片干枯的黄叶,不久就脱离了枝条飘落到地上。就在原来的枝丫上,你这幼小的坚强的嫩芽,生机勃勃地诞生了。

任凭寒风猛吹,任凭大雪纷纷,你默默等待着春天,慢慢地在体内积攒着力量。一日清晨,微雨乍晴,我看到树枝上缀满粒粒珍珠,这是一枚枚新生的幼芽凝聚着雨水闪闪发光。于是我感到百草都在催芽,春天已经临近了。

春天终于来了,万木高高兴兴地吐翠了。然而,散落在地面上的陈叶,早已腐烂化作泥土了。

你迅速长成了一片嫩叶,在初夏的太阳下浮绿泛金。对于柔弱的绿叶来说,初夏,既是生机旺盛的季节,也是最易遭受害虫侵蚀的季节。幸好,你平安地迎来了暑天,而今正同伙伴们织成浓密的青荫,遮蔽着枝头。

我预测着你的未来。到了仲夏,鸣蝉将在你的浓荫下长啸,等一场台风袭过,那吱吱蝉鸣变成了凄切的哀吟,天气也随之凉爽起来。蝉声一断,代之而来的是树根深处秋虫的合唱,这唧唧虫声,确也能为静寂的秋夜增添不少雅趣。

你的绿意,不知不觉黯然失色了,终于变成了一片黄叶,在冷雨里垂挂着。夜来秋风敲窗,第二天早晨起来,树枝上已经消失了你的踪影。只看到你所在的那个枝丫上又冒出了一个嫩芽。等到这个幼芽绽放绿意的时候,你早已零落地下,埋在泥土之中了。

这就是自然,不光是一片树叶,生活在世界上的万物,都有一个相同的归宿。一叶坠地,绝不是毫无意义的。正是这片片黄叶,换来了整个大树的盎然生机。这一片树叶的诞生和消亡,正标志着生命在四季里的不停转化。

同样,一个人的死关系着整个人类的生。死,固然是人人所不欢迎的。但是,只要你珍爱自己生命,同时也珍爱他人的生命,那么,当你生命渐尽,行将回归大地的时候,你应当感到庆幸。这就是我观察庭院里的一片树叶所得的启示。不,这是那片树叶向我娓娓讲述的生死轮回的要谛。

请欣赏别人

谭士桢

生活里常可见到这样的场面——

两个年轻的妈妈在聊天,甲乙都说我的孩子怎么怎么样。她们的心里都充满希望对方欣赏自己孩子的渴望,但忘了自己也该去欣赏对方的孩子。

一场演出刚完,全体演员拉着手排着队出来谢幕,但观众却已走了一半。剩下的也拥挤着往外走,掌声稀稀落落。其实演出成功,观众也满意,但就是不鼓掌。真为演员们难过,他们所要求观众的,不就是稍慢一点走,鼓一下掌吗?观众为什么就不能满足他们的要求,表示一下对他们演出的欣赏呢?

人们总是很吝啬对别人的欣赏。

其实欣赏别人有什么不好呢?几下掌声,几句赞誉,或者一个眼神一个微笑也可以。但别人却会从你的欣赏里,得到了对自我的肯定,得到了鼓励、欢乐、信心和力量。

欣赏的力量是神奇的。

有一个中学生高考失败,万念俱灰,于是,带上所有储蓄出去旅游,预备花光钱就自尽。半路遇上两个小孩儿溺水,他奋勇救助,观者无不为他的勇气和出色的泳技鼓掌。小孩儿父母更是拉他到家中,感谢之余,赞叹不已。他不禁热泪盈眶,从别人的赞赏中,重新认识了自我,觉得生活还是值得留恋,于是轻松地踏上了归途。

我有一个很好的朋友,常常捧着我那只能"发表"在本子上的习作欣赏,一番点评之后,是一句"这里有黄金",包含了所有的期待和鼓励,使我战胜自卑,练笔不止。

社会是一个大舞台,也是一个竞技场。人生是表演,也是奋斗。每个人都需要别人的关注、喝彩和鼓掌,就像需要批评一样。如果只有沉默,那生活就一定会索然无味。

欣赏不同于阿谀,它是出于真诚,它是对别人人生意义的肯定,它是一种高尚的情操,是一种现代人应该具备的修养。

伟大的发明、杰出的成就固然值得欣赏,但普普通通的一个巧思、一个小小的创见,甚至一件漂亮的衣服、几句机智的玩笑,都同样值得欣赏,只要我们敞开胸襟,我们就一定会发现,周围竟有许多东西值得我们欣赏。

我们欣赏别人,别人也会欣赏我们。生活会因为有了欣赏而变得更加美丽。

语言是心灵的桥

周伟东

精神的堕落是从语言开始的。如果一个时代的语言,除了偶尔玩弄一些洋泾浜的新词汇以外,再也了无新意;如果生活中的对白都成了白开水,报纸上的社论成了死教条,作家失去了想象力,学生的作文干瘪得像公文,主谓宾的搭配陈旧如生锈的链条;如果在这个时代里不再有人写文学性很强的信件,指望这个时代富有激情和创造力,怕是痴人说梦了。

灵感来自自由,文章出自随意。缺乏思索是件很可怕的事情。语言的贫乏本质上是心智的贫乏,而心智的贫乏下的倾听与阅读就如同遥望风景时却满眼都是凡夫俗子呆滞的表情。一切深奥的思想都蕴涵于语言之中。思想不必仰仗理论,因为思想首先表现为语言。

当我们追溯着时间的河流,与先秦的那些智者们相遇,我们很难分清刻在竹简上隽永的话语哪些是思想哪些是语言。仅将语言视为一种载体,试图将语言从思想中剥离出来是可笑的。思想之美统一于语言之美中,对于精深奥妙的中文,对于听泉眠云、饮露餐菊的智者,尤为如此。语言与文化的其他因素不同。中国传统文化的许多方面都有赖于某种物质形式才能得以保存,比如乐音离不开笙管笛箫,雕刻离不开泥土金石,物质的流失与毁灭对于文化的损害是难以避免的,唯有语言可以口口相传,并进入灵魂深处,被智慧的人们赋予了一种超越时空的力量,成为中国代统文化的精神线索。当然,语言与文化的其他层面是一个统一的整体,毕竟,语言的对象是物。物质世界的嬗变,古典生活器具和生存方式的流逝,也必将导致语言本身及其传播媒体的变化。语言和传统的进化是历史必然。然而纵观时下作家语言之邋遢,学者文句之夹生,又教人如何能够对眼下这些时髦文本产生文化上的信赖?更何况那些所谓自由的无拘无束的宣泄,爱写不写,随心所欲,写自己,自己写,轻松的环境,轻松的心态,随意的潇洒……有人把这叫作进步,其实所谓的进步也只是一种好听的命名而已,我们完全可以命之以另外的名字。这使我想起梭罗的名言:"文明改善了我们的房屋,却没有改善房屋里的人。"很多人认为21世纪里中国文化是强势文化,却不知长此以往,丧失了民族智慧的中文将如何孕育思想,没有思想的文化又将在哪里着陆?

真正好的语言是不能与思想分离的,五四时期,百花齐放,百家争鸣,谁能说没敞开思想不表达情感?那些精微奥博、深透劲锐、惊心动魄之作,大都善于从文言中获取质感、力量、气韵与胸襟,而使人获得启迪的深思和激进的力量,时代要有生机,语文要有新意,否则山水人文转眼都老得优雅不起来了,也就失去了生机、失去了生命。

在文化意识上,我是如此的守旧,与此同时却也不甘心放纵自己化为故纸堆中的书蠹。我只希望在安装了空调设备的现代书房里,依然会有一盏传统的明灯照亮我的稿纸和电脑。新和旧是可以同时存在的。多少前朝旧宅的深深庭院里,处处是花叶掩映的古树。房子和树是老的,花和叶是新的。优雅的语文不可能洗尽铅华、摒绝丝竹。浓妆艳抹的时代固然已经远去,淡扫蛾眉的分寸又何尝不正是修养之所在。留住文字的绿意也罢,为红袖文化招魂也罢。我却总以为从语言中能寻找到中国文化的精神,从语言的酒窖中伊始发酵出中华思想的醇绵。就从个人而言,精确地表达自己的思想,真实流露涌动的情感,精炼的句读背后,潜藏的正是睿智的心神。

请低配你的人生

前些时,有一条微博引起了大家的关注并被广泛转发:一部高档手机,70%的功能都是没用的;一款高档轿车,70%的速度都是多余的;一栋豪华别墅,70%的房间都是空闲的……

这条微博之所以引起大家的共鸣,是因为,我们追求的原来是一些自己本来就不需要的东西,我们引以为骄傲的、炫耀的东西原来就是一些累赘的、多余的东西。而且,因为对于这些无用价值、额外、多余的追求,使很多人付出了时间、精力、身体、心灵乃至于家庭幸福的代价。

你有没有这样的经历?你去买电脑,导购员不停地推荐一款新电脑,什么双核处理器、超大内存、N个G的硬盘、上千万像素的摄像头、蓝牙功能……其实,你在来之前,对买电脑的要求不过就是"写写东西,上上网,发发邮件"这么简单。可是,你经不起导购人员的劝说和介绍,将原来的想法抛之脑后,咬着牙花三倍的价钱把一台高配的电脑带回家,一段时间之后你才后悔起来:那些天花乱坠的功能几乎没用过!

其实,生活原来可以更简单的!这就是目前流行的一种生活理念:低配人生。

所谓低配人生,并不是让我们忆苦思甜,也不是要压缩自己的生存空间,降低生活质量,而是要在这个欲望不断扩张的世界里,学会辨别与放弃,做到适可而止。

有一位网友小田,两年前在父母的帮助下,买了一套130平方米的房子。首付20万元,还有近60万元的贷款,贷款15年,月供3000多元,是他眼下工资的一半还多。刚开始他认为这样做不仅让自己住上了宽敞房子,同时也是一种长期投资,他挺高兴也挺自信。可是,一年之后,他感到这套房子给他带来的压力远远超过自己当初的想象。

小田说:"因为这套大房子,我的生活质量与住小房子或者租房子住的同事、朋友相比,下降了很多。同事们都去休假旅游了,但是我一想到休假会减少收入,就没有了旅行的兴致了;朋友邀请我一起去看演出,观看中朋友笑得前仰后合,可是我总在为几百块的票价换算成房贷的结果而感到懊悔;和女朋友去看个电影,都要挑选打折日……我常常想,我真的需要这样一所大房子吗,我需要把自己的人生变得这么悲催吗?"

更有甚者,因为这套大房子,小田和女朋友的关系越来越差,原因是女朋友希望他能买上车,希望买高档家具、家庭影院,总而言之,希望小田升级房子里的所有配置,而小田根本达不到这种要求,最后在持续的争吵中,与女友分了手。

现在,小田终于想明白了,他把大房子换成了小公寓,还在微博上注明:新生活,从今天开始。他说,我的房子变小了,空间反而更大了,我的理想有了更多的储存空间。

有时候,我们拥有的物质越多,给理想的空间就越少。适当低配的人生,不仅会让我们更轻松,更从容,提高幸福指数,也会让我们远离诱惑,更专注于自己的梦想与目标。

居里夫妇结婚时,他们的会客室里只有一张简单的餐桌和两把椅子。居里的父亲知道后,写信告诉他们,准备送给他们一套家具,问他们喜欢什么样的家具。"有了沙发和软椅,就需要人去打扫,在这方面花费时间未免太可惜了。""要是爱闲谈的客人坐下来,又怎么办呢?"

美国著名作家斯蒂芬·金则有一个著名的"小桌子理论":他写作的时候,只需要一张小桌子,一平方米大小,学生桌模样。一盏台灯足以照亮桌面,上面摆放着稿纸或者电脑,其他就没有什么东西了。

夫人给他换了一张又宽又大的写字台,可是,没有多久,斯蒂芬·金还是放弃了那张体面的大桌子。他说,这张大桌子让他灵感全无,注意力随时被桌子上的小玩意儿吸引走了。

在高配置、高档化、光鲜体面人生的阴影里,可能蜷缩着无数卑微的、扭曲的甚至是痛苦不堪的灵魂。更大的房子、更好的车子、钻石级VIP……即便你倾尽所有,暂时拥有了这一切,获得满足的可能不是自己渴望自由、实现价值的心灵,而是被世俗所熏陶的、渲染的、难填的欲壑。

第四节 新闻稿件播读训练材料

新华社北京12月16日电 环保部网站16日消息,环保部于15日至17日对京津冀及周边地区"2+26"城市冬季供暖保障工作进行专项督查,确保居民温暖过冬。环保部有关负责人表示,相关地方政府要立即组织对行政区域内的群众供暖保障工作进行全面排查,主要检查供暖设施是否到位、供暖设施是否正常使用等情况。发现问题要立即协调解决。

据了解,此次督查环保部将派出839个组,每组2人,共1678人,对"2+26"城市相关村(社区)供暖保障情况进行全覆盖检查。检查内容主要包括居民供暖是否正常、燃气采暖气源是否稳定、电采暖的电价优惠政策是否落实、燃煤采暖的煤炭是否供应、计划内和计划外的气代煤和电代煤改造任务完成情况等。

此次督查的有北京、天津、石家庄、唐山、保定、廊坊、沧州等28个城市。环保部领导带队对天津、保定、廊坊、邢台、邯郸、德州、聊城、安阳等重点地区进行实地调研督导。此次督查将采取询问村委会、入户抽查、走访负责供气的燃气公司和政府部门等方式。对排查工作不认真、不积极,整改落实不到位、不彻底,解决问题拖拖拉拉、进展缓慢的,将纳入中央环保专项督察,严肃追究责任。

本报北京10月31日电　记者从国家质检总局获悉:10月25日至11月15日期间,质检总局将在全国开展"双11"消费品电商领域执法打假集中行动。

据介绍,质检部门将多措并举开展电商消费品质量违法案件线索摸排,因地制宜开展本地区生产的服装鞋帽、家用电器等10类重点消费品在网购平台交易信息的搜索工作,加强曝光力度,组织开展明察暗访活动等多种形式获取案件线索。进一步发挥电子商务产品质量打假维权协作网的作用。

同时,各地质检部门将严格依法组织电商消费品违法案件查办工作,集中查处一批群众反映强烈的电商消费品质量违法案件,对查实的案件及时通报电商平台。加强与公安等部门的协调配合,集中曝光典型案件。对本辖区内区域质量问题突出的电商消费品,将推动地方政府牵头开展区域整治。总局还将对"双11"期间的重大违法案件开展督查督办工作。

新华网12月17日消息　今天(17日)北京最低气温仅零下7℃左右,预计下周北京仍然没有降水,并且气温持续下降。由于气温偏低,目前北京地区湖泊水面已开始结冰,但冰层仍较薄,提醒公众不要冰上行走,以免发生危险。

昨天刮了一天大风之后,北京恢复澄澈蓝天,气温依旧低迷,今晨7时左右,气温仅零下7℃左右,十分寒冷。北京市气象台预计,今天白天晴间多云,偏南风2至3级,最高气温5℃;夜间晴间多云,南风1至2级转北风3至4级,最低气温零下5℃。早晨气温零下7℃到零下3℃,出行注意防寒保暖。今天中午前后阳光充足,适宜户外活动。

展望未来一周,北京仍将持续晴或多云天气,少有降水。预计最高气温仅4℃~6℃左右,最低气温零下5℃左右。由于气温持续偏低,目前北京室外水体表面已开始结冰,但大部分冰面仍处于半水半冰的状态,提醒公众不要在户外滑冰。

央视网消息　12月14日至15日,由中国汽车工程研究院股份有限公司主办,华夏幸福基业股份有限公司协办的"2017国际智能网联汽车大会"在溧水产业新城召开。中国工业和信息化部规划司副司长周虎,南京市溧水区委常委、宣传部部长、统战部部长夏云,华夏幸福基业股份有限公司副总裁顾强及相关研究院和企业负责人参加会议。中国汽车工程研究院与华夏幸福签署战略合作协议,双方将在智能网联汽车领域展开深度合作。

打造我国最有影响力的全球化智能网联汽车年度会议品牌智能网联汽车的开发与应用将成为主要汽车国家解决道路交通安全、环境和效率问题的重要路径,在将来实现智能化升级、提高汽车的生态发展水平及相关行业过程中起到重要作用。

会上,中国汽车工程研究院与华夏幸福签署战略合作协议,双方将整合各自优势资源,面向智能网联汽车开展深度合作,重点围绕行业研究规划、产业联盟构建、产业集群打造等三大领域推进战略合作。

央视网消息 发展产业是实现脱贫的根本之策,中央明确提出,"十三五"期间我国要通过产业扶贫实现3000万以上农村贫困人口脱贫。通过发展特色产业,确保"户户有增收项目,人人有脱贫门路"。

享有"素食之王"的南美藜麦,近来在青海高原安了新家。青海省乌兰县的贫困户魏海明,在去年改种4亩藜麦的基础上,今年决定再扩大种植面积。

藜麦原产于南美,被联合国粮农组织推荐为最适宜人类的全营养食品。它对生长环境要求严格,必须要有一定的海拔高度。而青海高原中部地区的种植环境,与高海拔的南美藜麦种植环境近似。当地一家农业公司引进藜麦试种成功后,辐射带动周边3000多个贫困户种植,提供了种子和免费技术服务,并且签订回收订单。

依托当地自然资源,发展特色扶贫产业,这正是产业扶贫的关键所在。全国22个有扶贫任务的省、区、市着手编制产业精准脱贫规划,目前已全部完成。产业扶贫成为促进贫困地区群众收入增长的主要动力。

为了推进产业扶贫精准脱贫,今年国家将继续较大幅度增加财政专项扶贫资金规模,全面推进贫困县统筹整合使用财政涉农资金,使精准扶贫各项政策措施落地生根,确保2017年再脱贫1000万人以上。

新华社华盛顿12月13日电 美国联邦储备委员会13日宣布将联邦基金利率目标区间上调25个基点到1.25%至1.5%的水平,这是美联储今年以来第三次加息,符合市场普遍预期。

美联储当天结束货币政策例会后发表声明说,11月份以来的信息显示美国经济保持稳健增长,就业市场继续强劲,失业率进一步下降;家庭消费保持温和增长,企业固定资产投资近几个季度有所回升。但今年以来美国整体通胀率出现下滑,仍低于美联储2%的目标。

声明说,曾重创美国南部墨西哥湾沿岸地区的飓风及灾后重建活动对近几个月的经济、就业和通胀产生影响,但并未实质性改变美国整体经济增长的前景。美联储仍然预计美国经济保持温和扩张,就业市场保持强劲,通胀水平将在中期内稳定在2%目标附近。

美联储当天发布的季度经济预测显示,2017年美国经济预计增长2.5%,高于9月份预测的2.4%;到2017年年底美国失业率预计为4.1%,低于9月份预测的4.3%。美联储同时预计2018年美国经济增长2.5%,高于9月份预测的2.1%;到2018年年底美国失业率预计为3.9%,低于9月份预测的4.1%。

美联储当天发布的利率预测显示,到2018年年底联邦基金利率中值将升至2.1%。这意味着美联储预计2018年加息3次,与9月份的预测保持一致。

美联储主席耶伦在当天的新闻发布会上表示,美国经济增长将继续支持美联储渐进加息。这是耶伦作为美联储主席的最后一次新闻发布会。2018年2月初,现任美联储理事鲍威尔将接替耶伦成为下一届美联储主席。

芝加哥联邦储备银行行长埃文斯和明尼阿波利斯联邦储备银行行长卡什卡里在当天的货币政策会议上投了反对票,他们倾向于继续维持联邦基金利率不变。

第五节 节目稿件播读训练材料

一、专题片《正阳之春》(节选)

正阳门迎来了北京城的又一个早晨,昨夜送走了他悠悠五百年的历史,伴随着晨曦到来的是正阳门的新春。

北京,这座凝聚了东方古老智慧与才华的古城,以他悠久的历史和灿烂的文化著称于世。昔日的城墙已经没有了,但我们从这仅存的几座城门中,似乎仍可以领略到老北京城那宏大的规模。北京的城墙和城门就像一部历史,记载着北京城的风雨兴衰。

1987年北京市政府决定将正阳门箭楼辟为旅游景点,当90年代的第一个春天到来的时候,修葺一新的正阳门以他博大的胸怀面向历史和未来敞开了大门。

始建于明永乐17年的正阳门是老北京内城九座城门中的正门,也是最高的一座,他雄踞北京内城中轴线的南段,人称京城第一门。

正阳门净高九丈九,代表着皇权的九五至尊。在等级森严的封建社会,这是历代皇帝出入的禁门,每年冬至这天,只有皇帝的龙车凤辇从这里走一次,平民百姓则要从瓮城两侧的城门出入。

昔日瓮城内的关帝庙、观音庙始终是人们拜谒神灵和求签问符的地方。因此前人留下了"灵签第一推关庙,更向前门洞里求"的诗句。

由于皇帝身居紫禁城,所以内城历尽喧嚣。明清两朝的前门大街商贾云集,成为"日下繁华推肉市,果然夜夜是元宵"的繁华井市。

或许是人们在此求签问符才使得正阳门如此这般风光,但正阳门箭楼却几遭厄运,曾四次被火焚毁。

历史有时可以模糊人们的视线,而巍然屹立的正阳门却永远无法隐去那荣与辱、爱与恨互相交织的记忆。难忘的历史,深深地铭记在它每一块基石上。

二、电视片《千古唐诗》(节选)

唐代,连政治连哲学都透着诗歌的芬芳,是典型的诗歌时代。唐代的诗坛,不仅诗人多,而且还挺立着一队令后人肃然起敬的巨人,像李白、像杜甫、像韩愈、像白居易,等等等等,"不尽长江滚滚来"。这一个接一个登场的巨匠,使宋朝以后的诗从创作时,都极力想跳进他们的磁场却又无从着手,或是极力想跳出他们的磁场却又无能为力。

于是,初唐四杰之一的王勃来了,放声一唱,就是"海内存知己,天涯若比邻",看看这胸襟气度!在交通和通信工具不发达的古代,山那边是什么样子很少有人知道,天涯是不可能若比邻的。这只有人充满自信,相信能自由自在地活着,不会有政治地震与任何外力来阻隔人相会的愿望,才能从容不迫地唱出这样的豪情。

于是陈子昂来了,像巨人一样挺立在幽州台上,面对着无限的时间与无限的空间,如春雷炸响一样高唱着"前不见古人,后不见来者,念天地之悠悠,独怆然而涕下"!多么悲壮的歌声,像从历史的深处腾出,不仅一声就唤醒了永远辉煌的盛唐诗,而且直到今天仍在中华大地上产生审美的冲击波!

于是那一群气势磅礴的边塞诗人来了,他们是盛唐的仪仗队,展示着盛唐的国威。王昌龄来了,高唱战地进行曲:"青海长云暗雪山,孤城遥望玉门关,黄沙百战穿金甲,不破楼兰终不还!"于是高适来了,他的千古绝唱《燕歌行》如钱塘江潮一样而来:"汉家烟尘在东北,汉将辞家破残贼。男儿本自重横行,天子非常赐颜色。"于是岑参来了,这个渴望建功立业的诗人满怀激情高唱着:"走马西来欲到天,辞家见月两回圆,今夜不知何处宿,平沙万里绝人烟。"这群边塞诗人,或歌颂保卫祖国的战争中一往无前的昂扬斗志,或诉说战争的艰苦和残酷,都那么英姿飒爽,气势灼人,因为他们是盛唐的诗人,盛唐诗坛的风云人物,喷发的是永远震撼人心的边塞英雄交响曲。

终于李白来了,他配合时代的最强音,以惊动千古的气势唱出了"君不见黄河之水天上来,奔流到海不复回"。这是巨人昂首天外,用目光提起黄河滚滚狂涛向海里倾倒才能找到的感觉。正是这个宣言"安能摧眉折腰事权贵,使我不得开心颜"的超级巨人,把盛唐精神上推上了照耀千古的最高峰。

三、经典纪录片《苏园六纪》之《分水裁山》(节选)

(一)

烟波浩渺的太湖,向以盛产太湖石而名传遐迩。这种石头,由于长期受风水冲刷,纹理纵横,形态奇巧,成为造园者的首选。历代文人曾对太湖石的审美特征做过精辟的总结。在这些总结中,宋代书画家米芾仅用四个字所做的概括,显然高人一等。这四个字便是"瘦、漏、透、皱"。瘦,显示挺拔的风骨;漏,显示畅通的血脉;透,显示剔透的意态;皱,显示多变的英姿。

欣赏石头有一种通常的趣味,就是专看那些石头与自然界的某种事物"像"还是"不像"。而对太湖石的欣赏,却属于更高层次的审美,因为太湖石多以意态成形,是一种天然的雕塑,所以,它的形态给人留下了更为充分的想象。那嶙峋的棱角,奇峭的造型,虽然十分写意,十分抽象,但是,它们在欣赏者的心目之中,却都已人格化。那些归隐园林的仕宦文人们,就是从这些石头的形象里找到了自我,也找到了寄托。

石头,在中国传统文化中,既是一类特殊的物什,又是一种别致的意象,它曾派生"女娲补天"的神话,也曾融入"精卫填海"的传说,齐天大圣的形象因石头而孕育,封建社会的挽歌因石头而低回——《红楼梦》的别称,便叫作《石头记》。

(二)

江南大地因水而充满生机,苏州园林因水而富于灵动。园林的水,水面原本是寂静的,但造园家在水的处理上却有着丰富的变化。对水的创作,又称"理水"。

江南,是个多水的地方。苏州城的周边又有这么多水系,它便无法不是一座水城。园林无水不活,苏州人造园林,竟得了多少天时地利。然而,任何事物都得有一个量的控制。雨季涨水,盛夏蒸发,水面溢出与水位下降都是得动动心思的事,苏州的造园家早就积累了理水的经验。造园时,园内水体与墙外河道相连通,从而保持了水质,也便于雨水的排放。近些年来,池里还放养了红鱼绿草;还继承了水底凿井的做法。水下设井,可以使园林的地表水与流动的地下水相通,从而改善了水的质量。

苏州园林的营造者们,对于山水的依存关系,设置得也相当得体。为了适应池水涨落的变化,湖岸的叠石,往往处理为层层低下的阶梯形式。这样,就可以做到:水满,湖岸并不局促;水少,池塘也毫不尴尬。至于那源头水尾,则多是藏于峰回路转之处,隐于水榭花墙之间,这不仅平添了花光水影的悠悠诗韵,而且拓展了一泓碧水的画外空间。

遍览苏州园林,像沧浪亭那样借高墙之外的古河葑溪之水来为园林增色的做法,并不多见。更多的园林,都是将园中之水,当作了创作主体。它模拟自然界的江河湖海、溪涧池潭,并与周围的亭台楼榭、四时花木相映而成趣。

东方艺术中以简代繁、以少胜多的道理,在苏州园林的理水创作中,得到了充分的发挥。由于与周围的风物呼应得当,把握了水体风景的性格特征,网师园仅400平方米的水面,即产生了湖波荡漾的效果。至于面积阔大的拙政园,由于设置了岛屿桥梁之类,不仅再造了江南大地典型的湖泊风光,而且也放大了这座华夏名园的宽宏感。

水,是园林里美的符号;水,是园林里活的灵魂。

四、电视专题片《昆曲六百年》之《前世今生》(节选)

艺术即生活,生活即艺术。几百年前,诞生在江南的昆曲和园林一样,都是当时中国人精心营造的艺术生活典范。昆曲的产生与流行得益于明朝中后期的经济繁荣,在清朝的康乾盛世达到巅峰。因此它也被称为"盛世元音"。在那之后,昆曲的命运与我们国家和民族的命运紧紧相连。曾经的"盛世元音"在近代逐渐衰落,一度从舞台上绝迹。时间进入21世纪,当我们拭去岁月的烟尘,昆曲的光芒是那么夺目、耀眼。2001年,昆曲成为全世界第一批"人类口头和非物质文化遗产"。全本《长生殿》、青春版《牡丹亭》和《1699桃花扇》的上演,都成为轰动一时的文化事件。本集试图从昆曲的前世今生里,探寻民族艺术形成、发展、生存的土壤,在昆曲的大美至美中,重拾中华民族传统美学,重树中华民族传统自信。

世界上很多伟大的民族都有一种高雅精致的表演艺术,深刻地表现出那个民族的精神与心声。希腊人有悲剧,意大利人有歌剧,俄国人有芭蕾,英国人有莎士比亚戏剧。这些雅乐往往是他们民族的骄傲与自信的源泉。

我们中国人的雅乐又是什么呢?

借助镜头,我们可以记录下正在发生的事情。但我们能否知道,在数百年以前,我们的祖先曾经看到过什么,听到过什么?我们能否走进他们的精神世界?

中国国家博物馆正在举行一场特殊的展览,这次展览的主角并不是参与展出的两千多件珍贵文物。它们看不见、摸不着。但它们曾经是我们祖先生活的一部分,并经历时间和社会转折的洗礼,保存了下来。联合国教科文组织把它命名为人类口头和非物质文化遗产。

就在6年以前,联合国教科文组织,在全世界遴选第一批人类口头和非物质文化遗产代表作,来自中国的一种传统戏曲——昆曲,出人意料地全票当选。

从2001年开始,沉寂已久的昆曲慢慢进入了大众的视野。

昆曲究竟是什么?600年的昆曲史又经历了怎样的百转千回?是什么赋予它穿越时间的力量?昆曲又沉淀着我们怎样的民族审美文化?

这是一个有着2500年历史的古城——苏州,600多年前,昆曲就诞生在苏州的昆山地区,并因此而得名。

苏州的七里山塘街,是唐代著名诗人白居易在做苏州刺史时主持修建的,千百年来一直是姑苏繁华的缩影。

上有天堂,下有苏杭。这句话褒扬的,显然不只是苏州的美丽景色。古往今来,苏州人的生活,似乎已经超出了普通中国人的想象。如果非要找一个地方来比拟的话,那么只有天堂了。

明朝中后期,苏州是中国东南首屈一指的大都会。这里交通发达,商旅往来频繁,其繁华程度超过了当时的两个都城北京和南京。这里的地价是全国最高的,这里向中央政府交纳的粮食和税银,居然占到了全国的十分之一。不仅如此,皇帝的吃、穿、用,几乎都由这里提供。苏州,给出了当年中国人生活的最高标准。

那时,听昆曲、唱昆曲是中国人最时尚、最风靡的生活方式。每到中秋,当一年一度的虎丘山曲会举行的时候,整个苏州城都会陷入狂欢的海洋。

当年在虎丘山曲会,万人空巷地去看昆曲,我说只有古希腊的大元剧场的悲剧演出,才曾经出现过这种景象,否则我很难比较哪个民族的戏剧演出,曾经出现过如此如火如荼的狂热场面。

虎丘山曲会,不过是明清200多年间昆曲流行的一个缩影。这迤逦悠扬的曲声从江南发端,传遍了中国的大江南北,从威严高耸的紫禁城,到云南、广西的边陲小镇。

欧洲传教士利玛窦,在明朝万历年间到达中国。利玛窦身后是正在崛起的欧洲大陆,不过,中国才是当时世界上最富有的国家。在利玛窦眼中:凡是人们为了维持生存和幸福所需要的东西,无论是衣食用品还是奇巧物与奢侈品,这个王国的境内都有丰富的出产。

比财富更令利玛窦惊奇的,是中国人对于财富的态度。财富似乎没有给中国人带来扩张和征服的野心。他们彬彬有礼,富于文化修养,懂得享受生活,并把生活的每个细节都提升到艺术的高度。

《利玛窦中国札记》一书中有着这样的记载："我相信，这个民族是太爱好戏曲表演了。这个国家有很多年轻人从事这种活动。戏班的旅程遍布全国各地，他们忙于公众或私家的演出。凡盛大宴会都要雇佣这些戏班。客人们一边吃喝一边看戏，十分惬意，以至宴会有时要长达十个小时，戏也一出接一出演下去，直到宴会结束。"利玛窦看到的正是昆曲，他强烈感受到了中国人对这种舞台艺术的热爱。利玛窦来自歌剧的故乡意大利，巧合的是，此时歌剧也正在意大利兴起，不过和昆曲相比，它的黄金时代要滞后差不多两百年。

那是一段遥远而辉煌的历史，也是一段几乎被人遗忘的历史。

和昆曲一起被遗忘的，是一种曾经属于中国人的生活方式，一种精神世界的满足与安宁。

就在一百年前，当昆曲最为衰弱的时候，正是蔡元培、吴梅这样的大教育家和国学大师，把戏曲教育引入北京大学，在大学讲堂里唱起了昆曲，维系着昆曲的一线生机。

昆曲似乎总是受到文化人的偏爱，他们敏锐地关注着昆曲的兴衰，并以自己的身体力行守护着这支文化血脉。

今天的苏州，是一座散发着时代气息的现代都市，它是中国经济社会快速发展的一个缩影。但同时，苏州仍然完好地保存着几百年以前的古朴风貌，城内是不许造六层以上建筑的，城中最高的还是始建于三国时期的北寺塔。传统与现代，和谐共存于这座千年的古城。

悠扬的笛声穿越了百年的时光，早已远去的岁月又近在眼前，触手可及。当年，园林的主人很会享受生活。他们从官场上退下来，在最好的地方买一块地，砌一道高墙，把尘世隔开，在里面经营自己的园林。

昆山腔的音乐主要以宋词的音乐为基础，同时融合了江南的民歌小调。昆曲运用的曲牌达到两千多种，十分丰富、富于变化。唱词则主要来自当时文人的创作。同样也沿袭了唐诗宋词的创作传统，用诗一样的语言去抒发情感。文人们生活的园林，自然也就成为众多昆曲作品的故事场景。这是昆曲的代表作《牡丹亭》中的一折"游园"。《牡丹亭》讲述的不朽爱情故事正是从女主人公杜丽娘春日游园开始的。"不到园林，怎知春色如许""良辰美景奈何天，赏心乐事谁家院"，剧作家们用饱含深情的笔触写下了这些将园林景致与人物情感融为一体的诗句。几百年来，不知多少人为此神伤，为此落泪。

园林中的春夏秋冬、风花雪月，一一化入曲中，由此导演出许多悲欢离合的人生故事。难怪苏州人常说，园林是可以看的昆曲，昆曲是可以听的园林。园林和昆曲，一起构成了中国人几百年来共同拥有的一处精神家园。